21世纪应用型本科金融系列规划教材

国际结算

（第三版）

冯莉　编著

东北财经大学出版社
Dongbei University of Finance & Economics Press

大　连

图书在版编目（CIP）数据

国际结算 / 冯莉编著. —3版. —大连：东北财经大学出版社，2023.8

（21世纪应用型本科金融系列规划教材）

ISBN 978-7-5654-4951-2

Ⅰ.国… Ⅱ.冯… Ⅲ.国际结算-高等学校-教材 Ⅳ.F830.73

中国国家版本馆CIP数据核字（2023）第162263号

东北财经大学出版社出版

（大连市黑石礁尖山街217号 邮政编码 116025）

网 址：http://www.dufep.cn

读者信箱：dufep@dufe.edu.cn

大连永盛印业有限公司印刷 东北财经大学出版社发行

幅面尺寸：148mm×210mm 字数：303千字 印张：10

2023年8月第3版 2023年8月第1次印刷

责任编辑：田玉海 责任校对：惠恩乐

封面设计：张智波 版式设计：原 皓

定价：32.00元

第三版前言

本书第二版自 2019 年 9 月出版以来，承蒙读者喜爱与肯定，得以有机会出第三版，作者在此表示感谢。

2020—2023 年，世界经济局势既动荡不安，又充满机遇：英国退出欧盟；非洲大陆自由贸易区（AfCFTA）正式生效；《区域全面经济伙伴关系协定》（RCEP）正式生效；《全面与进步跨太平洋伙伴关系协定》（CPTPP）批准英国加入；逆全球化与经济一体化并存。中国作为国际贸易大国，在国际结算中的地位进一步提升。

本次修订由初版作者冯莉教授主持完成。本次修订，作者对教材成熟的基本逻辑和框架结构予以保持，对书中重要数据和资料进行了更新，并更正了一些行文上的笔误，增加了《中华人民共和国票据法》条文，以便读者在学习时翻阅查找相关条款。党的二十大对今后一段时期的工作作出指引，具体到本书涉及的金融领域，也有着明确的方针。作为高等教育教材，本书贯彻了党的二十大精神。同时，本书还进行了思政建设，增加了思政课堂栏目，以帮助老师进行课程思政教学工作。

为方便授课，本书配有电子课件，授课教师请登录东北财经大学出版社网站（www.dufep.cn）免费下载，课件中还包含章末习题的答案要点。

感谢文华学院经管学部的领导：袁建国主任、杨化玲书记、徐声星主任、罗琪主任。他们对我教学与科研上的支持，令我有机会接触更广阔的学术世界，不断进步、成长。感谢我的先生范文浩，他给予我的温馨帮助。

衷心希望亲爱的读者朋友们、教师同行们、国际结算业务的从业者们继续支持本书，并积极提供反馈，为该书的后续再版添砖加瓦。再次感谢大家！

作　者

2023年夏

第二版前言

本书自2016年出版以来，得到读者的青睐与高校同行的肯定，在此表示衷心感谢，这也促使我对本书加以完善和提高，以回馈读者的信赖。

近5年，中国年对外贸易总额在4万亿美元上下波动，始终占据着世界排名第一、第二的高位；伴随而来的国际结算规模也水涨船高，中国已成长为全球最重要的国际结算市场之一。

本次再版，我们对教材成熟的基本逻辑和框架结构予以保持，更正了一些笔误，并对书中涉及的数据和资料进行了更新，还重新撰写了部分新的案例。此外，还增加了二维码内容，读者扫描可见业务单据的彩色式样，以帮助读者加深感性认识。

本次修订由初版作者冯莉教授主持完成。在修订过程中，文华学院2015级金融系学生艾力维给予了很大帮助，在此表示感谢。

衷心希望广大教师和读者朋友们继续支持本书，并积极提供反馈，为该书的后续再版、为我的教研工作提供有益的帮助。再次感谢大家！

作　者
2019年夏

第一版前言

"国际结算"是一门实务课程。该课程定位于拥有国际业务的银行及外贸企业，立足于国际结算方式基本操作技能的培训，理论结合实际，注重对国际结算业务操作中综合能力的培养。作者总结了若干年国际结算课程的教学经验，结合最新国际结算惯例及外贸结算业务案例，精心编写了这部教材。本教材侧重于实际应用，引用了大量的案例与单据范本，试图在教学中锻炼学生的以下技能：

（1）了解国际结算的运作方法与国际结算业务的操作流程；

（2）了解外贸支付的基本原理与技能；

（3）掌握国际结算中金融票据与商业单据的审核技巧；

（4）掌握必要的国际结算与国际贸易英文专业书写与翻译能力；

（5）能发现、分析并解决国际结算业务及外贸支付流程中常见的实际问题。

本教材由冯莉老师编写大纲并撰写，特别感谢华中科技大学经济学院博士生导师李昭华教授的指导。为方便授课，本书配有电子课件，请登录"http://www.dufep.cn"免费下载，课件中还包含章末习题的答案要点。

感谢文华学院经管学部历届领导，他们是李振文主任、邓世兰主任、姜太平主任、杨化玲书记，他们多年以来在教研与科研中给予我的支持使我不断进步、成长。特别要感谢我的先生范文浩，他在我长期教学工作中默默付出、给予我无微不至的关心和照顾。

李慧康同学、余敬学同学在本教材编写过程中给予作者很多帮助，特此感谢。还要感谢我的学生们，他们在该课程学习过程中提出了诸多问题和见解，这些都激励着作者不断钻研、不断进步。

作者在编写过程中参阅、借鉴了大量文献资料（具体请见书后的参考文献），在此向这些作者表示感谢。

由于作者水平有限，在编写过程中难免有不足之处，恳请专家和读者朋友们批评指正。

作　者

2015年8月

目　录

国际结算概述

学习指南

【学习目标】随着世界经济体球化进程的不断深入，每天都有巨额外汇在国家与国家之间转移，这种现象就是国际结算。负责外汇跨境转移是商业银行国际业务部的主要工作内容。通过本章的学习，了解国际结算的含义，了解引发国际结算的种种原因，认识银行网络以及银行在国际结算中扮演的角色，重点掌握代理行与账户行的关系。

【关键概念】国际结算　代表处　联行　代理行　借记　贷记　国际清算　清算系统　SWIFT　SWIFT报文

第 1 章关键概念

人民币在国际支付中的地位

为国际金融交易提供电文网络服务的环球银行金融电信协会（SWIFT，总部位于比利时）公布的数据显示，2023年4月份，在全球主要货币支付份额当中，美元占比为42.71%，排在全球第一；欧元占比为31.74%，排在全球第二。美元和欧元的比例合计为74.45%，在全球支付市场上占据了绝对的垄断地位。排名第三至第五的分别是：英镑（6.58%）、日元（3.51%）和人民币（2.29%）。从过去16个月人民币在国际货币支付市场上的表现来看，人民币占全球货币支付市场份额的比重主要稳定在2%至2.3%之间。其中，在2022年1月达到高峰，当时人民币占国际货币支付比重达到3.2%。虽然在国际支付中，人民币与美元和欧元等全球主要货币的差距很大，但进步显著。SWIFT的数据显示，2010年10月，人民币在国际支付市场上的排名为35，份额仅有0.31%；2013年12月，人民币首次进入前10名，份额上升到1.12%。这充分显示出人民币的国际化进程进展顺利。目前，人民币是全球第五大支付货币、第五大国际储备货币、第三大贸易融资货币。

什么是国际结算，它与国内结算的区别有哪些？国际结算业务中都有谁参与？本章将进行相应的阐述。

1.1 国际结算的相关概念

1.1.1 什么是国际结算

中国某公民去泰国旅游，在当地一家药妆店刷卡消费7 700泰铢；巴基斯坦某学生到中国留学，每年交纳学费3万元人民币；美国某公司从英国进口价值30万英镑的药品；某公司在eBay上的日平均销售额达6 000美元……生活中经常会看到类似事件，从表面上看这些事件毫无交集，实则都涉及外汇的流入与流出。每次外汇的流入或者流出，必然伴随着国际结算。

关于国际结算的概念，国内一般表述如下：**所谓国际结算（international settlement），是指为清偿债权债务关系或者资金单方面转移而进行的货币跨国收付活动。**从这个表述可以看出，国际结算作为一种现象，表现为货币的跨国流动，而发生这种现象的原因有两个：清偿债权债务关系与资金单方面转移。何谓清偿债权债务关系？上文提到美国某公司进口英国药品的例子中，由于出口商（英国药品商）要交付货物给进口商（美国某公司），因此进口商成了债务人，出口商是它的债权人。进口商通过支付货款，可以消灭（清偿）这种债权债务关系。何谓资金单方面转移？例如，个人捐赠纯属单方面支付行为，不存在债务债权关系，但是，如果以外汇捐赠，也构成国际结算。

1.1.2 国际结算与银行的关系

在一笔国际结算中，银行首先是参与者。即使个人在境外刷卡消费，也会涉及两家或者两家以上的银行负责清算。个人如果想将货币从境外转移到境内，或者从境内转移到境外，除亲自携带现钞出入境外，都需要银行的帮助。无论是出境旅游、出国留学、在外国网站购物还是进出口贸易，银行在支付这个环节上都扮演着重要角色。作为转移货币的回报，银行会收取一定的手续费，费率视支付方式而定。

在某些情况下，银行还可能成为国际支付的信用保障人。例如，信用证和银行保函业务中，开证行都承担第一付款人的责任。正因为银行资金雄厚、资信优良，银行信用才远远优于商业信用。

不仅如此，银行还可提供贸易融资，如开展出口押汇、单据贴现等融资业务。这些都为参与国际结算的贸易商提供了可靠的资金周转渠道。

综上所述，构成国际结算的三要素是：不同国家、货币转移及银行参与，三者缺一不可。如果在同一个国家境内进行货币转移，只需国内结算；如果没有发生货币转移则不构成结算；脱离银行，"一手交钱，一手交货"的交易方式在现代贸易中非常罕见，不在本书的讨论范围之内。

通常，商业银行的国际业务部或者国际结算部专门负责提供对公（企业）国际结算业务，而个人跨境汇款业务在银行的营业大厅办理即可。

1.1.3　国际结算的分类

由于国际结算必定伴随着外汇的流入或流出，因此，从一国的国际收支平衡表中就可以看出外汇转移的原因。表1-1是我国2022年国际收支平衡表的一部分。

表1-1　　　　　　　2022年中国国际收支平衡表　　　　　单位：亿美元

项目	差额	贷方	借方
1. 经常账户	4 019	39 508	−35 489
1.1　货物和服务	5 763	37 158	−31 395
1.1.1　货物	6 686	33 469	−26 782
1.1.2　服务	−923	3 690	−4 613
1.2　初次收入	−1 936	1 902	−3 839
1.3　二次收入	191	447	−256
2. 资本和金融账户	−3 113		
2.1　资本账户	−3	2	−5
2.2　金融账户	−3 110	−2 815	−294
3. 净误差与遗漏	−906		

资料来源：根据国家外汇管理局网站资料整理.

据表1-1所列出的子项目，可以将国际结算分为以下几类：

1.国际货物贸易结算

国际收支平衡表的经常项目中，第一类是货物贸易，即有形商品的进出口。例如，中国游客在美国的专卖店买了一个包，用800美元支票进行支付。这笔进口交易伴随着800美元流出，记入商品进口借方。

2.国际服务贸易结算

服务的进出口也是国际收支平衡表的经常项目之一。我国的国际服务项目有12个分类，包括运输、旅游、建设、保险等。例如，中国游客在泰国曼谷某餐厅吃饭，为此消费了2 000泰铢，用信用卡结账。这笔旅游花销视为中国的服务进口而记入经常项目借方。

3.初次收入结算

初次收入指由于提供劳务、金融资产和出租自然资源而获得的回报，包括雇员报酬、投资收益和其他初次收入三部分。例如，某中国公民拥有 1 000 股美国某公司的股票并且得到 50 美元股息，这 50 美元记入此账户的贷方。

4.二次收入结算

二次收入指居民与非居民之间的经常转移，包括现金和实物。贷方记录我国居民从非居民处获得的经常转移，借方记录我国向非居民提供的经常转移。例如，中国红十字会收到外国某企业 10 万美元的捐赠，记入此项目贷方。

5.资本和金融交易结算

涉及金融资产的交易记入此项目，它包括直接投资、证券投资、其他投资和金融衍生工具的买卖。例如，一家中国企业收购一家西班牙工厂，则这笔交易记入金融项目的借方，表示外汇的流出。

从我国的国际收支平衡表可以看出，货物的进出口占比最大，其次是国际服务贸易。这也与党的二十大报告所指出的"实行更加积极主动的开放战略"相吻合。围绕货物的进口与出口所产生的国际结算，是本书的主要研究对象。虽然银行从事的是金融业务，无须与货物本身打交道，但审查商业单据也是此类业务中重要的工作内容。

1.1.4　国际结算的基本内容

全方位掌握国际结算的内容，据此了解银行国际业务部的运作模式、具体业务流程、单证的审阅手续、对外清算流程以及各当事人的义务与风险，是本书的宗旨。作为一名合格的国际结算部工作人员，要了解和掌握以下内容：

1.国际结算工具

原始的国际贸易采用"一手交钱，一手交货"的现金交货方式，但早期的实体货币携带不便、交易风险大。11 世纪以后，在国际贸易支付环节中出现了票据。早期的票据只具有汇兑功能，之后产生了支付功能、流通功能和信用功能。18 世纪以后的票据就已具备了现代票据的基本功能（李昭华，2011）。

现代的国际贸易结算离不开票据。票据分为三种：汇票、本票与支票。其中，在国际贸易结算中使用最广泛的是汇票，本票与支票很少使用。在以后的章节中，会详细谈到这三种票据的含义、内容，以及在结算业务中如何运用。

2.国际结算单据

本书讨论的国际结算是指国际贸易结算，首先，我们需要对国际贸易建立起最基本的认识。在一笔国际贸易中，出口商与进口商承担的主要义务分别是：出口商交货，进口商付款。货款可以通过银行进行支付，出口商通常以提交商业单据的方式来履行交货义务。商业单据包括商业发票、原产地证、装船通知、装箱单、海运提单、保险单及商检证书等。这些商业单据中，有些由出口商签发，有些由出口商委托其他机构签发。在国际结算业务中，托收与信用证业务在业务流程中与商业单据挂钩，银行会遵循相应的国际惯例对这些商业单据进行处理。

因此，了解商业单据的种类与各自的用途，理解它们的内容，并能判断它们是否符合信用证的要求，是对商业银行国际业务部工作人员的基本工作要求，也是本书需要阐明的内容之一。

3.国际结算方式

国际结算方式是本书的重点。国际结算方式对于商业银行而言是指它们出售的服务，包括汇款、托收、信用证、银行保函与备用信用证等。不同的服务涉及不同的操作流程、不同的手续费，各方当事人面临着不同的风险。

熟知各项国际结算业务操作流程，使结算顺利完成，这既是商业银行国际业务部的工作重点，也是贸易商的工作重心之一。商业银行只有熟知各类国际结算产品的内容与特点，才能结合客户的资信状况、贸易基本情况向客户推销合适的产品；贸易商更需要分析各类国际结算方式的利弊，才能结合自身贸易的特点作出对自己最有利的选择。

4.国际结算融资

基于自身优势，商业银行在向客户提供国际结算服务的同时也可以提供国际结算融资服务。这样做不仅可以促进本国的进出口贸易，更能起到扩大银行业务额的作用。

根据提供融资的对象不同，国际结算融资可以分为进口贸易融资与出口贸易融资两种。这些融资方式在本书介绍国际结算方式的时候会涉及，不再单独成章。

1.1.5 国际结算涉及的法律与国际惯例

国际结算的从业人员，该遵循什么标准或者准则开展国际结算业务？在业务过程中遇到各种各样的情况该如何处理？这些问题在全球需要有统一的回答。国际结算法律与惯例就是从事国际结算业务应遵循的标准。

无论什么行业的惯例，都必定是该行业在长期发展过程中潜移默化地形成的习惯性做法，某些行业内的权威机构将这些习惯性做法进行归纳总结并形成文字，用来指导今后的实践。

国际结算惯例从广义上讲，即国际结算从业人员在长期国际结算业务中所形成的习惯性做法；从狭义上讲，即权威机构依据国际结算业务中的习惯性做法所制定的书面定义、解释与规则，并且在国际上被广泛采纳。

随着国际结算业务的发展，不断会出现新状况或新做法，国际结算惯例作为指导实践的文本，自然会随之更新。现将部分国际结算业务适用的法律与惯例分类罗列如下：

1.与票据相关的法律

这主要包括：《英国票据法》（1882年）；《日内瓦统一票据法》（1934年）；《中华人民共和国票据法》（1995年）。

2.与结算方式相关的国际惯例

这主要包括：《见索即付保函统一规则》（1992年）；《托收统一规则》（URC522）（1995年）；《跟单信用证项下银行间偿付统一规则》（1996年）；《国际保理业务惯例规则》（2000年）；《跟单信用证统一惯例》（UCP600）（2007年）；《审核跟单信用证项下单据的国际标准银行实务》（ISBP745）（2013年）。

3.与商业单据相关的国际公约与国际惯例

这主要包括：《海牙规则》（1931年）；《伦敦保险协会货物保险条款》（1963年）；《联合运输单证统一规则》（1973年）；《汉堡规则》（1978年）；《国际贸易术语解释通则》（INCOTERMS 2020）（2020年）。

需要指出的是，国际结算惯例本身不是法律，对各方当事人不具备强制管辖权，但约束力仍然存在，其约束力体现在：

第一，如果当事人明确采用某项惯例，该惯例就对当事人产生约束力。

第二，如果当事人明确排除某项惯例，该惯例就对当事人没有约束力。

第三，如果当事人没有明确排除某项惯例，发生纠纷时，法院或仲裁机构可以引用该惯例判决或裁决。

1.2 国际结算的银行网络

国际商业银行拥有效率高、安全性强的银行网络与资金转移网络，它们在全球范围内建立起分支机构以及代理行关系、账户行关系，以拓展海外业务，加快资金收付。银行网络如图1-1所示：

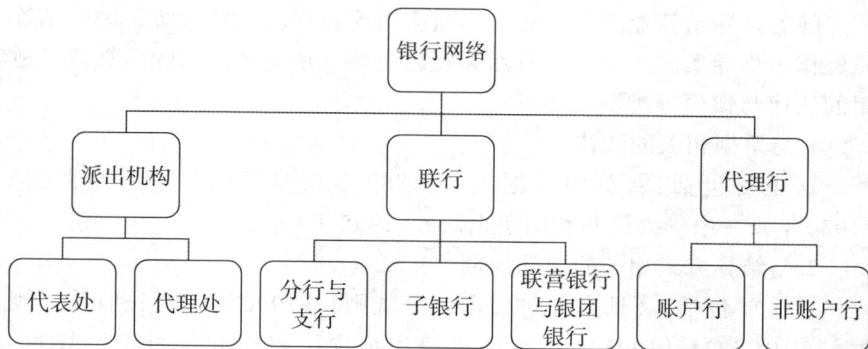

图 1-1 银行网络

1.2.1 派出机构

派出机构主要包括代表处与代理处。

代表处（representative office），是商业银行设立的非营业性机构，不能经营真正的银行业务，主要职能是探询新的业务前景，寻找新的盈利机会，开辟当地信息资源，还要代表母行进行公关活动。代表处是银行注资机构中级别最低、业务最简单的形式，相当于分行和支行的过渡形式。当一个银行准备在境外建立分行时，一般先设立一个代表处。例如，中国银行内罗毕代表处"Nairobi Representative Office"，中国银行摩洛哥代表处"Morocco Representative Office"，中国银行坦桑尼亚代表处"Tanzania Representative Office"等。

代理处（agency office），又称经理处，是商业银行设立的能够转移资金和发放贷款，但不能在东道国吸收当地存款的金融机构。代理处是母行的一个组成部分，不具备独立法人资格，它是介于代表处和分行之间的机构。代理处可以从事一系列非银行存款业务。由于不能吸收当地存款，所以其资金来源于母行，或者来源于从东道国银行市场上同业拆借的资金。

代表处和代理处都是母行的派出机构，它们深入异地金融环境，探询业务前景，起到耳目作用。

1.2.2　联行

联行（sister bank），是指银行根据业务发展的需要，设立在境内外的最主要的一种营利性机构，包括分行、支行、子银行、联营银行与银团银行五种形式。

1.分行与支行

分行（branch），是商业银行设立的营业性机构，它不是独立的法人，无论是在法律上，还是在业务上，它都是总行的有机组成部分。分行不仅要受到母国和东道国的法律、规章的制约，其业务范围也要与总行保持一致，总行对分行的活动负有完全的责任。

支行（sub-branch），是分行下设的营业机构。支行的职能类似于分行，只是它直接归属分行管辖，层次比分行低，业务范围比分行小。

2.子银行

子银行（subsidiary），也称附属银行，是在东道国注册的独立金融机构，具有法人地位。子银行股权的全部或大部分属其母行，母行对它有控制权。子银行的经营范围较广，通常它能从事东道国国内银行所能经营的全部银行业务活动，在某些情况下，还能经营东道国银行不能经营的某些银行业务。子银行除可经营银行业务外，还可经营非银行业务，如证券、投资、信托、保险业务等。例如，中国银行（秘鲁）有限公司就是中国银行的子银行，于2019年组建，2020年获得秘鲁银监局运营许可批准并正式开业。

3. 联营银行与银团银行

联营银行（affiliated bank），也是按东道国法律注册的独立银行，它在法律地位、性质和经营特点上同子银行类似，两者的区别是：联营银行的每一个投资者（包括母行）拥有少于50%的股权；而子银行的全部或大部分股份可以被母行拥有。联营银行可以由两国或多国投资者建立，也可以由外国投资者通过购买当地银行部分股权而形成，其业务种类和数量视参股银行的性质而定。

银团银行（consortium bank），通常是由两个以上不同国籍的跨国银行共同投资，按东道国法律注册的独立的合营银行，任何一个投资者所持有的股份都不超过50%。组成银团银行的母行，大都是世界著名的跨国银行，银团银行一般在国际金融和国际贸易的中心城市注册。它的业务对象大部分是各国政府和跨国公司，经营的大多是单个银行无力承担的成本高、风险大、专业技术强、规模较大的业务。银团银行很少面向个人提供零售业务。

阅读资料1-1

中国银行外汇业务及海外机构发展历程

1915年，中国银行的北京、天津、上海、汉口、广东5处分行试办外汇业务。上海分行设立了国外汇兑股，经营进出口押汇、外币贷款、近远期调期等业务。1929年，中国银行开始在海外设立分行，抗日战争前已有伦敦、大阪、新加坡、纽约4家海外机构。1930年底，有国外通汇行62家、特约代理行96家，代理行遍及43个国家，外汇业务得以顺利开展。1942年后又相继在悉尼、利物浦和哈瓦那等地设立了6个行处，使海外机构初具规模。

改革开放后，中国银行的海外机构进一步发展、壮大。1979年6月3日，经批准，中国银行卢森堡分行开业。这是中华人民共和国成立后中国银行设立的第一个海外分行。此后，纽约、悉尼、巴黎、东京等分行相继开业。1997年，中国银行赞比亚、布达佩斯代表处开业。1998年，中国银行巴西圣保罗代表处开业。2000年，中国银行南非约翰内斯堡分行、中国银行马来西亚分行开业。以上机构的设立分别填补了中国金融机构在非洲、东欧和南美洲的空白。

截至 2022 年末，中国银行境外机构由 1978 年的 20 家发展到 531 家，覆盖 62 个国家和地区；中国银行海外机构资产总额达 73 112 亿美元。

资料来源：根据中国银行官网资料整理.

1.2.3　代理行

即使是全国拥有最多海外机构的中国银行，也没有在每一个与中国有对外贸易关系的国家设立分支机构。出于建立分支行时间长、成本大、困难多、风险大等因素的考虑，银行通常只需要与目标国家的银行建立代理关系，就可以与之开展国际结算业务。

代理行（correspondent bank）是指相互间建立委托办理业务的、具有往来关系的银行。代理行关系建立在双方共同业务发展需要的基础上，其业务不仅包括国际结算，还包括国际贸易的资金融通、国际信贷、项目贷款、快邮服务、培训专业人才等，互委业务，互为客户，是一种双赢举措。建立代理行关系，不仅有利于拓展本行业务、扩大业务范围和客户群体，还加强了银行间的交流与合作，使本行工作人员对合作银行的业务经营、资信状况、服务质量等心中有数，同时，又可以拉直收汇路线，缩短资金的在途时间，大大加强本行在国际结算业务上的竞争力。

代理行关系一般由双方银行的总行直接建立。分支行不能独立对外建立代理行关系。建立代理行关系一般要经过三个步骤：

1. 考察候选代理行的资信

建立代理行关系前，必须对候选代理行进行资信调查与评估。如果资信好，就能够开展许多金融业务。可以利用总行掌握的资源和信息进行调查。例如，中国银行的"国际业务部"负责搜集各个候选代理行的资料，尤其是它们的信用等级、经营作用及经营理念。以此为依据，可以考察对方是否具备成为本行代理行的资质。一般而言，银行只同那些资信良好、经营作风正派的海外银行建立代理关系。然后，在分析与评价的基础上，确定建立代理行关系的层次。其层次分为：一般代理关系、账户代理关系与议定透支额度关系。

2. 签订代理协议并互换控制文件

如果双方银行同意相互建立代理关系，则应签订代理协议。代理协议的内容一般包括双方银行名称、地址、代理范围、协议生效日期、代理期限、适用分支行等。

为使代理业务真实、准确、快捷、保密，代理行之间还要相互发送控制文件。控制文件（control documents）是指代理行之间委托业务时的凭据。一般由下列项目构成：密押、SWIFT密押、签字样本和费率表。

密押（test key），也称电传密押，是两家银行事先约定的专用押码，在发送电报或电传时，由发送行在电文中加注密押，经接收行核对无误后方可确认电报或电传的真实性。国际结算中所有资金转移均通过电报或电传进行，因此电文必须绝对安全、可靠，密押在使用半年或一年后必须更换，以策万全。

SWIFT密押（SWIFT authentication key），是独立于电传密押之外的、在代理行之间交换的、仅供双方在收发SWIFT电信时使用的密押。SWIFT密押对全部电文，包括所有的字母、数字和符号进行加押，其安全程度远远超过电传密押。SWIFT密押由两组各由字母A～F和数字0～9共32位随机产生的字符串组成。交换SWIFT密押的两行可以各用各押，也可共用你押或我押。双方在各自的SWIFT密押文件中输入约定的押值，并互发测试电报予以证实，此后，双方的收发电将由SWIFT系统密押文件自动审核。按照SWIFT守则的规定，代理行之间的SWIFT密押每半年更换一次。SWIFT正式报文第1～8类均为加押电报。

签字样本（booklet of authorized signature），是银行有权签字人的印章、签字的样本，是银行列示有权签字人员的签字式样和其权力等级的文件，如样本中的签字式样分A级、B级等。银行之间的信函、凭证、票据等，经有权签字人签字、盖章后，寄至收件银行，由收件银行将签名与预留印鉴或签字进行核对，如果相符，即可确认其真实性。然后，委托行才可按内容要求进行处理。

费率表（schedule of terms and conditions），是银行承办各项业务的收费标准，一方银行委托业务，按被委托银行收费标准收费。费率表一般由总行制定并对外发布，各分支据此执行。对方银行委托我方银行办理业务，按照我方银行费率表收取费用；我方银行委托对方银行办理业务，则按对方银行费率表收费。费率应定得适当、合理，收费过高会削弱我方银行竞争力，失去许多业务机会；收费过低则影响经济效益。

3.双方银行确认控制文件

收到对方银行发来的控制文件后，如无异议，即可确认，此后便照此执行。

代理行关系建立之后，就可以根据代理协议办理相关业务。除此之外，代理行之间还可能开立存款账户。这是因为，一方面，对于汇款、托收和信用证业务，涉及外汇资金收付，需要对方银行建立账户进行清算；另一方面，经营国际业务的银行都在国际货币的清算中心开立账户，否则会影响货币正常收付（苏宗祥，2010）。例如，经营美元国际结算的银行，必须在美元清算中心——纽约某银行开立账户；经营英镑国际结算的银行，必须在英镑清算中心——伦敦某银行开立账户。

代理行之间可以单向开账户，也可以互开账户。开立账户的代理行又叫甲种代理行；没开立账户的代理行又叫乙种代理行。一旦开立账户，无论是单向还是双向，两家银行之间就是账户行与存款行的关系。图1-2就是中国银行与花旗银行之间相互开设美元和人民币账户的例子。

美元账户 USD a/c

中国银行 Bank of China, China　　　花旗银行 Citibank, USA

人民币账户 CNY a/c

图1-2　代理行互为存款行与账户行

若账户行之间进行头寸拨付，则表现为有关银行之间账户上余额相应的增加与减少，**银行术语称"增加金额"为"贷记"**（to credit），**"减少金额"称为"借记"**（to debit）。例如，如果中国银行在花旗银行的存款增加，表明花旗银行在中国银行的账户上增加一笔金额，同时花旗银行会通知中国银行"已贷记你行账户"；如果中国银行对花旗银行说"请借记我行账户"，那么花旗银行就在中国银行的账户上减掉一笔金额。

商业银行在选择往来银行办理结算和外汇业务时，联行是最优选择，代理行次之；在代理行中，账户行优先于非账户行。虽然联行与代理行都可办理国际结算的有关业务，但它们对己方银行的影响是不同的。这是因为本行与联行是一个不可分割的整体，同在一个总行的领导下，不仅相互之间非常熟悉和了解，而且从根本上说利益共享、风险共担。因此，让海外联行开展有关业务，海外联行必然会尽最大努力圆满地完成所委托的业务，保证服务质量，降低风险，将业务与收益留在本行系统。

但联行数量毕竟有限，因此在大多数没有联行的地区还得依靠代理行来处理业务。与建立联行关系相比，代理行关系的建立成本更低、更灵活、更普遍，在国际结算中具有相当重要的地位。在代理关系中，账户行的关系更密切，进行头寸拨付方便，自然也能减少成本。因此，账户行选择的优先地位仅次于联行，与账户行之间的业务委托也十分方便，只要通过账务往来即可完成委托。在同一城市或地区有多个账户行的情况下，要选择资信最佳的银行办理业务。

在没有联行和账户行的少数地区，要开展业务只能委托非账户行的代理行。因为建立了代理关系的银行还是相互比较了解的，只不过资金的收付不太方便，需要通过其他银行办理，手续复杂些，所需时间也要相对延长。

阅读资料 1-2

银行间代理行协议书中英文对照

Correspondent Arrangement Between Banks：银行间代理行协议书

1. Office Concerned：相关代理行

City Bank of Head Office Shanghai：花旗银行上海分行。

And：和。

China Bank of Head Office New York：中国银行纽约分行。

2. Control Documents：控制文件

Offices concerned of both parties shall be mutually supplied with Specimen of Authorized Signature, Schedule of Terms and Conditions, Specimen of Demand Draft and also with the Telegraphic Test Keys of B bank, SWIFT Authenticator Key（s）shall be arranged as mutually agreed.

双方的相关代理处应同时提供签署样本、费率表、标本汇票以及 B 银行的电汇密押，还须提供双方认可的 SWIFT 认证。

3.Main Intermediary Banks：主要中介银行

Both parties shall exchange the list of reimbursing intermediaries and the main currencies for the reimbursement of transaction through the offices concerned.

双方应相互告知偿付中介的名单以及偿付交易所使用的主要货币。

4. Reciprocal Transaction：互委业务

（1）Remittances：汇款。

① Each party may make remittances to the other party by "Mail Transfer"（M/T）or "Telegraphic Transfer"（T/T）or by means of SWIFT，and may draw "Demand Draft" on the other party（D/D）.

双方可以通过信汇、电汇或者 SWIFT 汇款，并为对方行签汇票。

② In reimbursement，each party shall advise the other party that the cover was credited to the latter's account maintained with an intermediary bank. In the case of "T/T" or SWIFT，each party shall advise the other party by telex or SWIFT that the cover was paid in the same manner as above.

在偿付过程中，双方应告知对方偿付行偿付金是记入对方账户上，并由中介银行保管。在通过电汇或者 SWIFT 进行汇款时，双方应通过电传或 SWIFT 告知对方以上信息。

（2）Collections：托收。

① Each party may send their collection items to the other party with the instructions to credit the proceeds to the account of the remitting bank maintained with the intermediary bank.

双方可将托收项目寄给对方行，并附上收益记入托收账户并由中介银行保管的说明。

② Collections sent from both parties shall be subject to the "Uniform Rules for Collection"（1995 Revision），International Chamber of Commerce Publication No. 522 or its revision.

双方的所有托收必须以《托收统一规则》（1995 年修订版）、国际商会第 522 号出版物或其修订版为标准。

（3）Commercial Letters of Credit：商业信用证。

①Each party may issue Commercial Letters of Credit directly on any of the office concerned included in the arrangement subject to the "Uniform Customs and Practice for Documentary Credits"（2007 Revision），International Chamber of Commerce Publication No. 600.

双方可向协议中如何符合《跟单信用证统一惯例》（2007 年修订版）、国际商会第 600 号出版物的相关代理处直接发行商业信用证。

② Appropriate instructions shall be embodied in each Letter of Credit advice with regard to reimbursement.

有关偿付的适当说明应写入信用证的通知书中。

5.Other Items：其他事项

Each party may request the other party to provide the credit standing of their clients.

双方可以要求对方行提供其客户的商业信誉情况。

This arrangement becomes effective immediately on the date of signing of both parties and will terminate after receipt of either party's advice three months prior to the date of terminations.

协议自双方签署时立即生效，于收到对方通知的三个月后终止。

Place：签署地点 　　　　　　　place：签署地点

Date：签署日期 　　　　　　　Date：签署日期

Authorized Signature：授权代表签署　　Authorized Signature：授权代表签署

Name：姓名 　　　　　　　　Name：姓名

Title：职务 　　　　　　　　Title：职务

1.3　国际清算与清算系统

国际结算的实现依靠国际清算。**国际清算是指各国不同银行对它们之间的债权债务进行清偿的活动。**本书涉及的国际贸易结算指出口商与进口商通过各自的银行清偿债权债务关系，由此产生了银行之间的债权债务关系，该关系通过国际清算来消除。国际清算的主要流程有两种：通过清算系统与银行内部转账。

1.3.1 通过清算系统清算

清算系统由提供清算服务的中介机构、管理货币转移的规则、实现支付指令传送及资金清算的专业技术手段组成，它是用以实现外币清偿的一系列组织和安排。

如图1-3所示，汇款人指示自己的开户行（汇款行）支付一笔款项给受益人。汇款行通过SWIFT/TELEX将付款指示传给自己的代理行，后者将此付款指示传给清算机构。清算机构完成外汇清算后，将该款项支付给收款行代理行，后者根据清算机构的SWIFT/TELEX指示将款项支付给收款行，最后支付给受益人。

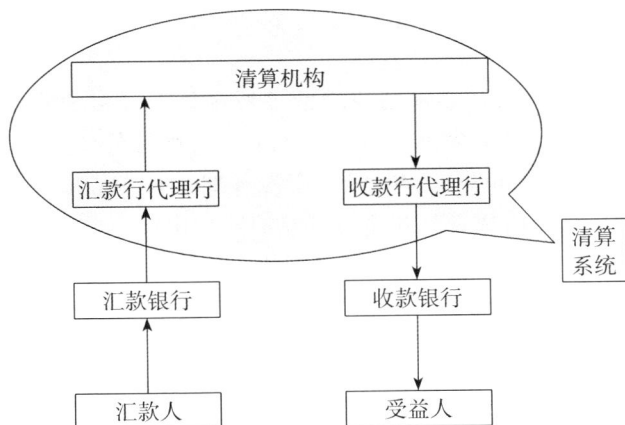

图1-3　通过清算系统清算的流程

国际上著名的清算系统有CHIPS（美元清算系统）、FEDWIRE（美元清算系统）、TARGET（欧元清算系统）、CHAPS（英镑清算系统）等。它们可以为全世界的银行完成世界主流结算货币的清算，也巩固了其所在城市作为世界金融中心的地位。

1.CHIPS

纽约清算所银行同业支付系统（clearing house inter-bank payment system，CHIPS）于1970年4月建立，由纽约清算所协会（NYCHA）经营，逐步发展成为纽约银行间电子支付系统，如今已成为全球最大的私营支付清算系统之一。CHIPS的功能是经办国际银行间的资金交易和电子资金划转及清算。2007年，经该系统支付的美元金额占国际银行全部美元收付的95%，每天平均交易量超过34万笔，金额约1.9万亿美元。该系统对维护美元的国际地位和国际资本流动的效率及安全有着重要意义。

参加CHIPS的银行有100多家，主要包括：纽约清算所的会员银行、纽约清算所的非会员银行、美国其他地区的银行及其他国家银行。这种层层代理的支付体制，构成庞大复杂的国际资金调拨清算网。在这100多家银行中，有48家是清算银行，它们均在美联储设有账户，作为联储系统成员银行，能够直接参与清算交割。各家非成员银行须在一家成员银行开立账户作为它们自己的清算银行，用于每天CHIPS头寸的清算。成员银行要把它们的支付头寸通过设在联储的账户进行最后清算。

参加CHIPS的银行必须向纽约清算所申请，经该所批准后接收为CHIPS会员银行，每个会员银行均有一个美国银行公会号码（American bankers association number，ABA），作为参加CHIPS清算时的代号。每个CHIPS会员银行所属客户在该行开立的账户由清算所发给通用识别号码（universal identification number，UID），作为收款行的代号。

只有通过CHIPS支付和收款的双方都是CHIPS会员银行，才能经过CHIPS直接清算。通过CHIPS的每笔收付均由付款一方开始进行，由付款一方的CHIPS会员银行主动通过其CHIPS终端机发出付款指示，注明账户行ABA号码和收款行UID号码，经过CHIPS计算机中心传递给另一家CHIPS会员银行，收在其客户的账户上。收款行则不能通过它的CHIPS终端机直接向付款行索款，但它可以拍发索款电，注明ABA号码、UID号码及最终受益人名称，要求付款行通过CHIPS付款。

所有的会员银行都与CHIPS系统即时连线，接收或传送有关美元收/付的电文。全世界所有办理美元外汇业务的银行，会在这48家CHIPS会员行中的一家或几家开立美元账户。因此，通过CHIPS，全世界所有银行都能间接地将美元汇往世界各地。

CHIPS的清算时间为美国东海岸起息日前一天9：00至当日17：00

（纽约时间），总共 20 小时。CHIPS 租用了高速传输线路，有一个主处理中心和一个备份处理中心。每日营业终止后，进行收付差额清算，每日 18：00（纽约时间）完成资金转账。CHIPS 并不像 FEDWIRE 那样真的有账户可以转，而只是采用一种记账的方式，替目前的 48 家会员银行相互冲账。在 CHIPS 系统关闭以后，会通知所有会员银行通过 FEDWIRE 于当天冲平各自的正余额或负余额。

CHIPS 接受的 SWIFT 付款格式为 MT103、MT200、MT202，并且统一转化为 CHIPS 自己所规定的格式（苏宗祥、徐捷，2008）。CHIPS 在提供清算的时候按照业务量收取相关费用，并根据不同的付款指令和指令是否符合 CHIPS 标准收取不同的服务费。CHIPS 的信息处理流程如图 1-4 所示。

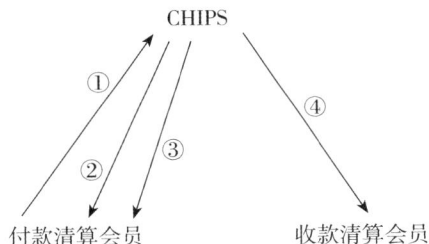

图 1-4　CHIPS 的信息处理流程

信息处理说明：

（1）向 CHIPS 发送付款信息。

（2）若付款信息有效，则被 CHIPS 系统接收并进入付款队列，同时系统反馈给付款方"payment message stored response"信息；若付款信息无效，系统即发送"payment message cancelled response"信息。

（3）当被存储的付款信息被最终处理后，系统发送"payment resolve notification"信息给付款成员。

（4）一笔付款被成功发出时，CHIPS 系统立即向收款会员发出"receive notification"信息。

2.FEDWIRE

美联储电划系统（federal reserves wire transfer system，FEDWIRE），建立于 1918 年，是美国境内美元电子支付系统，较多地用于纽约州以外的美国境内银行间的资金划拨。美国跨州电汇划拨款项需要通过 FEDWIRE 直接由联邦储备银行进行操作和管理。

FEDWIRE 主要处理各银行间的清算业务，诸如头寸调拨、票据清算、证券清算和账户余额划转。另外，该系统还起到为美国政府提供各种金融信息和相关政策咨询的作用。FEDWIRE 进行 1 万多家成员银行之间的资金转账。它实时处理美国国内大额资金的划拨业务，逐笔清算资金。每天平均处理的资金及传送证券的金额超过 1 万亿美元，平均每笔金额 330 万美元。

一般稍具规模的美国银行都会使用美联储所提供的"FEDWIRE 与美联储即时连线系统"，但一些尚未加入该系统的小银行，则要通过其他银行作为转账中介。FEDWIRE 的清算时间为每周一至周五的 0：00—18：30（美国东部标准时间），客户汇款截至 18：00（美国东部标准时间）。联机参加者可以通过主机或电脑终端联结联邦储备银行发送电文指令，不需要人工干预；离线参加者可利用电话把指令发给联邦储备银行。无论是电文还是电话指令，一旦指令被核实确认后，美联储会做两件事情：一是借记该成员行在美联储的账户，同时贷记受益人在美联储的账户。二是将该成员行的电文转送到受益人银行。当受益人银行收到美联储的电文，便可放心地按照电文指示将款项转入受益人的账户。

客户通过 FEDWIRE 清算的流程如图 1-5 所示（苏宗祥、徐捷，2008）：

① B 公司要求 A 公司支付款项；

② A 公司向 A 银行申请付款；

③ A 银行借记 A 公司的账户；

④ 作为 FEDWIRE 成员，A 银行直接向美联储发送付款指示；

⑤ 美联储借记 A 银行账户；

⑥ 美联储贷记 B 银行账户；

⑦ 美联储通过系统向收款的 B 银行发送收款通知；

⑧ B 银行根据系统通知贷记收款人 B 公司的账户；

⑨ B 银行向受益人 B 公司发送贷记通知。

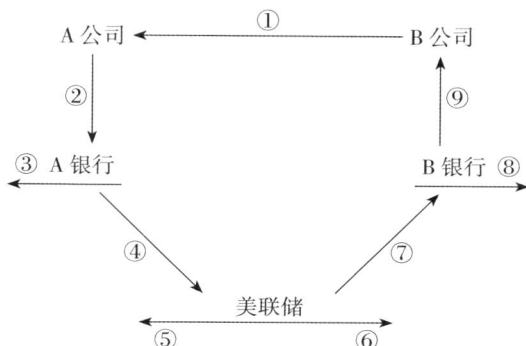

图1-5　客户通过FEDWIRE清算的流程

FEDWIRE 仅接受 SWIFT 的 MT200、MT202 格式，并且将其格式转化为与 FEDWIRE 配套的格式。由美联储担保单笔对单笔间的借记与贷记。任何一笔交易，只要其付款指令正确将立即生效，并根据相关信息直接借记与贷记，以保证那些与 FEDWIRE 有明确账户关系的成员行在账户上有充足资金。

3.CHAPS

英镑的支付系统叫作"自动支付系统清算所"（clearing house automated payment system，CHAPS）。继美国的 CHIPS 成立之后，英国于 1984 年设立 CHAPS，由 12 家清算银行组成，非清算银行进行英镑支付时，需借助于这 12 家清算银行来完成。CHAPS 采用自动化的信息传递，部分地取代了依靠票据交换的方式，使以伦敦城外的交换银行为付款人的部分交易（1 万英镑以上）也可实现当天结算。

CHAPS 清算系统可分为 CHAPS 英镑和 CHAPS 欧元，后者通过其与 TARGET（欧洲的欧元清算体系）的联系，使得 CHAPS 的各成员能够通过此系统进行国内和跨国的欧元支付，起到一定的国际清算系统的角色。CHAPS 属于实时全额支付系统，即它可以对支付指令逐一自动地进行处理，所有支付指令均是最终的和不可撤销的。在营业日内，这一过程连续不断进行。在每个营业日结束时 CHAPS 会进行最终结算。

CHAPS 一直是全球最大的全额实时结算系统之一，提供着高效、可靠、无风险的支付服务，通过直接或间接的方式几乎能够覆盖英国所有的银行，并成为英国各大银行的中央清算所。

参加 CHAPS 的银行进出自动系统的付款电报都使用统一格式。它的 8 个信息通道分别都有对出入的收付电报自动加押和核押的软件装置以及信息储存装置。除此之外，每个通道都有一个自动加数器，它可以把发给或来自其他通道的付款电报所涉及的金额根据不同的收款行（指其他交换银行）加以累计，以便每天营业结束时，交换行之间进行双边对账和结算，其差额通过它们在英格兰银行（英国中央银行）的账户划拨结清。

4.TARGET

欧元区的支付结算系统分为两类：第一类是大额支付结算系统，主要是 TARGET 支付清算系统，此外，还有三家区域性的大额净额结算系统，分别是芬兰的 POPS 系统、西班牙的 SPI 系统及法国的巴黎 PNS 系统。第二类是跨境零售支付系统，主要是 EAF 清算系统。

欧洲货币局于 1995 年 5 月宣布拟建立一个跨国界的欧元支付系统为欧盟国家提供实时全额清算服务，即"欧元实时总额自动清算系统"（trans-European automated real time gross settlement express transfer system，TARGET）。1999 年 1 月 1 日起，建在德国法兰克福的 TARGET 正式启动，欧洲中央银行及成员国中央银行负责监督 TARGET 的运营，并作为清算代理人直接参与 TARGET 运行。TARGET 系统的成员是欧元区各国的中央银行。欧洲的任何一家商业银行或金融机构，在所在国中央银行开立汇划账户，各国央行将本国的 RTGS（real time gross settlement express transfer system）系统与 TARGET 相连接，就可以进行欧元的跨国清算了。

TARGET 主要处理以下几种交易：与中央银行运作直接相关的支付；提供大额支付的净额清算系统以欧元为单位进行的清算；以欧元为单位的，银行间支付以及商业支付；处理欧洲中央银行系统的交易指令，EURO1（EBA）系统的日终结算，以及 CLS（持续结算）银行及其成员间的欧元结算。

TARGET 采用 RTGS 模式，系统在整个营业日内连续、逐笔地处理支付指令，所有支付指令均是最终的和不可撤销的，从而大大降低了支付系统风险，但对参加清算银行的资金流动性具有较高要求。由于资金可以实时、全额地从欧盟一国银行划拨到另一国银行，不必经过原有的货币汇兑程序，从而减少了资金占用，提高了清算效率和安全系数，有助于欧洲中央银行货币政策的实施。欧洲中央银行对系统用户采取收费政策，用户业务量越大，收费标准越低，这一收费规则似乎对大银行更加有利；此外，系统用户需在欧洲中央银行存有充足的资金或备有等值抵押品，资金规模要求较高；加之各国中央银行对利用该系统的本国用户不予补贴，故 TARGET 系统的清算成本高于其他传统清算系统。

EBA 清算系统属于欧洲银行协会（European bank association）所有，专门用于欧洲银行间欧洲货币单位（ECU）的清算．它成立于1985 年，总部设在巴黎。1999 年 1 月 1 日后，EBA 清算系统以 1 : 1 的兑换率将埃居换成欧元，成为各国银行间零售小额欧元交易支付系统。

欧洲法兰克福清算系统（Euro access Frankfurt national clearing system，EAF）原是一个德国马克清算系统，由德国中央银行负责经营管理，后来，EAF 清算的货币由德国马克转换为欧元。

1.3.2　通过银行内部转账

如果通过银行内部转账，需要汇款行与收款行在该币种的清算中心有共同账户行。比如，美元的清算中心在纽约，日元的清算中心在东京，欧元的清算中心在法兰克福等。图 1-6 说明内部转账如何进行。假设该笔汇款币种为美元，汇款行将汇款人的汇款指示以 SWIFT/TELEX 通知给它的账户行——花旗银行纽约分行。通过内部转账的方式，花旗银行纽约分行将这笔款项借记汇款行账户，同时贷记收款行账户。收款行得到贷记通知后，即按照付款指示将该款项支付给受益人。

通过内部转账的方式，资金的清算无须通过 CHIPS 或者 FEDWIRE 即可完成。

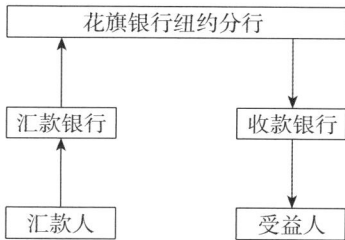

图 1-6　通过内部转账的流程

SWIFT 与 SWIFT 报文

一、SWIFT

环球银行间金融通信协会（society for worldwide interbank financial telecommunication，SWIFT），是一个国际银行同业间非营利性的合作组织，负责设计、建立和管理 SWIFT 国际网络，总部设在比利时首都布鲁塞尔，成立于 1973 年 5 月，董事会为最高权力机构。SWIFT 运营着世界级的金融电文网络，银行和其他金融机构通过它与同业交换报文（message）来完成金融交易。除此之外，SWIFT 还向金融机构销售软件和服务，其中大部分的用户都在使用 SWIFT 网络。SWIFT 的使用，为银行的结算提供了安全、可靠、快捷、标准化、自动化的通信服务，从而大大提高了银行的结算速度。目前全球 200 多个国家和地区的 10 800 多家金融机构和企业，借助该系统每天交换数百万条标准化金融报文。

SWIFT 于 1980 年连接到中国香港。中国银行于 1983 年加入 SWIFT，成为中国内地第一家 SWIFT 会员银行，并于 1985 年开通使用该系统，成为我国与国际金融标准接轨的重要里程碑（苏宗祥、徐捷，2008）。正如 SWIFT 名称所示，这是一个金融交易的电信系统，本身并不包括结算和清算，只是通信网络。当银行与 SWIFT 联机后，这家银行的很多业务都可由 SWIFT 和电脑自动处理。加入该协会的各个会员银行都必须交纳初始入会费和年费，具体的数目根据其类别而定。此外，用户收发电文需要交纳费用，收费的依据为电文的单位长度。此外，收发电文的数目与所经过的路径也是费用的衡量因素。

与以往的信函、电报和电传相比，SWIFT 对于某些结算方式中银行处理业务的模式进行了简化，使国际结算变得更加便利、廉价，只要会员银行的 SWIFT 专门电脑及其终端设备正常运行，任何会员银行都可以在任何时候收发电信。

SWIFT 服务的功能优势有以下几点：

（1）高度安全性。所有财务报文均做全文加密，有效防止电文泄露或被篡改。

（2）格式标准化。所有金融报文均标准化，大大减少成员行之间由于对电文含义理解不同而引发的纠纷。同时，还可以提高处理效率，简化处理程序。

（3）通过统一网络窗口，与不同金融机构交换信息。

（4）系统提供每天24小时，每周7天的全天候服务。

（5）传送速度快、费用低。与电报及电传相比，SWIFT成本低得多，可靠性高得多，速度快得多。若协会在年末有盈余，年底还可向成员行返还部分收费。

（6）高度责任性。通过SWIFT发送的金融讯息都可以得到保障。银行在发出报文后会收到SWIFT的确认，若客户因为讯息遗失而蒙受损失，SWIFT会负责赔偿。

（7）核查和控制管理都很方便。来电和去电等交换电文，SWIFT都有详细记录，以便核查。

SWIFT的成员银行都有自己特定的银行识别代码，相当于各个银行的身份证号，在SWIFT电文中由电脑自动判读、识别各个金融机构。银行识别代码由该协会提出，并被国际标准化组织认可，其缩写是BIC（bank identifier code）。银行识别代码是由电脑可以自动判读的8位或是11位英文字母或阿拉伯数字组成，具体由"银行代码+国家代码+地区代码+行代码"构成：

银行代码（bank code）：由4位易于识别的银行行名字头缩写字母构成；

国家代码（country code）：根据国际标准化组织的规定由两位字母构成；

地区代码（location code）：由两位数字或字母构成，用于标明银行所在国家的地理位置；

分行代码（branch code）：由3位数字或字母构成，用于标明银行的分支机构。

例如，中国银行上海分行的SWIFT银行识别代码是BKCHCNBJ300，其中，"BKCH"是中国银行的银行代码，由"Bank of China"缩写而成；"CN"是中国的国家代码；"BJ"表明中国银行的总部位于北京；"300"代表上海分行。

同时，SWIFT还为没有加入SWIFT组织的银行，按照此规则编制了一种在电文中代替输入其银行全称的代码。所有此类代码均在最后3位加上"BIC"3个字母，用来区别于正式SWIFT会员银行的SWIFT银行识别代码。

二、SWIFT报文

SWIFT报文类别编码由"MT"加上3个数字构成，即"MT×××"。从报文类别编码可以看出该报文的大致内容和目的。例如，MT200意味着"请求将发报行的头寸调拨至其他金融机构的该行账户上"。报文类别编码中每位数字的含义如下：

MT："message type"的缩写。

第1位数字：表示报文的一级分类"类别"（category），共计10个分类：

第1类：客户汇款与支票（customer transfer checks）；

第2类：金融机构头寸调拨（financial institution transfer）；

第3类：外汇买卖和存放款（foreign exchange）；

第4类：托收与光票（collection，cash letters）；

第5类：证券（securities）；

第6类：贵重金属和辛迪加（precious metals and syndication）；

第7类：跟单信用证和保函（documentary credits and guarantees）；

第8类：旅行支票（travelers checks）；

第9类：银行账务（statement）；

第10类：SWIFT系统电文。

除上述10类报文外，SWIFT电文还有一个特殊类，即第N类——公共报文组（common group messages）。本书涉及的类别有：第1类、第2类、第4类和第7类。

第2位数字：表示报文的二级分类"群组"（group），每一"类别"包含若干"群组"。例如：

MT10X：客户汇款与支票类客户汇款组（group of customer transfer）

MT11X：客户汇款与支票类支票组（group of cheque）

第3位数字：表示报文的三级分类"类型"（type），每一"群组"包含若干"类型"。例如：

MT103：客户汇款（customer transfer）；

MT110：支票通知（advice of cheque）。

以下是一个完整的 MT103 报文：

1：F 01 MSBCCNBJA XXXX 3149 158281

2：O 103 1608 070507CHASUS33D XXXX 1833644500 070508 0408 N

------------------Message Header------------------

SWIFT Output：FIN 103 Single Customer Credit Transfer

Sender：CHASUS33 XXX

Receiver：MSBCCNBJ XXX

------------------Message Text------------------

20：Sender's Reference

ABCD123

23B：Bank Operation Code

CRED

32A：Val Dted/Curr/Interbnk Settle Amt

Date   : 07 May 2007

Currency   : USD（US DOLLAR）

Amount   : #2，000.50#

33B：Currency/Instructed Amount

Currency   : USD（US DOLLAR）

Amount   : #2，008.50#

50K：Ordering Customer － Name & Address

/00987654321

ABCD COMPANY

52A：Account With Institution － BIC

MSBCCNBJ002

59：Beneficiary Customer － Name & Address

/00123456789

SHANGHAI EFGH CO.，LTD

70：Remittance Information

/RFB/66666666

71A： Details of Charges
     BEN
71F： Sender's Charges
     Currency   ： USD（US DOLLAR）
     Amount   ： #8.00#
72： Sender to Receiver Information
     /TIME/16：06
     /INS/ABA/026009593
     ///FEDREF/0507B6B7HU6R003382
--------------------Message Trailer--------------------
{MAC：05F44FF1}
{CHK：453FBFF0BC28}
SWIFT 报文由 3 个区段（block）组成：

（一）文头

文头（header blocks）包括三个子区段：

基本文头（basic header block）：基本文头是强制性、不可或缺的信息，用以提供电文的基本资料。在发出的报文中，基本文头提供发报人信息；在收到的报文中，基本文头提供收报人信息。

应用文头（application header block）：应用文头提供报文本身的信息，包括报文种类、发报人或收报人、报文传送等级、发电时间等。

用户文头（user header block）：用户文头包括标识符、报文用户参考号等。

（二）正文

正文（text block）显示各项 field 及条款，即：tag + field name + 条款。

（三）文尾

文尾（trailer block）控制报文、说明特殊情况或提供特殊资料。文尾包括两个子区段：用户文尾（user trailers）和系统文尾（system trailers）。常见文尾如下：

user trailers：

（1）MAC：message authentication code。

（2）PAC：proprietary authentication code。

（3）CHK：checksum。

（4）TNG：training。

（5）PDE：possible duplicate emission。

system trailers：

（1）CHK：checksum。

（2）SYS：system originated message。

（3）TNG：training。

表 1-2 概括了 SWIFT 报文的结构及各子区段内容。

表 1-2   SWIFT 报文的结构及各子区段内容

区段	子区段	显示内容
文头	基本文头	收到报文：收报人的基本信息 发出报文：发报人的基本信息
	应用文头	输入报文：电文种类、收报人、报文传送等级 输出报文：电文种类、发报人、发报时间、收报时间、等级
	用户文头	对报文设定参考值，仅限于输入报文时指定，在收报人所收报文及系统报文上出现
正文		显示各项 field 及条款 即 "tag + field name + 条款"
文尾	用户文尾	说明特殊情况，提供特殊资料
	系统文尾	

思政课堂

人民币跨境支付系统

思政元素：独立自主

人民币跨境支付系统（China International Payment System，CIPS）是由中国人民银行组织开发的独立支付系统，为境内外金融机构人民币跨境和离岸业务提供资金清算与结算服务，是中国重要的金融基础设施，旨在进一步整合现有人民币跨境支付结算渠道和资源，满足各主要地区的人民币业务发展需要，提高跨境清算效率。

CIPS 参与者分为直接参与者和间接参与者两类，系统为每个参与者分配系统行号作为其在系统中的唯一标识。截至 2022 年 12 月，CIPS系统共有 1 300 多家参与者，其中，直接参与者 76 家，间接参与者1 260 多家，覆盖全球 100 多个国家和地区。

各直接参与者一点接入，集中清算，缩短了清算路径，提高了清算效率。系统采用国际通用 ISO 20022 报文标准，充分考虑了与现行SWIFT MT 报文的转换要求，便于跨境业务直通处理并支持未来业务发展需求，有利于中国资本项目的进一步开放和跨境支付结算业务的发展。

我国已制定《人民币跨境支付系统业务暂行规则》和《人民币跨境支付系统业务操作指引》，进一步规范跨境支付服务行为，防范支付风险，为市场主体对外贸易投资使用人民币结算提供更多便利，促进跨境支付服务市场健康有序发展。现实中，俄乌冲突爆发后，西方世界把俄罗斯从支付系统中剔除给俄罗斯带来巨大冲击，从中可以看出，独立自主的支付系统的重要价值。

资料来源：天水秦州农村合作银行. 人民币跨境支付系统（CIPS）——跨境金融的"国之重器"［EB/OL］.［2022-12-07］. https://mp.weixin.qq.com/s? __biz=MzA5MzA2NzY3Ng==&mid=2653265032&idx=1&sn=b0a8390c65aca9d7050709ec2d68976e&chksm=8bb2bc7bbcc5356d3598e5c20e81fa7aa9540cade75e41addb91b7d68bb9f829473100195ff4&scene=27.

本章小结

1. 国际结算是指为清偿债权债务关系或者资金单方面转移而进行的货币跨国收付活动。导致国际结算发生的原因有两种：清偿债权债务关系与资金单方面转移。

2. 按照一国国际收支平衡表经常项目和资本项目的分类可以将国际结算分为：国际货物贸易结算、国际服务贸易结算、国际收益结算、经常转移结算与资本与金融交易结算。

3. 国际结算法律与惯例就是从事国际结算业务应遵循的标准。目前在国际结算操作中经常用到的惯例有 URC522、UCP600、ISBP745 等。

4.商业银行在全球建立银行网络以拓展海外业务，加快资金收付，包括派出机构、联行与代理行。在选择往来银行优先次序上，以联行为首选，然后是代理行。代理行又分账户行与非账户行。账户行之间通过借记与贷记进行头寸拨付。

5.通过 CHIPS、FEDWIRE、TARGET、CHAPS 等清算系统，或者通过银行内部转账，能实现外汇跨国收付。

综合训练

1.1 单项选择题

1.商品进出口款项的结算属于（　　　）。

A.双边结算　　　　　　　　B.多边结算

C.货物贸易结算　　　　　　D.服务贸易结算

2.传统的国际贸易和结算中的信用主要有（　　　）两类。

A.系统信用和银行信用　　　B.系统信用和司法信用

C.商业信用和司法信用　　　D.商业信用和银行信用

3.当代国际结算信用管理的新内容涉及（　　　）。

A.系统信用和司法信用　　　B.员工信用和银行信用

C.公司信用和商业信用　　　D.银行信用和商业信用

4.以下（　　　）引起的货币收付，属于"国际货物贸易结算"。

A.服务供应　　　　　　　　B.资金调拨

C.设备出口　　　　　　　　D.国际借贷

5.国际结算制度的核心即是（　　　）。

A.信用制度　　　　　　　　B.银行制度

C.贸易制度　　　　　　　　D.外汇管理制度

1.2 多项选择题

1.国际结算方式大体上分成三大类别：（　　　）。

A.汇款　　　　　　　　　　B.托收

C.信用证　　　　　　　　　D.银行保函

E. 国际保理

2.国际结算使用的货币可以分为（　　　）。

A.可兑换货币　　　　　　　B.出口国货币

C.进口国货币   D.第三国货币

E.不可兑换货币

3.由（   ）引起的货币收付，称为非货物贸易结算。

A.服务供应   B.国际借贷

C.调拨进口国货币   D.农产品贸易

E.金融衍生工具的买卖

4.乙种代理行的特点：（   ）。

A.设在贸易金融业务往来有限的地区

B.设在有代理关系而无账户关系的银行

C.不同国籍的两家银行相互之间的货币收付通过第三家银行完成

D.设在本国有官方外汇牌价的货币所在国的银行

E.设在与本国有正式外交关系的国家

5.构成国际结算的三要素是（   ）。

A.不同国家   B.货币转移

C.银行参与   D.贸易商参与

E.消费者参与

1.3 思考题

1.国际结算按照其发生的原因可以分为哪几类？

2.银行在进行国际结算时选择往来银行的次序是怎样的？

3.国内结算与国际结算的区别是什么？

4.广义与狭义的国际结算惯例各指的是什么？

5.代理行之间如何进行头寸拨付？

第2章

国际结算票据

学习指南

【学习目标】票据作为当代国际结算的主要工具，从11世纪开始出现于欧洲国家。18世纪以后，西方主要国家的票据制度逐步健全。在当今国际结算中，票据作为结算工具，发挥着重大作用。本章首先阐述票据的演化史，由此引出三种重要票据：支票、汇票与本票。我们不仅需要掌握这三种票据的含义、主要内容及使用方式，还需要了解票据当事人、票据行为的概念及票据的分类。

【关键概念】票据　汇票　支票　本票　流通性　无因性　要式性　出票人　受票人　收款人　光票　跟单汇票　背书　提示　承兑退票　追索

第2章关键概念

票据也有真伪?

一天，一位客户持一张票额为490万元的银行承兑汇票到农行佛山华达支行营业部要求查询。该营业部柜员按正常操作将票据上记载的信息通过联行系统发出票据查询请求，同时对票据原件的真伪进行了鉴别，结果发现票据号码、大写红水线、荧光线等均与正常票据有异。经另一柜员及运营主管再次识别，发现该票据存在诸多疑点，初步认定为假票据。该营业部柜员提醒客户电话咨询该汇票来历，但在咨询中，对方不作回答，而是不停追问查询结果，最后电话关机无法联系。该营业部意识到事件可疑，立即紧急联系北京金储自动化技术有限公司专家进行识别。经专家多方面、多层次、多工具的验证识别，最终确认该票据为仿真程度极高的假汇票，且以前从未出现过，需要结合多个防伪点才能进行辨识。

在票据业务非常发达的今天，票据除具有支付功能外，还具备许多其他功能，这也是它活跃在市场上的原因。然而，票据诈骗案也层出不穷。市场上流通的票据有哪些？各自有哪些作用？该如何使用？如何理解远期汇票、承兑、善意持票人等概念？本章将对之一一进行介绍。

2.1 国际结算票据的演变历史

国际结算与国际贸易相辅相成。国际贸易产生于10世纪，早期国际贸易以金银作为结算工具，这一过程持续了120多年。但金银输送风险大、费用高，难以清点且难辨真伪，不能适应国际贸易大规模发展的需要。11世纪，票据开始出现，开始取代金银成为结算工具。自11世纪至今，票据演变经历了四个时期。

2.1.1 兑换商票据时期

11—12世纪，在地中海沿岸以海上贸易为主的国家中，如威尼斯、都灵、热那亚等，出现了专门从事货币兑换业务的兑换商。进口商在进口地用金银换取兑换证书，将兑换证书携带到出口地再换取当地金银，然后与出口商进行交易。这就避免了运送金银的风险和费用。由兑换商签发的兑换证书（bill of exchange）就是早期的票据。这一时期称为兑换商票据时期。进口商用兑换证书替代运送金银的流程如图2-1所示。

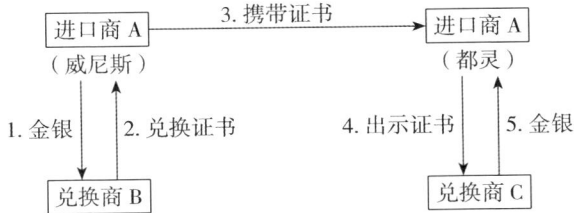

图2-1　用兑换证书替代运送金银的流程

在兑换商票据时期，兑换证书起到了两个作用：（1）将金银从一地转移到另一地；（2）将一地的金币兑换成另一地的金币。这就是票据的汇兑功能。汇兑功能是最先出现的票据功能，因而是票据的原始功能。

2.1.2　市场票据时期

13—15世纪，出现了最初的定期票据交易市场。进口商用以票据市场交易日为到期日的兑换证书代替金银支付给出口商，出口商将兑换证书在票据交易市场出售从而换取金银。用兑换证书代替金银支付的流程如图2-2所示。

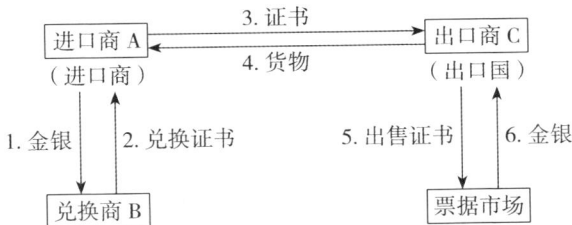

图2-2　用兑换证书代替金银支付的流程

在市场票据时期，兑换证书起到了支付货币的作用。这就是票据的支付功能。

2.1.3　流通票据时期

16—17世纪，欧洲的票据使用已相当普遍，票据制度也渐趋完善，特别是背书制度的出现，使票据能够以简便的方法实现转让，从而使票据多了流通功能。票据的流通过程如图2-3所示。

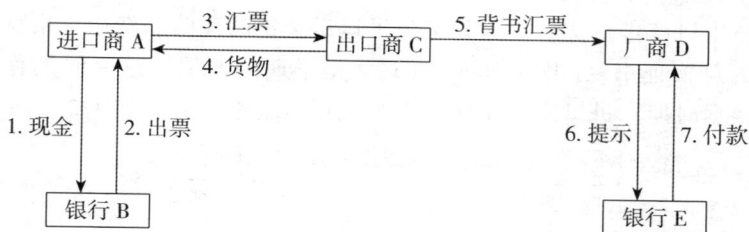

图2-3　票据的流通过程

在流通票据时期，汇票起到了背书转让的作用。这就是票据的流通功能。

2.1.4　现代票据时期

18世纪以后，航运业成为独立的行业，从事国际贸易的进口商与出口商无须亲自驾船出海经商，而是委托船方运送货物。船方为了减少海运风险，又向保险商投保。这样，商业、航运业、保险业就分化成为三个独立的行业，出现了提单与保险单。这些单据可以转让，成为买卖和抵押的凭证。买卖双方之间凭货物结算发展为凭单据结算。

18世纪至今是现代票据时期，这一时期票据的含义有所扩大，产生了充当货物所有权凭证的票据：海运提单。这标志着以转移和支付金钱为目的狭义票据演变成为包括以转让货物所有权为目的的广义票据。

2.2　票据概述

2.2.1　票据的含义

票据的概念有广义与狭义之分。<u>广义上的票据包括各种有价证券和凭证，如股票、国库券、企业债券、发票、提单等，它们有一个共同点：当人们在不占有货币或商品的情况下，票据仍能代表对该货币或商品的所有权。</u>比如，股票虽然有价值，但本身并不是钱，不能用于消费，除非将股票卖掉换成钱。当今广义票据的内容更加多样化，包括螃蟹票、月饼券、超市购物卡、商场抵用券甚至团购电子券等。票面上通常记载着货币或商品的详细内容、交付货币或商品的商家，以及有权索取货币或商品的个人（也可以不记名）。由于票据的权利可以转让，故票据具有流通性。

狭义上的票据则仅指以支付金钱为目的的有价证券，可以流通转让，如汇票、本票、支票。本章只讨论狭义票据。

2.2.2 票据的法律系统

基于票据的重要性，为保障票据的正常流通使用，保护票据权利人的合法利益，各国纷纷制定了票据法，从法律上规定票据的流通规则。世界票据法体系可分为英美法系与大陆法系两种。前者以《英国票据法》为蓝本，后者以《日内瓦统一票据法》为蓝本；前者是英国的国内法，后者则是一种国际公约。

英国于1882年颁布施行《英国票据法》，美国及大部分英联邦成员国，如加拿大、澳大利亚、印度等都以此为参照制定本国的票据法。《英国票据法》共计97条，1～72条是关于汇票的法规，73～82条为支票法规，83～89条为本票法规，1957年另增8条支票法规起修正与补充作用。美国在1952年制定、1962年修订的《统一商法法典》，其中第三章商业证券，即是关于票据的法律规定，也就是美国的票据法，它在英美法系国家的票据法中也具一定的代表性和影响力。美国和其他英联邦国家的票据法虽在具体法律条文上与《英国票据法》有所不同，但总体说来，英美法系国家的票据法基本上是统一的，这种统一是建立在《英国票据法》基础上的。

法国、德国、奥地利、比利时、丹麦、波兰、希腊、匈牙利、意大利、卢森堡、摩纳哥、荷兰、挪威、波兰、苏联、瑞典、瑞士、巴西、日本参加了1930年在日内瓦召开的国际票据法统一会议，并签订了《日内瓦统一汇票本票法公约》。1931年又签订了《日内瓦统一支票法公约》。两个公约合称为《日内瓦统一票据法》。参加签字的国家在制定或修改本国的票据法时都要遵循这一国际公约。

《中华人民共和国票据法》（以下简称《票据法》）于1995年5月10日颁布，并于1996年1月1日起实施，这是我国一部重要的经济法律，对调整我国国内及涉外票据关系起着重要作用。

票据法作为一种国内法，主要作用是规范制定国票据行为，调整制定国票据法律关系。世界上有近200个国家和地区，在国际经济交流或其他交往中必然会发生国际票据关系，其中各种票据行为、票据方面的纠纷或争议等由于各国票据法规定的不一致而发生法律冲突时，应以哪一个国家的票据法为准，成为国际私法中的法律适用问题。国际票据法律适用的原则大致为：第一，有关出票及票据的合法性问题适用出票地法律。第二，其他票据行为适用行为地法律。在我国对外经济交往中发生涉外票据关系时，既要依照我国的票据法，有时也要适用别国的票据法。

2.2.3　票据的功能

在还没有正式学习三种票据的时候，大家可能对支票最为熟悉。下面就以图2-4所示的支票为例，谈谈票据的四大功能。

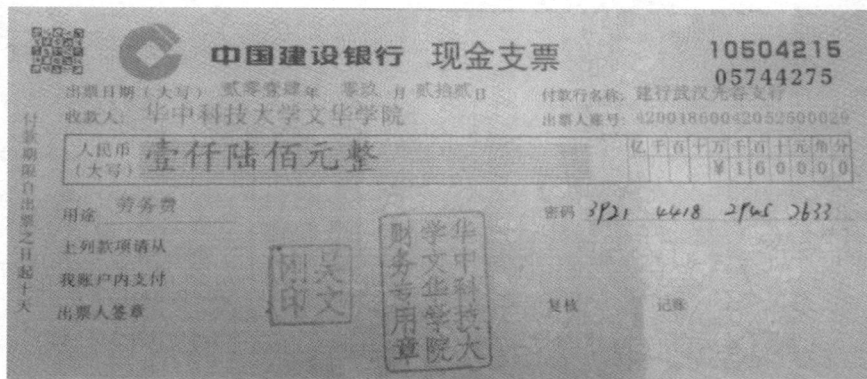

图2-4　国内支票实例

图2-4彩图

1. 汇兑功能

汇，即转移，是指资金在不同国家或地区之间的转移。兑，即兑换，指票据与金钱之间的兑换，也指不同货币之间的兑换。汇兑功能是指流通票据可以起到对货币进行空间转移、对不同货币进行兑换的作用。票据的汇兑功能消除了金钱支付的空间障碍。如本章第1节所述，汇兑功能是在票据的历史演变中最初产生的票据功能，故汇兑功能是票据的原始功能。

如图2-4的支票所示，该支票由文华学院（当时为华中科技大学文华学院，下同）签发，作为劳务费支付给持票人A。A凭此到中国建设银光谷支行即可兑换人民币1 600元。这就是票据的兑换功能（与金钱之间的兑换功能）。

2.支付功能

支付功能是指流通票据不仅充当商品交换的媒介，而且充当银行清算的交换和抵销凭证。

图2-4所示的支票，就是出票人（文华学院）向收款人支付劳务费的方式，充当商品（或者服务）交换的媒介，这就是票据的支付功能。在国际贸易中，各种票据都可以作为支付手段使用。例如，进口商向出口商支付货款，可以签发支票，也可以签发本票，还可以委托银行签发汇票。票据的使用，极大地简化了支付的手续，既可以节约现金的使用，又可以加速全社会的资金周转，提高资金的使用效率。由此可见，票据因其支付功能而成为非现金结算的支柱。

3.信用功能

信用功能是指流通票据充当远期支付和信贷凭证，它消除了金钱支付的时间障碍。这个功能主要体现在远期汇票和远期本票上。例如，当出口商签发给进口商一张90天的远期汇票，即允许进口商在见到汇票后90天再支付货款，这体现了一种信用，为进口商提供了90天的贷款，这也是一种融资。另外，背书制度又客观上增强了票据的信用功能。因为背书人对其出让的后手持票人负有保证票据会被付款的义务。

信用的传统形态是现金赊账。现金赊账与远期流通票据的对比见表2-1。

表2-1　　　　　　　　　**现金赊账与远期流通票据的对比**

信用形态	现金赊账	远期流通票据
实质	买方用将来的钱买现在的货	买方用将来的钱买现在的货
保障程度	低	高
债权能否流通转让	否	能
资金能否提前收回	否	能（贴现）

4.流通功能

流通功能是指流通票据的权利可以用流通转让方式让渡，即流通票据模仿金钱，发挥流通作用。图2-4中所示的支票，是一张来人抬头的支票。在实际使用中，可由持票人（前手）交付后手，后手向银行提示时，银行必须支付票面记载金额。

钞票都是来人抬头的，然而票据却并非如此。通过指示性抬头汇票的多种背书方式，票据流通性可视需要加以改变，这克服了金钱的流通性不能改变的缺陷。

流通票据与金钱在汇兑、支付、信用、流通四个功能上的对比见表2-2。

表2-2 　　　　　　　　　　　　**流通票据与金钱的对比**

	汇兑	支付	信用	流通
金钱	空间移动性差（大批量金钱的转移成本高、风险大）	充当交换媒介的介质昂贵	时间移动性差（采用赊账、借据）	流通性恒定，不能按需设定
流通票据	空间移动性好	充当交换媒介的介质廉价，充当银行清算的交换和抵销凭证	时间移动性好（采用远期票据）	流通性可按需设定

阅读资料2-1 ▬▬▬▬▬▬▬▬▬▬▬▬▬▬▬

过户转让、交付转让与流通转让的区别

先来了解下"让渡"的含义。让渡的本义是让出并转移的意思。在经济学中，让渡是指将某项权利授予或转让给他人。转让泛指权利的让渡，是一切权利让渡行为的统称。

1.过户转让

过户转让（transfer by assignment）简称为过户，也称通知转让，是指权利的让渡需要得到原债务人同意，受让人被让渡的权利受转让人权利缺陷的影响。过户转让需要具备以下几个条件：

（1）需要写出转让书的书面形式，表示转让行为并由转让人签名。

（2）在债务人那里登记过户，或书面通知原债务人，不因债权人更

换而解除其债务。过户转让是在三个当事人之间，即债权转让人、债权受让人以及原债务人之间完成转让行为。例如，甲承担对乙的债务1万元，而同时丙承担对甲的债务1万元。对于甲而言，可以将对丙的债权转让给乙用以清偿对乙的债务，但必须事先通知丙，否则丙没有义务支付1万元给乙。

（3）受让人获得的权利受到转让人权利缺陷的影响。权利缺陷是指在票据行为中出现了诈骗、劫持、暴力，以及其他违背善意原则的情况。例如，甲向乙购买10万元水泥，乙将该笔应收账款，即债权转让给丙，丙作为受让人有权要求甲付款。但乙提供的水泥不符合合同规定，甲有权对乙拒付。根据我国民事法律的规定，丙受让的债权受其前手权利缺陷的影响，甲同样可以对丙拒付。

可进行过户转让的票据包括：股票、人寿保险单、政府证券、债券、房产证等，它们不是完全可流通的。这里的股票和债券是指基本意义上的、非公开上市的。

2.交付转让

交付转让（transfer by delivery）是指权利的让渡不需要得到原债务人同意，受让人被让渡的权利受转让人权利缺陷的影响。交付转让需要具备以下几个条件：

（1）通过单纯交付转让和背书转让票据，不必通知原债务人。单纯交付是持票人以转让票据权利为目的而将票据交付与他人的一种票据行为。背书交付即做成背书后并将票据交付于受让人。在上面的例子中，甲承担对乙的债务1万元，而同时丙承担对甲的债务1万元。若丙作为债务人签发一张以甲为债权人的票据，然后交给乙以清偿对乙的债务，当乙持票据向丙提示时，丙就不能以未收到转让通知为理由拒付。

（2）受让人取得票据，即取得它的全部权利，他可以用自己的名义对票上所有当事人起诉。

（3）受让人获得票据权利，并不优于前手，而是继承前手权利，还要受到前手权利缺陷的影响。

（4）它是在发生两个当事人，即转让人和受让人之间的双边转让。

可进行交付转让的票据包括：提单、仓单、栈单、写明"不可流通"字样的划线支票或即期银行汇票等，它们是准流通证券或半流通证券。

3. 流通转让

流通转让（transfer by negotiation）简称为流通，也称为议让、议付等。它具备以下几个条件：

（1）转让人经过单纯交付或背书交付票据给受让人，受让人善意地支付对价取得票据，不必通知原债务人。

票据对价（value）是票据双方当事人认可的相对应的代价。也就是说，对价的给付与取得，不得强迫或不自愿，双方只要达成一致，对价可以不等值。但是也必须强调对价是"相对应的"代价，即票据上的代价要求基本相当，不得相差太大，如果支付明显不对等的代价而取得票据的持票人，法律上推定为恶意持票人。

（2）受让人取得票据，即取得它的全部权利，他可以用自己的名义对票据上所有当事人进行权利主张。

（3）受让人获得票据权利优于前手，即不受到前手权利缺陷的影响。

（4）它是在发生两个当事人即转让人和受让人之间的双边转让。

可进行流通转让的票据包括：汇票、本票、支票、国库券、不记名债券等，它们是完全可流通的。

2.2.4 票据的性质

汇票、支票与本票在使用中，具备一些特性，这使得它们能够作为结算工具在国际结算中使用。其中有三项主要性质：

1. 流通性

流通性指票据可以按流通转让方式进行转让。流通性是流通票据最为重要的性质，它集中体现在流通票据的转让这一环节上，流通票据作为一种特殊的权利财产，票据上的权利可以背书、交付而流通并且不需要通知原债务人。只要受让人善意地支付对价以取得合格的票据，他就可以获得票据的全部权利，而不管前手的权利如何，亦不受前手在权利上缺陷的约束。流通转让有两个特点：转让手续简便；让渡权利完整。

正因为这一性质，受让人权益得到最大限度的保护，从而使票据能被广泛接受和流通。

例如，图 2-4 所示的支票，假设出票人将支票签发给 A，A 去逛商场购买了一件 1 600 元的家电，以该支票付款。此时，A 作为前手，将支票让渡给商场。商场在支付了对价（即家电）后，亦完整获得了这张支票的全部权利。

2. 无因性

"因"的本义是原因，在这里指产生票据权利和义务关系的原因。**票据行为的无因性，是指票据行为与票据关系产生的原因相分离，从而令票据行为的效力，不再受票据原因关系的存废、欠缺、瑕疵等影响。**

事实上，任何票据关系的产生总是有一定原因的。例如，A 不会无缘无故签发给 B 一张支票，其中必有原因：也许是 B 在 A 处有存款，或是 A 同意贷款给 B 等，这种关系就是资金关系。又或者，B 卖给 A 一批货物，A 用支票支付，这种关系就是对价关系。票据当事人的权利、义务以这样的基本关系为原因，统称为票据原因。但是，票据行为不受票据原因的影响，票据的权利和义务也不受票据原因的约束。对于票据受让人来说，无须调查这些原因，只要票据记载合格，他就取得了票据文义载明的权利。票据的无因性使复杂多样的、多层次的基础关系与票据关系相脱离，使交易方式简便化；同时消除了持票人对原因关系的顾虑，保证持票人权利处于稳定状态，避免了因原因关系无效、撤销或消灭可能带来的危险，有利于票据流通的安全。无因性对促进票据流通、保障交易迅捷安全、维护票据功能，以及保障善意持票人合法权益具有重要意义。

在上文支票的例子中，文华学院签发一张支票，付款人为中国建设银行光谷支行，它们之间肯定有资金关系；A 能够将该支票让渡给商场，商场肯定支付了对价（1 600 元的家电），这是对价关系。然而，A 在商场以支票结账的时候，商场不会问 A 票据的来历，A 也没有义务告知；当商场去中国建设银行兑现时，银行也不过问票据来历，只会辨别票据真伪，确认后付款。

简言之，票据的无因性可以理解为，无论出票人与受票人之间的资金关系是否有缺陷，无论出票人与收款人、前手与后手之间的对价关系是否有缺陷，只要票据在形式上合法，票据就具有效力。票据无因性已成为现代票据领域的一项公理性原则，是票据的特性所在，是构建票据其他法律性质的基础。

3. 要式性

要式是指法定的必要形式和程序。**要式性是指票据的内容与行为应当符合有关票据法律的规定，否则票据无效。** 换句话说，只要签发的票据符合法定条件，票据就有效。以要式而非原因作为判定票据有效性的依据。我国《票据法》分别对汇票、本票和支票规定了必须记载的事项，如果不满足这些条件票据无效。《日内瓦统一票据法》也规定了汇票、本票和支票必须包含的内容，但英国《1882年票据法》没有规定必要的记载事项。我国《票据法》第八十四条对支票的内容规定如下，支票必须记载下列事项：

（1）表明"支票"的字样；

（2）无条件支付的委托；

（3）确定的金额；

（4）付款人名称；

（5）出票日期；

（6）出票人签章。

支票上未记载上述规定事项之一的，支票无效。

在票据的各项性质中，最为重要的是流通性、无因性和要式性。党的二十大报告指出，万事万物是相互联系、相互依存的。该观点同样适用于票据的性质。这三种性质是互相联系的。其中，流通性是核心，无因性与要式性是必要补充，它们取决于流通性也服务于流通性。票据受让人无从了解票据的其他当事人之间的原因关系，但对票据是否符合法定要式却是一目了然的。因此，重视票据要式而不考察票据原因，其目的是使票据的转让易于进行，为票据的流通提供保障。

除上述三项主要性质之外，流通票据还有以下7个性质：

1. 文义性

票据是有价值的，票据上载明的抽象的金钱债权债务关系，借助票据本身这个载体彰显于世，这就要求票据权利的产生、变动应如一般物权的产生、变动一样，清晰、透明和公开。该要求通过票据行为的公示来完成，这是票据具文义性的体现。票据的文义性指票据上的权利与义务完全取决于票据文字所记载的内容，不受票据记载以外任何约定、协议的约束。

这个性质决定了即使票据的记载事项与实际情况不一致，甚至出现错误，也不允许票据当事人以票据之外的其他证明方法变更或补充票据权利义务关系。确定票据文义性，既是票据行为公示性的表现，也是为了保障信赖这种公示的善意持票人的利益，赋予票据行为公信力的必然结果。

上文中支票的例子，票面载明出票人是文华学院，付款人是中国建设银行光谷支行，由于该支票来人抬头，故没有显示收款人名称。中国建设银行光谷支行的义务就是见票付款，这是票面上载明的义务。而收款人的权利就是请求中国建设银行光谷支行予以付款。

2. 提示性

流通票据是一种权利财产，票据权利由票据本身所证明。票据上的债权人在要求票据债务人履行票据义务时，必须向付款人出示该票据，以证明他确有权利。这是票据的提示性。不能出示票据者，无权享受票据权利。

上文中支票的例子，A拿着支票到中国建设银行光谷支行要求付款时，一定要在银行规定的工作日及工作时间内，将该支票出示给银行，否则银行没有义务付款。其他任何形式，比如打电话、发邮件、发传真等，都无法令银行履行付款义务。

3. 返还性

持票人在获得票款时必须将票据返还给付款人，并应在付款人要求下签字证明款项收讫。因为该票据一经正当付款，付款人即被解除责任。由于票据的返还性特点，所以它不能无限期流通，而是在到期日付款后就完成使命。票据的这个性质可以避免同一票据被重复付款，造成经济关系混乱。

上文中支票的例子，当中国建设银行光谷支行履行完支付义务后，会收回该支票。同时，该支票使命完成，退出流通领域。

4. 设权性

首先，票据做成以前不产生票据权利。票据的签发，不是为了证明已经存在的权利，而是为了创设一种权利，即支付一定金额的请求权。这种权利一旦创设，即与创设该权利的背景相分离，成为一种独立的、以票据为载体的权利，这就是票据的设权性。票据权利的产生必须做成票据，权利的行使要出示票据，权利的转移要交付票据。没有票据，就没有票据权利。

5.金钱性

票据的给付标的物是金钱，票据以支付一定金额为目的，这是票据的金钱性。若以金钱以外的其他财产支付，都不属于流通票据。票据的金钱性意味着，票据权利只能是金钱权利，不同于普通债权。普通债权的标的既可以是财物，也可以是行为，还可以是智力成果，而且还可发生标的转换现象。而票据权利的标的只能是金钱，而且只能以票面金额之给付为标的，不能有任何变通。

票据的这种性质基于它的支付功能。正是票据的金钱性，使得某些票据在某些场合可以当成货币使用。例如，上文中支票的例子，持票人可以将支票用于商场购物，或者用于其他接受支票的消费场所。从货币本身的定义来看，支票属于广义货币。

6.债权性

票据是一种债权凭证，持票人拥有债权，在票据上签字者（所有前手）是债务人。此处所指之债，并非狭义的借贷之债，而是指根据票据确立的债务人对债权人的应尽义务，主要是保证受票人承兑或付款的义务，以及必要时由债务人自行清偿的义务。享受权利者为债权人，承担义务者为债务人。持票人持有债权，而在票据上签字的各当事人则承担保证付款及承兑的义务，是债务人。

在上文支票的例子中，出票人文华学院是债务人，持票人 A 是债权人。

7.可追索性

票据的可追索性，指票据的付款人或承兑人如果对合格票据拒绝承兑或拒绝付款，正当持票人为维护其票据权利，有权通过法定程序向所有票据债务人起诉、追索，要求得到票据权利。

上文中支票的例子，如果中国建设银行光谷支行见票后拒绝付款，A 可以向文华学院追偿 1 600 元劳务费。由此可见，票据权利人的权利有两种：请求付款权与追索权。

票据的无因性和文义性

甲企业与乙企业签订了货物买卖合同，合同中约定，甲企业签发一张以乙企业为收款人的银行承兑汇票作为预付款，金额为人民币20万元，汇票不得转让，如果合同解除，则汇票作废。但是甲企业未在汇票上记载"不得转让"字样。乙企业取得汇票后，将汇票背书转让给丙企业，抵作工程款。丙企业向承兑行提示付款时，承兑行称甲企业与乙企业之间的买卖合同已经解除，甲企业告知承兑行不得付款，并且汇票不得转让，所以不能向丙企业付款。请分析承兑行的拒付理由是否成立。

分析：票据的功能在于流通，所以票据具有无因性、文义性等特征。无因性是指票据行为不因票据的基础关系无效或有瑕疵而受影响。出票人签发票据，只要形式上符合《票据法》规定的要件，即为有效出票行为，出票行为成立后不受基础关系的影响。本案例中，甲企业与乙企业之间的买卖合同关系是票据基础关系，买卖合同被解除，不影响汇票的效力。文义性是指票据行为的内容完全以票据上记载的文义为准，即使票据上记载的文字与实际情况不符，仍应以文字记载为准，不允许票据当事人以票据文字以外的事实或证据来对票据上的文字记载做变更或者补充。本案例中，甲企业虽然与乙企业约定汇票不得转让，但是甲企业并未在汇票上记载"不得转让"字样，所以乙企业转让汇票给丙企业，丙企业取得票据权利，承兑行已经对汇票作出承兑，丙企业提示付款时，承兑行应当付款。

2.3 汇票

在所有票据中，汇票（bill of exchange，draft）是在国际结算中使用最广泛、内容最全面的票据。下面举一个例子说明汇票的使用方法。

张三向德鑫木材厂订购10万元木材，同时从李四那里获得10万元贷款。张三签发一张汇票，内容如图2-5所示：

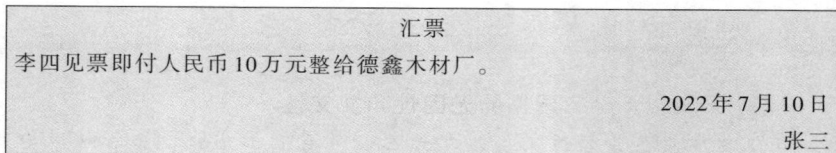

汇票

李四见票即付人民币 10 万元整给德鑫木材厂。

2022 年 7 月 10 日

张三

图 2-5　汇票示例

张三制成该汇票后，交给德鑫木材厂，德鑫木材厂向李四提示汇票。李四按照汇票指示支付 10 万元人民币给德鑫木材厂。具体流程见图 2-6。

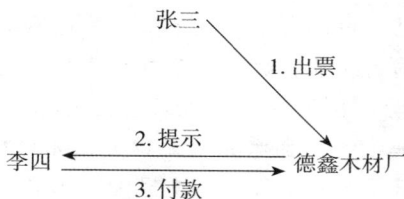

图 2-6　汇票的使用方法

2.3.1　汇票定义

《英国票据法》对汇票的定义原文如下：

A bill of exchange is an unconditional order in writing, addressed by one person to another, signed by the person giving it, requiring the person to whom it is addressed to pay on demand, or at a fixed or determinable future time, a sum certain in money to or to the order of a specified person, or to bearer.

上述定义的中文译文如下：汇票是一个无条件书面命令，由一人开给另一人，由发出命令的人签发，要求付款人立即，或在固定时间，或在可以确定的将来时间，把一定数额的货币支付给一个特定的人，或其指定人，或来人。

我国《票据法》第十九条对汇票的定义如下：**汇票是出票人签发的，委托付款人在见票时或者在指定日期无条件支付确定的金额给收款人或者持票人的票据。**

结合上述法律对汇票的定义，图 2-5 的汇票可以理解为：汇票是张三签发的，委托李四在见票时无条件支付 10 万元人民币给德鑫木材厂的票据。这个定义包含了汇票的三个基本当事人：

1.出票人（drawer）

出票人指签发汇票的人，如图2-6中的张三。

2.受票人（drawee，payer）

受票人又称付款人，指接受支付命令付款的人，如图2-6中的李四。

3.收款人（payee）

收款人又称受款人，指受领汇票所规定金额的人，如图2-6中的德鑫木材厂。

2.3.2 汇票的必要项目

在理解了一张简单的在国内使用的汇票后，来看看在国际贸易中使用的汇票是什么样子的，如图2-7所示。

EXCHANGE FOR USD297,500		MELBOURNE,26TH JUNE 2022

At *Sight* *pay this* *first*	*Bill of Exchange*
Second of same tenor and date unpaid	*to the Order of*

COMMONWEALTH BANK OF AUSTRALIA

DRAWN UNDER L/C NO.002/0000018   DATED   7TH JUNE 2022

ISSUED BY STANDARD BANK OF SOUTH AFRICA LTD.

US DOLLARS TWO HUNDRED NINETY SEVEN THOUSAND AND FIVE HUNDRED ONLY

Value Received

	STANDARD BANK OF SOUTH AFRICA LTD.	KRUGMAN IMPORT &
To	16 HEERENGRACHT, SUITE 801 PIER HOUSE CAPETOWN	EXPORT CO.,LTD
	8001 WESTERN CAPE,SOUTH AFRICA	

KRUGMAN IMPORT & EXPORT CORPORATION

BILL NO: S0000065

图2-7 国际贸易中使用的汇票

汇票作为一种流通证券，具备要式性和文义性。汇票必须文义明确，各国票据法对汇票的各个项目的内容都做了详细规定。其中，汇票要式中有些必备项目，是指汇票从形式上应具备的必要项目，只要这些项目齐全，符合票据法的规定，汇票即可成立有效。根据我国《票据法》第二十二条的规定，汇票必须包含以下内容：

（1）表明"汇票"的字样；

（2）无条件支付的委托；

（3）确定的金额；

（4）付款人名称；

（5）收款人名称；

（6）出票日期；

（7）出票人签章。

下面对这些必要记载项目逐条说明。

1.表明"汇票"的字样

我国《票据法》和《日内瓦统一汇票本票法公约》均规定，汇票正面必须标明"汇票"字样，否则汇票无效。标明的字样以全称（bill of exchange）或简称（exchange/draft）显示，以区别于其他票据，如本票、支票。《英国票据法》对此不作规定，无论是否标明名称，只要能从文义上判断其票据种类即可。

2.无条件支付的委托

这一项目体现了汇票的基本性质，是汇票区别于本票的首要标准。尤其在没有标明"汇票"字样的情况下，判断某一票据是否为汇票就是考察其基本性质是否为无条件支付命令。

本项目有三个要点：

（1）书面形式。汇票及其他票据都必须是书面形式，否则无法签字和流通转让。

（2）支付命令。汇票是一项付款命令，措辞应直截了当，英语使用祈使句。

（3）付款的无条件性。汇票所传达的付款命令不以任何其他行为或事件作为先决条件，不受任何其他协议的制约或支配。虽然受票人有权以某一先决条件的兑现作为付款的前提，但出票人不能在其支付命令中加列附加条件。在实践中，违背汇票付款无条件性的表述通常有两类：

第一，付款受其他合约的制约或支配。汇票中的付款命令不得带有任何条件，否则视为汇票失效。例如：

payable only against delivery of shipping documents

（仅凭运输单据付款）

Pay to the order of ABC the sum of Pound Sterling one thousand only provided that the goods are up to the standard of the contract

（若货物与合同相符则支付ABC公司英镑壹仟元整）

第二，特别基金条款。它是指明确规定汇票付款资金来源于某一特定账户或某一特定来源。从某一特定账户支付款项也是带有条件的支付命令，出现这样的句子也会令汇票失效。例如：

Pay ABC US Dollars one thousand out of the sales profits of cotton sweaters

（从棉制汗衫销售利润中支付ABC公司美元壹仟元整）

Pay ABC US Dollars one thousand from Account No.2

（从2号账户中支付ABC公司美元壹仟元整）

对于无条件支付，需要注意的事项有：

（1）不要将出票条款与付款条件相混淆。出票条款是对导致汇票产生的经济交易的简要说明，它不影响付款的无条件性。例如：

Drawn under L/C No.123 dated Dec 30, 2022issued by Bank of China Hubei

（凭湖北中行2022年12月30日开立的123号信用证出票）

（2）支付命令连接着付款人可以借记某账户的表示，也不影响付款的无条件性。例如：

Pay to ABC or order the sum of ten thousand US Dollars and charge/debit same to applicant's account maintained with you

（支付给ABC公司或其指定人金额为壹万美元整，并将此金额借记在申请人开设在你行的账户）

（3）汇票大写金额后面无论是否写上"对价已收"（value received）字样，都不影响付款的无条件性。

3.确定的金额

"确定的金额"包含四层含义：

首先，汇票所要求支付的是货币资金而非其他财产。这是因为汇票是资金单据而不是物权凭证，也体现了票据金钱性的特征。

其次，金额应以大小写同时表示，大小写金额不得涂改，金额必须一致。填大写金额时，先填写货币全称，再填写金额的数目文字，句尾加"only"，相当于中文的"整"字，如图2-7中的"US DOLLARS TWO HUNDRED NINETY SEVEN THOUSAND AND FIVE HUNDRED ONLY"。

如大小写出现差异，我国《票据法》第八条规定："票据金额以中文大写和数码同时记载，二者必须一致，二者不一致的，票据无效。"而《英国票据法》和《日内瓦统一票据法》规定：以大写金额为准。

再次，除非信用证另有规定，汇票金额不得超过信用证金额，而且汇票金额应与发票金额一致，汇票币别必须与信用证规定和发票所使用的币别一致。

最后，金额必须确定，不能模棱两可。如果金额中包含"or（或者）""about（大约）"是不允许的。如果汇票上载有利息或折成他币付款的文字，只要标明利率、计息起讫日期及明确的汇率，此类汇票仍可视为确定金额的汇票。

4.付款人名称

付款人就是受票人。汇票是命令他人付款的无条件支付命令，因此汇票必须开立给另一人，即受票人。为了保证受票人的确定性，一般要注明受票人的详细地址，以便持票人向他提示承兑或提示付款。特别是当银行作为付款人的时候，只注明城市名称而不注明街道名称就很容易与同城其他支行混淆。

通常情况下，受票人与出票人是两个不同的当事人，如果是同一个当事人，持票人可以选择将它视为本票或者汇票。若视为本票，可以免去提示要求承兑，让出票人自始至终处于主债务人地位。

《英国票据法》允许汇票开致两个付款人共同受票，但是不允许开致两个付款人任择其一，因为这样的付款人是不确定的。例如，汇票上受票人为 A and B 可以接受，但受票人为 A or B 则不能接受。在出现多个受票人的情况下，每一个受票人都对全部金额负责（如他不拒付的话），没有主次之分，但持票人不能得到超过票款的金额。

5.收款人名称

在信用证方式下，汇票的收款人通常填写出口地银行名称，非信用证方式下通常填写出口商英文名称。在我国外贸业务中，汇票的收款人俗称"汇票抬头"。抬头的不同填写方式，关系到汇票的不同流通性。收款人的抬头方式分为限制性抬头、指示性抬头和执票人抬头。

（1）限制性抬头。

限制性抬头（restrictive order）意味着收款人是某个特定的人，这种汇票不可流通转让。例如："仅付A公司"（pay A co. only）或"付A公司，不准流通"（pay A co. not negotiable）。

（2）指示性抬头。

指示性抬头（demonstrative order）意味着汇票可由收款人背书交付票据转让权。由于流通性是汇票的重要特征，因此国际贸易中以指示性抬头最为常见。例如："付A公司或其指定人"（pay A co., or order; pay to the order of A co.）。

（3）执票人抬头。

执票人抬头（payable to bearer）也称持票人或来票人抬头，意味着此汇票不需要背书就可让渡，在这种情况下，汇票被丢失或被盗的风险很大，故实践中很少使用此抬头。例如："付给来人"（pay to bearer），这种抬头的汇票无须持票人背书即可转让。

三种抬头的对比见表2-3。

表2-3　　　　　　　　　　各种抬头的汇票对比

类别	抬头填写方式	能否流通转让	转让手续	票据权利人	能否单独成为追索凭证
限制性抬头	pay to A only 仅付A	否		A	
	pay A not transferable 付A不得转让				
指示性抬头	pay to the order of A 付A 指定的人	能	记名背书	确定的被背书人	是
	pay A or order 付给A 或其指定的人		空白背书	不确定的被背书人（任何持票人）	
执票人抬头	pay bearer 付执票人	能	交付	任何持票人	否
	pay A or bearer 付A 或持票人				

6.出票日期

出票日期即出票人签发汇票的日期。列明出票日期有三个基本作用：

（1）决定出票人的行为能力，从而决定汇票的有效性。

如果出票时出票人已宣告破产或解散，或者出票公司尚未注册成立，那么出票人就缺乏行为能力，汇票就是无效票据。

（2）决定汇票的有效期限。

汇票的有效期限是指持票人可以行使票据权利的时间限制。在这一项目上，主要国家的票据法中存在较大差异。《日内瓦统一汇票本票法公约》规定：即期汇票的有效期从出票日期起1年；我国《汇票法》第十七条规定：见票即付的汇票，有效期自出票日期起2年。

（3）决定远期付款的到期日。

如果付款时间是出票日以后若干天付款的汇票，从出票日起算，决定其付款到期日。例如：出票后90天付款。若出票时间为2022年4月15日，则付款到期日为出票后第90天，也就是2022年7月14日，若7月14日为节假日，则到期日往后顺延。

7.出票人签章

出票人签章汇票是最重要的项目，只有出票人签字之后汇票才能称为债权债务凭证。凡在票据上签字的人，就是票据债务人，他对票据付款负责任。它既可以是出票人本人签名，也可以是出票人代理或授权签名。没有出票人签字、伪造出票人签字或未经出票人授权的签字均为无效，不能使出票人承担责任。

如果个人代理其委托人签字，委托人是公司、银行、单位、团体时，签字包括"委托人名称、个人名称与个人职务名称"，还应该在委托人名称前面加上"For"或"On behalf of"或"For and on behalf of"字样，并在个人签字后面注明职务。例如：

For and on behalf of A Co. Ltd., London

<u>John Smith</u> Manager

以上表明不是John Smith个人开出的汇票，而是他代理A公司开出的汇票。

2.3.3 汇票的其他项目

1.付款期限

汇票的付款期限，大体上分为即期和远期两种。如果汇票没有规定付款期限，则以即期付款处理。付款期限的各种表述如图2-8所示：

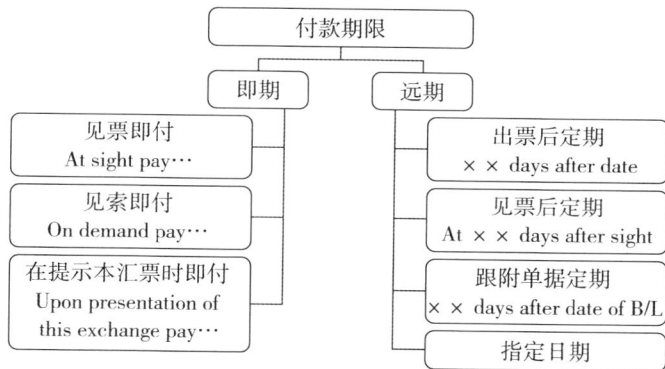

图2-8 付款期限的各种表述

付款期限一般可分为即期付款和远期付款两类。

即期付款最常见的写法是"at sight"，通常只需在汇票固定格式栏内填写即可。若已印有"at sight"字样，可不填。若已印有"at____sight"，则在横线上填写。

远期付款一般有四种：

（1）出票后××天付款。

汇票上填写"at ×× days after date"，即以汇票出票日为起算日，××天后到期付款，将汇票上印就的"sight"划掉。

（2）见票后××天付款。

汇票上填写"at ×× days after sight"，即以付款人见票承兑日为起算日，××天后到期付款。

（3）提单签发日后××天付款。

汇票上填写"at ×× days after B/L"，即付款人以提单签发日为起算日，××天后到期付款。将汇票上印就的"sight"划掉。

（4）某指定日期付款。

指定×年×月×日为付款日。例如，"On 25th Dec. 2022"，汇票上印就的 "sight" 应划掉。这种汇票称为"定期付款汇票"或"板期汇票"。

2.出票条款

出票条款是对导致汇票产生的经济交易的简要说明。通常是注明买卖双方的合同号或银行开立的信用证号。在图2-7中，出票条款就是"Drawn under L/C NO. 002/0000018 Issued by STANDARD BANK OF SOUTH AFRICA，LTD."，即"凭南非标准银行第002/0000018号信用证出票"。

3.废弃文句

为了防止汇票在邮寄途中丢失，同样内容的汇票，往往制成一式两份，也叫一套汇票。汇票上分别标明"First"（第一张）及"Second"（第二张），由出口商寄给进口商。这里需要明确的是：这两张完全相同的汇票并非正本和副本，而是一套汇票中的第一张和第二张，它们都是有效的付款命令。当一张汇票付款之后，另一张即自动失效。此传统沿袭至今。实际业务中以一式两份的汇票居多，也有一式三份的。以一式两份的汇票为例，第一张票面上记载着"at sight of this FIRST of exchange（SECOND of exchange being unpaid）"，俗称"付一不付二"，而在第二张票面上就会显示"付二不付一"。

4.对价文句

有时，按照信用证的要求，需要在汇票上标注对价文句。意思是出票人已领受对价。由于汇票的无因性，出票人是否已领受其对价，并不影响其签发汇票的效力。通常"VALUE RECEIVED"，就是汇票上的对价文句，属于汇票任意记载项目，表示"对价已收"。

2.3.4　汇票的票据行为

汇票的三个基本当事人：出票人、受票人和收款人，经过出票、提示、付款等票据行为，款项从债务人转移给债权人。如果情况比较复杂，诸如增加了背书、承兑、退票等一系列票据行为后，又可以引申出其他当事人，比如背书人、被背书人、持票人等。一个人担当几个名称的情况也不少见，比如同样是A，既是受票人，也可以是背书人、前手。图2-9是汇票使用步骤的一个概览。

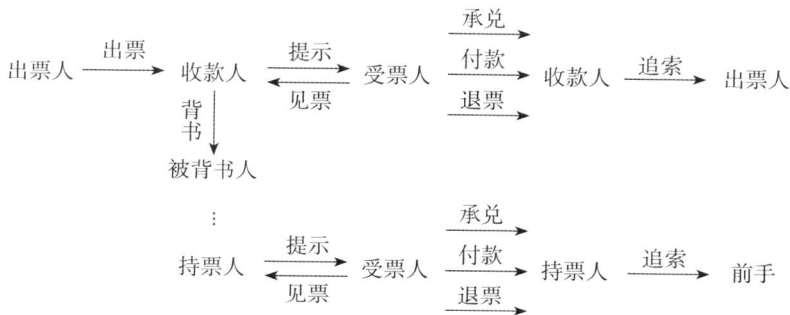

图2-9 汇票使用步骤概览

票据行为是发生票据法律关系的根据，属于民事法律行为。狭义的票据行为是围绕票据所发生的，以创设、实现或转移票据权利为目的的法律行为，包括出票、背书、承兑、保证、保付及参加承兑六种。其中出票、背书和保证三种行为为汇票、本票和支票三种票据所共有，承兑和参加承兑仅限于汇票，保付仅见于支票。我国现行《票据法》未对参加承兑和保付作出规定，因此我国《票据法》规定的狭义的票据行为仅有出票、背书、承兑及保证四种行为。

广义的票据行为统指能够引起票据法律关系的发生、变更及消灭的各种行为，包含狭义的票据行为，再加上提示、付款、划线及涂销等。下面具体分析汇票从开始制作到完成使命的过程中所产生的票据行为的含义。

1.出票

出票（issue）是创设票据的债权，使收款人拥有债权的行为。出票由两个动作构成：

（1）to draw the bill：原始的汇票肯定是绘制出来的，现在实际上是用空白汇票填写并签名，统称"开票"。

（2）to deliver it to the payee：出票人将汇票交付给收款人。交付意指实际的或推定的所有权从一个人移至另一个人的行为。交付之前，填写、签名的完整汇票并未生效，可以撤销。一旦交付给收款人，汇票即告生效，而且不可撤销。

当出票人开立汇票并将其交付给收款人，即完成出票。这个票据行为的意义在于：出票创设了汇票的债权，令收款人持有汇票就拥有债权。

2.背书

背书（endorsement），是指持票人在汇票背面签名，转让票据及票据权利的行为。 这个行为体现了转让汇票的意图，持票人一经背书，即成为汇票的债务人，也称作背书人，他有责任支付汇票金额。有效的背书也由两个动作构成：

（1）在汇票背面签名；

（2）背书人将汇票交付给被背书人。

背书证明了背书人对该汇票的所有权，也表明背书人对被背书人承担付款责任。背书使票据权利从一个持票人（背书人）转移至另一持票人（被背书人）。交付之前，背书并未生效，可以撤销。一旦交付，背书即告生效，而且不可撤销。一张汇票可以多次背书。第一次背书的人叫作第一背书人，接受第一次背书的人是第一被背书人。若第一被背书人继续背书，他就成为第二背书人，他的后手成为第二被背书人……如此循环（贺瑛，2006）。

背书对记名抬头和执票来人抬头的汇票的流通性不会产生影响，因为记名抬头的汇票不能流通，其票据权利人始终是在收款人栏目中写出的那个收款人，而执票来人抬头汇票的票据权利人始终是当前持票人。但是，不同的背书方式，却会对指示性抬头汇票的流通性产生不同的影响，现分述如下：

（1）记名背书。

记名背书又称为"特别背书"或"完全背书"。汇票背面不仅要有转让方签名，还要注明被背书人名称，如图2-10所示：

Pay to the order of B	支付给B公司
For and on behalf of A:	A公司代表：
signature	签名

图2-10　记名背书

图2-10中，背书人为A公司，被背书人为B公司。

记名背书不改变指示性抬头汇票的流通性。这样的汇票还可以继续转让。

（2）不记名背书。

不记名背书又称为"空白背书"。汇票上只有转让方签名，而不标明被背书人姓名。具体如图2-11所示：

For and on behalf of A:	A公司代表：
<u>signature</u>	<u>签名</u>

图2-11　不记名背书

"指示性抬头汇票+不记名背书＝来人抬头汇票"。经空白背书的汇票可以仅凭交付而转让，效果与"来人抬头汇票（to bearer）"相同。但是，"指示性抬头汇票+不记名背书"随时可以转化成"指示性抬头汇票+记名背书"，而来人抬头汇票则不能通过背书进行转化。

不记名背书扩大了指示性抬头汇票的流通性。

（3）限制性背书。

限制性背书意味着汇票必须背书给某一特定的人，其格式为"背书+被背书人名称+限制条件"。例如：

Pay to A Bank only（仅付A银行）

Pay to A Bank for account of XYZ（付给A银行记入XYZ公司账户）

Pay to A Bank not negotiable（付给A银行不可流通）

Pay to A Bank not transferable（付给A银行不可转让）

Pay to A Bank not to order（付给A银行不得付给指定人）

指示性抬头汇票+限制性背书＝记名抬头汇票

限制性背书缩小了指示性抬头汇票的流通性。

（4）有条件背书。

有条件背书是指"支付给被背书人"的指示是有附加条件的。其格式为"背书+被背书人名称+（背书人向被背书人）交付汇票的条件"。例如：

Pay to the order of XYZ on delivery of B/L No.123

（付给XYZ公司指定人，以交付123号提单为条件）

其中，背书的交付条件只是转让的条件，而不是受票人付款的条件。有条件背书仅对当次转让具有约束作用，令指示性抬头汇票当次转让的流通性缩小。

（5）托收背书。

托收背书是要求被背书人按照委托他代收票款的指示处理汇票。其格式为"背书+被背书人名称+ for collection"。例如：

Pay to the order of XYZ for collection only

被背书人凭授权代收票款，被背书人虽然持有汇票，却只能代理背书人行使各项权利。托收背书使指示性抬头汇票并未真正实现当次转让，故使指示性抬头汇票的流通性终止。

最后，需特别指出，背书这一票据行为具有连续性的重要特点，如图 2-12 所示。背书的连续性是指初始背书人是收款人，前次转让的被背书人是后次转让的背书人，最后一次转让的被背书人是票据的当前持票人。

顺序 当事人	第 1 次转让	第 2 次转让	第 3 次转让	第 4 次转让	
被背书人	B	C	D	E	最后被背书人 是持票人
背书人	A 收款人	B	C	D	

资料来源：苏宗祥，徐捷. 国际结算 ［M］. 北京：中国金融出版社，2008.

图 2-12　汇票背书的连续性

3.提示

提示（presentation）是指持票人将汇票提交付款人要求承兑或要求付款的行为，是持票人为行使与保全其票据权利所必须进行的一项票据行为。提示必须符合下列条件，才能有效地获得票据权利：

（1）提示必须在规定的期限内办理。

各国票据法对汇票提示期限的规定有所不同。表 2-4 列出日内瓦统一票据法及中、英、美三国票据法对汇票提示期限的规定。

（2）提示必须在营业时间内进行。

（3）提示必须在汇票载明的付款地点向付款人提示。如果汇票没有载明付款地，则向付款人营业所提示；如果没有营业所，则到其住处提示。

表 2-4 　　　　　　　　　　汇票的提示期限

汇票期限	提示类别	《日内瓦统一票据法》	我国《票据法》	《英国票据法》	《美国票据法》
即期	付款提示	出票日起 1 年	出票日起 1 个月	合理时间	合理时间
远期	承兑提示	→到期日前确定日期 出票后定期 见票后定期→ 出票日起 1 年	→到期日前确定日期 出票后定期 见票后定期→ 出票日起 1 个月	到期日前的合理时间	→确定日期　　到期日当天或以前 出票后定期 见票后定期→合理时间
	付款提示	到期日或其后 2 个营业日	到期日起 10 日	到期日	到期日

4.承兑

承兑（acceptance）是指远期汇票的受票人在汇票上签名表示接受出票人的命令、到期付款的行为。 远期汇票一经承兑，受票人变成承兑人，即成为汇票的主债务人，而出票人和其他背书人则成为次债务人。承兑也默示了承兑人对票据真实性、有效性的认可，承兑人被禁止反悔。承兑人交付承兑汇票之后，不得以出票人的签名是伪造的、背书人无行为能力等为由来拒付。

有效的承兑由两个动作构成：

（1）受票人在汇票上写明"已承兑（accepted）"字样并签名；

（2）交付。

关于交付，实际业务中有两种交付方式：实际交付和推定交付。前者指直接将汇票交付持票人，后者指承兑人不交付汇票，但出具承兑通知书给持票人。但无论采用哪一种方式，承兑汇票一经交付，都立即生效，并且不可撤销。

根据《英国票据法》的规定，承兑可分为普通承兑和限制性承兑两种类型。普通承兑也称为单纯承兑，是指付款人全盘同意出票人命令的承兑，即由付款人在汇票上注明"承兑"字样并签名确认，除此以外没有任何附加条件。限制性承兑，也称为保留承兑，是指付款人虽然同意付款，但在付款的时间、地点、金额、方式及当事人等汇票要件方面作出不同于出票人指示的变动，因此付款人并非完全同意按票面文义承兑其责任，而是按其自愿的方式承担责任。常见的限制性承兑分为以下几种：

（1）有条件承兑。

有条件承兑（conditional acceptance）是指付款人在承兑时加注附加条件，最终付款取决于该条件是否得到满足，如图2-13所示。

```
Accepted
payable on delivery of bill of lading
Adam Smith
signature        Date:
```

图2-13　有条件承兑

有条件承兑改变了汇票"无条件付款"的性质，实质上就是有条件付款承兑。

（2）部分承兑。

部分承兑（partial acceptance）是指付款人只对票面金额的一部分作出承兑。例如，对于金额为USD10 000的远期汇票，部分承兑的格式如图2-14所示。

```
Accepted
Payable for amount of USD5,000 only
Adam Smith
 signature        Date:
```

图2-14　部分承兑

部分承兑改变了汇票的付款金额，实质上就是部分金额承兑（partial amount acceptance）。

（3）限制地点承兑。

限制地点承兑（local acceptance）是指受票人承兑时对付款地点加以限制，通常以"only"结尾，如图2-15所示。

```
Accepted
Payable at Bank of China, Shanghai Branch only
```

图 2-15 限制地点承兑

需要特别注意的是，如果付款行的后面没有"only"，则视为普通承兑，如图 2-16 所示。

```
Accepted
Payable at Bank of China, Shanghai Branch
```

图 2-16 普通承兑

（4）改变付款期限承兑。

改变付款期限承兑（time qualified acceptance）是指承兑人同意的付款到期日不同于票面规定的到期日。例如，出票后60天付款的汇票，承兑时写成出票后90天付款。

关于限制性承兑的几点说明为：

① 限制性承兑可以视同退票，持票人有权拒绝接受，并对前手进行追索；

② 如果持票人未经前手同意就接受限制性承兑，事后也未得到前手认可，前手就可以解除其对汇票的责任；

③ 如果持票人接受限制性承兑，向前手发出通知，被通知的前手必须在合理时间内表明同意或不同意，若未能及时表态，则以默认处理。

5.付款

付款（payment）是指持票人进行付款提示时，受票人或承兑人支付票款的行为。付款是票据流通过程的终结，是汇票上所列债权债务的最后清偿。经受票人或承兑人正当付款后，汇票即被解除责任。受票人、承兑人之外的其他当事人（如出票人或背书人）对持票人支付票款，则汇票上的债权债务不能视为最后清偿。所谓"正当付款（payment in due course）"，是指在汇票到期日或其后由受票人或承兑人对持票人作出的善意的付款。构成正当付款有几个条件：

（1）必须出于善意，即受票人或承兑人不知道持票人权利的缺陷；

（2）付款对象是持票人，即承兑人鉴定了背书的连续性；

（3）在汇票到期日或其后付款；

（4）由受票人或承兑人支付。

6.退票

当持票人进行付款提示或承兑提示时，遭到受票人或承兑人拒绝，均称为退票（dishonor），也称为拒付。退票分为实际退票和推定退票。前者指持票人实际提示时，受票人或承兑人不愿意或无能力进行付款或承兑。后者指付款人避而不见或纯属虚构，从而无法找到付款人，或者付款人、承兑人已经死亡或宣告破产，则按《票据法》可免于提示，直接作为退票处理。

持票人遭到退票后，可以行使追索权来保护自己，有权向背书人和持票人追索票款。

7.退票通知

退票通知（notice of dishonor）是指持票人向追索对象告知退票事实的行为，以便让其做好准备。发出退票通知有两种方法：逐一通知直接前手，直至收款人，或者同时通知全体前手。表2-5概括了世界重要的票据法对于退票通知延误或未发出的后果的规定。

表2-5 退票通知的期限及延误后果

各种票据法	通知期限	延误通知的后果
《中华人民共和国票据法》	收到退票有关证明起3日内	仍可行使追索权 对前手的损失应予赔偿
《日内瓦统一汇票本票法公约》	做成拒绝证书后4个营业日	同上
《英国票据法》	同城前手：退票当日送达 异地前手：退票当日或最近班次寄出	持票人丧失对所有前手的追索权
《美国票据法》	银行：退票当日午夜前发出 其他当事人：第3个营业日午夜前发出	背书人：可以解除对持票人的责任 出票人：责任的解除取决于他因延误通知遭受的损失

8.拒绝证书

拒绝证书（protest）是由拒付地点的公证机关或其他有权公证的当事人出具的证明汇票退票事实的书面文件，是证明退票的法律文件。我国的

《票据法》规定，持票人行使追索权时，应当提供被拒绝承兑或被拒绝付款的有关证明。而在持票人提示承兑或者提示付款被拒绝时，承兑人或者付款人必须出具证明。证明应记载被拒绝承兑或被拒绝付款的票据种类、主要记载事项；拒绝承兑、拒绝付款的事实依据和法律依据；拒绝承兑、拒绝付款的时间；拒绝承兑人、拒绝付款人的签章。如果持票人不能取得该证明的，可由人民法院或有关行政主管部门的处罚决定作为拒绝证书。

9.追索

追索（recourse）是指汇票遭到拒付，持票人对其前手背书人或出票人有请求其偿还汇票金额及费用的权利。 汇票追索权的行使条件有四个：

（1）持票人在法定时效内提示。

追索权是持票人的权利，只有通过合格的票据记载和连续有效的背书方能确保最后当事人的持票人地位。同时，汇票未按照规定期限提示承兑的，持票人丧失对其前手的追索权。

（2）发生拒付。

只有在汇票持票人经合法汇票提示而被第一债务人拒绝兑付或者因法定事由发生致使持票人无法行使兑付请求权时，持票人的追索权方可依法行使。依此，汇票上兑付请求权被拒绝或者因法定事由而不能实现，是追索权行使的实质条件。

（3）票据权利人依法取得拒绝证明。

根据我国《票据法》的规定，取得并出示拒绝证书或拒绝证明文件是证明汇票权利人的兑付请求权被拒绝或不能实现的形式要件，也是汇票权利人行使追索权的必要条件。

（4）追索权的行使未超过时效期间。

追索权行使除须具备前述三项条件外，还必须符合法律规定的关于追索权的消灭时效期间规则。根据我国《票据法》第十七条的规定，汇票权利人应当在下述时效期间内对其前手行使追索权，超越该期间未行使权利的，将导致其追索权消灭：

① 汇票持票人对其一般前手的追索权应当自被拒绝承兑或被拒绝付款之日起的6个月内行使，该拒绝兑付的日期应当在拒绝证明文件中载明。

② 持票人对远期汇票出票人的追索权，应当自汇票付款到期日起的2年内行使。对即期汇票出票人的追索权，应当自汇票出票日起的2年内行

使。这一规定实际上使汇票出票人负担了较之其他第二债务人更重的担保责任。

③ 再追索人对其前手的再追索权，应当自其履行清偿日或者被提起诉讼之日起的3个月内行使。根据这一规定，履行了被追索债务的再追索权人如果因诉讼程序期间拖延而超过了3个月期限时，也将会丧失再追索权而无法得到《票据法》的保护。

关于追索顺序，可以采取以下的先后方式：

① 持票人可以按顺序向自己的前手追索；

② 持票人可以向任何单个票据债务人（背书人、承兑人、出票人）追索；

③ 持票人可以同时向数个或全体债务人追索。

在很多情况下，持票人都直接向出票人追索。因为未获得承兑的汇票以出票人为第一债务人（主债务人），已获承兑而遭到拒付的汇票以出票人为第一从债务人。在承兑人拒付的情况下，出票人在偿付了追索款项后，如果他与承兑人之间有资金关系，那么他可以向承兑人追索，甚至向法院起诉承兑人。

若按顺序追索，则债务人的先后顺序如图2-17所示：

未承兑汇票：

持票人→持票人前手……第二背书人→收款人（第一背书人）→出票人（主债务人）

已承兑汇票：

持票人→持票人前手……第二背书人→收款人→出票人→承兑人（主债务人）

图2-17　追索的先后顺序

持票人行使追索权时还应注意追索时效。《英国票据法》规定：追索期为拒绝证书做成日起6年，逾期则追索权失效，所有票据债务人的责任宣告消灭。

《日内瓦统一汇票本票法公约》规定：持票人对承兑人的追索效期为到期日起3年，持票人对任一前手追索时效为从到期日或拒绝证书日起1年，背书人相互间和对出票人的追索时效为从其接受并清偿汇票之日起6个月。

关于追索，下文用图2-18与图2-19举例，试比较这两种不同情况下持票人是否有权行使追索权。

$$张三 \xrightarrow{\text{1.出票}} 德鑫木材厂 \xrightarrow{\text{2.赠送}} 王五 \underset{\text{4.退票}}{\overset{\text{3.提示}}{\longleftrightarrow}} 李四$$

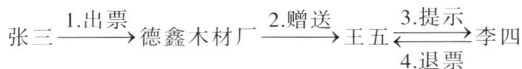

图2-18 追索示例（无支付对价）

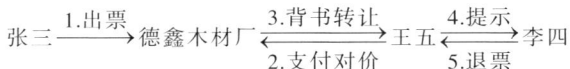

$$张三 \xrightarrow{\text{1.出票}} 德鑫木材厂 \underset{\text{2.支付对价}}{\overset{\text{3.背书转让}}{\longleftrightarrow}} 王五 \underset{\text{5.退票}}{\overset{\text{4.提示}}{\longleftrightarrow}} 李四$$

图2-19 追索示例（支付对价）

图2-18中，德鑫木材厂（以下简称"德鑫"）取得汇票后，将它赠送给王五。王五向受票人李四提示汇票。但此时张三发现德鑫交付的木材不合格，故通知李四不要付款。王五遭到退票。请问，在遭退票后王五是否有权追索德鑫？王五是否有权追索张三？

分析：因为王五未支付对价给德鑫，而是接受其馈赠，故无权向德鑫追索。王五有没有权利向张三追索，取决于德鑫有没有权利向张三追索；而德鑫违约在先，张三没有向德鑫付款的义务，故王五无权向张三追索。

图2-19中，张三将汇票签发给德鑫，王五向德鑫支付10万元对价，德鑫将该汇票背书转让给王五。王五向受票人李四提示汇票。但此时张三发现德鑫交付的木材不合格，故通知李四不要付款。王五遭到退票。

在遭退票后王五是否有权追索德鑫？王五是否有权追索张三呢？此时，王五向德鑫支付了相应对价，成为对价持票人，也是善意持票人，他不清楚前手（德鑫）是有缺陷的前手。此时王五有权向德鑫追索。但德鑫无权强迫张三付款，故王五无权向张三追索。

10.参加承兑及参加付款

当汇票因未获得承兑或付款而遭到退票时，持票人就会向前手进行追索，这样就会使被追索的当事人的资信受到损害。为了维护这些债务人的信誉，使其免受追索，由汇票非债务人在持票人的同意下参加承兑汇票或支付票款，就分别构成了参加承兑（acceptance for honor）和参加付款（payment for honor）。

参加承兑人应在汇票上载明被参加承兑人的名称、日期并签字，如图2-20所示：

```
Accepted for honor
   of _____
   __signature__  Date:
```

图 2-20   参加承兑

参加承兑和参加付款的目的相同，都是维护汇票上当事人的信誉，但参加付款人无须征得持票人同意，而且是在汇票遭到拒付时才发生的票据行为。

11.保证

保证（guarantee）是指非汇票债务人对汇票债务人的债务作出担保的行为。保证人为出票人、背书人、承兑人及参加承兑人等被保证人担保时，他们承担的责任与被保证人完全相同。如果受持票人追索并清偿之后，保证人可凭票据，向被保证人及其前手行使持票人的追索权。

保证人必须在汇票正面签名，同时注明被保证人及日期。仅在票面上签名，而签名人不是出票人和承兑人时，即构成保证行为。如未载明被保证人名称，则以付款人作为被保证人。

阅读资料 2-3 ━━━━━━━━━━━━━━━━━━━

汇票的各方当事人

享有汇票权利和承担票据责任者，称为汇票当事人。其中享有票据权利者称为汇票权利人，承担汇票责任的称为汇票债务人。汇票作为国际贸易结算中最普及的支付工具，可能涉及的当事人多达十几种。根据各当事人参与汇票活动时间的不同，图 2-21 将汇票所有当事人分为基本当事人与一般当事人。

汇票的基本当事人是指基于最初的汇票行为而明确的当事人，包括出票人、付款人和收款人，其名称或商号均记载于汇票的正面。一般当事人包括承兑人、背书人、持票人等。在谈到这些当事人的权利与义务时，需要结合票据行为共同理解。

1.出票人

汇票的出票人，是指开出汇票的银行、企业或个人。我国《票据

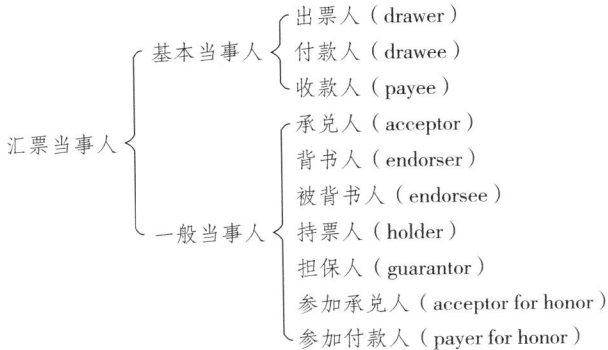

图2-21 汇票当事人

法》第二十条规定："出票是指出票人签发票据并将其交付给收款人的票据行为。"既然出票是一种票据行为，行为人的资格就必须符合法律的规定，因此具有行为能力是签发票据的必要条件，无行为能力者的出票行为由其法定代理人或监护人代理。

2.付款人

汇票的付款人，是指履行汇票付款责任者。一般情况下为受托付款人。银行汇票的出票人是银行，付款人也是银行，而且是参加"全国联行往来"的银行。当其确认该票据是真实的时，须无条件付款。银行承兑汇票的付款人是与买卖合同的买方签订承担协议的承兑行，在票据到期时无论买方的账户存款足够与否，都得无条件付款，即使以自己的款项支付也不得拒绝付款责任。商业承兑汇票的付款人是买卖合同中的买方，由其开户行受托付款，如果买方账户存款不足，受托付款人不承担付款责任，只是将汇票还给持票人或者通过持票人的开户银行还给持票人而已。

3.收款人

汇票的收款人，是指汇票上记载收取票据款项者。任何人都可以是银行汇票的收款人，但不是任何人都可以担当商业汇票的收款人。收款人是汇票的债权人。

一般来说，汇票的三个基本当事人应不重叠，但某些时候会发生变形，即汇票的某两个当事人的身份重叠，常见的有对己汇票与指己汇票。指己汇票是指出票人和收款人为同一个当事人。对己汇票是指受票人和出票人为同一个当事人，这种情况视同本票。

4.承兑人

承兑人在出票后才加盟票据关系，所以才有收款人和被背书人申请承兑的情况。在市场信用较好的情况下由收款人和被背书人申请承兑是符合交易逻辑的，但在市场信用不佳的情况下，收款人不相信未承兑的票据，只接受已承兑的票据。实践中的银行承兑汇票也是出票人申请银行承兑后再交付给收款人，承兑关系实际上发生在交付票据之前，在形成汇票关系时承兑人就存在了，所以实践中也可将其列为基本当事人。另外，国际贸易中商业承兑汇票的付款人是进口商，承兑人也是进口商，此种汇票必须经过进口商承兑才有票据效力，所以商业承兑汇票的承兑人具有双重身份，自然是汇票的基本当事人。

5.背书人

背书人是指在票据背面作签章，将票据权利通过背书转让给他人的人，也称前手、转让人。背书人一旦在汇票上签名，他就要承担以下两项义务：（1）须对包括被背书人在内的所有后来取得该汇票的人保证该汇票必将得到承兑或付款。（2）须保证在他以前曾在该汇票上签名的一切前手的签字的真实性和背书的连续性。

6.被背书人

被背书人也称后手、受让人，是指受让票据后取得票据权利者。他在票据签发时与票据无关，通过被背书受让成为汇票权利人，他有权取得背书人对票据的一切权利。其表现为：（1）被背书人可以用自己的名义向付款人要求承兑、付款，也可以将汇票再经背书转让他人。（2）当汇票遭到拒付时，被背书人有权向其直接的背书人以及曾在汇票上签名的其他背书人直至出票人进行追索，直到得到兑付或付款。

此外，被背书人可作为背书人再次转让汇票，转让后便丧失权利人的地位，并且成为新的连带债务人，在汇票得到付款之前须准备承受持票人的追索。

7.持票人

持票人是指现在正持有汇票的人。持票人可以是汇票的收款人，也可能是汇票流通过程中的被背书人或者来人。持票人又分为一般持票人、对价持票人与正当持票人。

一般持票人（holder）：又称单纯持票人，是对所有汇票持有者的一个总称。凡占有汇票者，不论以何种方式取得，都是单纯持票人。如果票据的前手中有一个人的签字是假造的，或者前手的背书不连续，则票据占有者不是单纯持票人。换句话说，按英美的法律，只要票据上各项手续齐备，票据的窃贼也是单纯持票人，在手续不完整的情况下，正当取得票据的人反而不是单纯持票人。

对价持票人（holder for value）：取得付过对价票据的持票人。它有两种情况：支付过对价从而获得票据的人；受前手馈赠从而获得票据的人，而且前手支付过对价，但他的权利不得优于直接前手。

正当持票人（holder in due course）：又称善意持票人。它是英美票据法对某一类持票人特定的名称。该类人是善意地花了对价，取得一张表面完整、合格的未到期票据的持票人。他没有发现该汇票曾被退票，也不知道前手的权利有任何缺陷，从而对票据拥有完全的权利。英美票据法从保护正当持票人的利益出发，将票据关系与其基础关系严格区别，不问票据的对价关系以及资金关系如何，凡善意地支付了对价的票据受让人的权利不受其前手票据权利瑕疵的影响，因此正当持票人权利优先于前手。

从上面的分析不难看出，一个正当持票人必定是对价持票人，但一个对价持票人未必是正当持票人。

8.担保人

担保人是指为了保证收款人或者持票人能够得到付款，而承担担保付款的连带责任者，在签发票据时作保证人是为出票人作担保，在承兑时作保证人是为承兑人作担保（这两种保证都是为主债务人所做的保证），在背书环节作保证人是为背书人作担保，保证人在票据上不记载被保证人时视为对主债务人作保证。由于保证人是在出票后加盟，所以成为票据的非基本当事人。

9.参加承兑人

参加承兑人是指当票据提示被拒绝承兑时，在票据上签章，表示参加承兑汇票的人。参加承兑人是票据的债务人，当票据到期，付款人拒绝付款时，由参加承兑人承担支付票款的责任。

10.参加付款人

付款人或承兑人拒绝付款时，为防止持票人行使追索权，而由付款人以外的第三人代为付款，该代为付款之人即为参加付款人。

参加承兑人和预备付款人为当然的参加付款人，任何第三者或票据上的债务人均可因参加付款而成为参加付款人。当持票人被拒绝付款后，如已有参加承兑人，持票人应向参加承兑人提示付款，无参加承兑人而有预备付款人的，应向预备付款人提示付款。

2.3.5　汇票的种类

按照不同的划分标准，通常汇票可以分为以下一些类型：

1.银行汇票VS.商业汇票

按出票人和受票人的不同，汇票分为商业汇票（commercial draft）和银行汇票（banker's draft）。

商业汇票是企业或个人向其他企业、个人或银行签发的汇票。商业汇票通常由出口人开立，向国外进口人或银行收取货款时使用，多为随附货运单据的汇票。在国际结算中，商业汇票使用较多。图2-7所示的就是商业汇票。

银行汇票是银行对银行签发的汇票，多为光票。在国际结算中，银行签发汇票后，一般交汇款人寄交国外收款人向指定的付款银行提示付款。出票银行将付款通知书寄给国外付款银行，以便其在收款人持票提示时核对，核对无误后付款。汇款方式中的票汇使用的就是银行汇票。银行汇票如图2-22所示，彩色样票请扫描二维码。

图2-22　银行汇票

图 2-22彩图

银行汇票与商业汇票的区别如表2-6所示。

表2-6　　　　　　　　　银行汇票与商业汇票的区别

汇票种类	出票人	受票人	信用基础
银行汇票	银行	银行	银行信用
商业汇票	工商企业/个人	不限	商业信用

2.即期汇票 VS.远期汇票

按付款时间的不同，汇票分为即期汇票（sight draft，demand draft）和远期汇票（time draft）。

即期汇票是持票人提示时付款人立即付款的汇票；远期汇票是在未来的特定日期或一定期限付款的汇票。即期汇票与远期汇票的付款期限及其表述见表2-7。

表2-7　　　　　　　　即期汇票和远期汇票的付款期限

汇票种类	付款期限	付款期限的表述
即期汇票	见票即付	at sight pay on demand pay upon presentation of this exchange pay
远期汇票	按出票日期推算 按见票日期推算 按跟附单据日期推算 固定日期	at 30 days after date at 30 days after sight at 30 days after b/l date

3.商业承兑汇票 VS.银行承兑汇票

按承兑人的不同，汇票分为商业承兑汇票（commercial acceptance draft）和银行承兑汇票（banker's acceptance draft）。

商业承兑汇票是企业或个人承兑的远期汇票，托收方式中使用的远期汇票即属于此种汇票；银行承兑汇票是银行承兑的远期汇票，信用证中使用的远期汇票即属于此种汇票，如图2-23所示，彩色样票请扫描二维码。

图2-23　银行承兑汇票

图2-23彩图

这两种汇票的区别见表2-8。

表2-8　　　　　　　　银行承兑汇票和商业承兑汇票的区别

汇票种类	承兑人	信用基础
银行承兑汇票	银行	转化为银行信用
商业承兑汇票	工商企业/个人	仍然是商业信用

4. 光票 VS.跟单汇票

按有无附属单据，汇票分为光票（clean draft）和跟单汇票（documentary draft）。

光票是不附带货运单据的汇票，常用于运费、保险费、货款尾数及

佣金的收付；跟单汇票是附带商业单据的汇票，它在出票人的信用之上，还增加了货物的保证。商业单据包括商业发票、海运提单、原产地证、装箱单及保险单等，它们能从各方面作为货物的说明与凭证。这两种汇票的区别见表2-9。

表2-9   光票和跟单汇票的区别

汇票种类	是否附带商业单据	通常表现形式
光票	否	银行汇票
跟单汇票	是	商业汇票

5.直接汇票 VS.间接汇票

按照付款地与承兑地是否相同，汇票分为直接汇票（direct draft）和间接汇票（indirect draft）。直接汇票的付款地与承兑地在同一地点；间接汇票指付款地与承兑地不在同一地点的汇票。例如，承兑人的住所在纽约，却在芝加哥付款。直接汇票与间接汇票的区别见表2-10。

表2-10   直接汇票和间接汇票的区别

汇票种类	承兑地点与付款地点
直接汇票	相同
间接汇票	相异

需要说明的是，一张汇票可以同时具备上述多个类别汇票的特征。比如，一张汇票可以是远期跟单汇票，同时也是即期银行汇票。

2.4　本票

本票（promissory note）与汇票都是流通票据，汇票的票据行为，例如，出票、背书等也适用于本票。但本票与汇票从含义到当事人等方面有着重大区别。

2.4.1　本票的定义

《英国票据法》对本票的定义如下：

A promissory note is an unconditional promise in writing made by one person to another, signed by the maker, engaging to pay, on demand or at a fixed or determinable future time a sum certain in money to, or to the order of, a specified person, or to bearer.

上述定义的中文译文为：

本票是一人向另一人所做的无条件书面承诺，由作出承诺的人签字，保证见票时或者在将来的固定时间或可以确定的时间，将确定数额的钱款支付给某人或其指定的人或持票人。

我国《票据法》第七十三条将本票定义为：**本票是出票人签发的，承诺自己在见票时无条件支付确定的金额给收款人或持票人的票据。**

从本票与汇票的定义来看，有一些相似之处。例如：两者都可以流通转让；金额都是确定的、无条件的；都是书面的文件；都有收款人和出票人；收款人可以记名也可以不记名。所以，汇票的许多规定也适用于本票。但是，本票与汇票有着重大区别。首先，从票据本身性质上来说，本票是债务人给债权人的无条件支付承诺，汇票是债权人给债务人的无条件支付命令。此外，它们的当事人也不同。汇票的当事人有三个：出票人、收款人和付款人；而本票当事人只有两个：出票人和收款人。

2.4.2　本票的基本当事人

本票的当事人只有两个：出票人和收款人。出票人就是签发本票的人，是本票的主债务人，也是付款人。收款人是受领本票的人，他也可以通过背书转让该本票。由于本票属于自付票据，出票人自始至终承担第一付款人的义务。

本票的收款人有三种填写方式：（1）某人；（2）某人指定的人；（3）持票人。

有的银行发行见票即付、不记载收款人的本票或是来人抬头的本票，它的流通性与纸币相似。我国《票据法》第七十三条规定："本法所称本票，是指银行本票。"因此，在我国，工商企业和个人不能签发本票。这也是基于目前我国工商企业与个人的信用程度作出的规定。

本票的付款期限有三种情况：（1）见票时（即期）；（2）固定的将来时间（××年××月××日）；（3）可以确定（推算）的将来时间（见票后

30天）

我国《票据法》第七十八条规定："本票自出票日起，付款期限最长不得超过二个月。"

2.4.3 本票的必要项目

我国《票据法》第七十五条规定，本票必须记载下列事项，否则本票无效：

（1）表明"本票"的字样；

（2）无条件支付的承诺；

（3）确定的金额；

（4）收款人名称；

（5）出票日期；

（6）出票人签章。

图2-24是一张普通的商业本票。

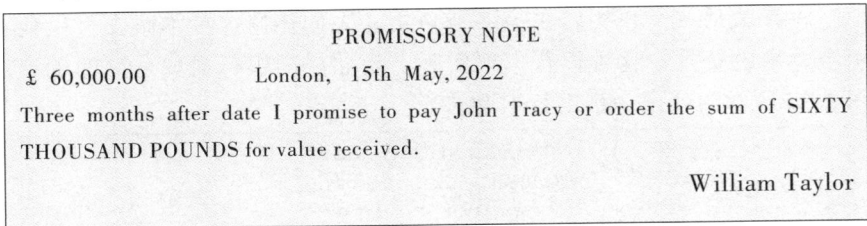

PROMISSORY NOTE

£ 60,000.00　　　　　London, 15th May, 2022

Three months after date I promise to pay John Tracy or order the sum of SIXTY THOUSAND POUNDS for value received.

William Taylor

图2-24　商业本票

我国《票据法》还规定：本票上未记载付款地的，出票人的营业场所为付款地。

2.4.4 本票的种类

1.商业本票

工商企业或个人签发的本票称为商业本票（trader's notes）。由于它建立在商业基础上，所以信用较低。我国《票据法》规定只有银行本票，工商企业或个人不能签发本票。《英国票据法》与《日内瓦统一票据法》没有出票人的限制。

在美国，较大的公司签发远期商业本票被称为"商业票据"（commercial papers）。它是由美国工商企业或金融机构发行的无抵押品保证的远期本票。发行单位承诺将于到期日支付票面金额给持票人，而不提供任何资产保证，只凭其现有的清偿能力、盈利能力保证到期日一定偿还票款。

美国工商企业拟向美国资金市场筹措资金时，它们就向资金市场发行商业票据。商业票据经市场投资人购买后，资金流向发行企业，供其使用，待票据到期日，发行人即支付票款，偿还投资人。

商业票据不记收款人名称，仅注明"付给来人"。凡是买入商业票据的投资人，就是来人，他可以将商业票据持至到期日，凭票取款，也可以在到期日之前拿到市场出售。

2.银行本票

商业银行签发的本票称为银行本票（banker's notes）。在现代经济生活中，某些发达国家和地区，一些没有银行支票账户的顾客，他们往往会请银行开立本票，用来购买诸如楼房、珠宝、汽车等贵重商品。这种本票以卖方作为抬头。也有采用储户抬头的本票，这种本票用来过户，将存款从一个户头转入另一个户头。人们还用这种本票支付税款、租金、水电费等。这种银行本票实际上是储户向银行提取现款的工具。图2-25所示的就是一张银行本票。

ASIAN INTERNATIONAL BANK,LTD
18 Queen's Road, Hong Kong
CASHIER'S ORDER
Hong Kong, 8th August, 2022

Pay to the order of Dockfield & Co.

the sum of Hong Kong Dollars Eighty Thousand and Eight Hundred only.

For Asia International Bank, Ltd.

HK $80,800.00
Manager

图2-25　银行本票

3.国际小额本票

国际小额本票（international money order）是一种预先支付的金融工具，它允许人们在不同国家之间发送较小金额的款项。持票人可以在当地银行或邮局购买国际小额本票，支付相应金额并将其填写为指定的收款人。然后，持票人可将国际小额本票邮寄给收款人所在国家的当地银行或邮局。收款人到当地银行或邮局领取款项。

国际小额本票提供了一种方便的跨国汇款方式，特别适用于较小金额的汇款需求。相比于其他汇款方式，国际小额本票通常手续费较低，并且在一些国家和地区可以更便捷地领取款项。但是，其到达时间可能会比较长，取决于邮寄服务和目的地国家的邮政系统的效率。

签票行无须先拨头寸，待国外寄来本票索偿时，才将资金付出，这对签票行非常有利。

国际小额本票如图 2-26 所示，该本票由 MANUFACTURERS HANOVER TRUST COMPANY 发行，规定了本票金额不超过 2 500 美元。收款人为记名购票人。付款期限未写视同即期。

```
                INTERNATIONAL MONEY ORDER
          MANUFACTURERS HANOVER TRUST COMPANY
                    NEW YORK, N.Y. 10015

  PAY TO THE
  ORDER OF _____      _____  19___

                         PAY AT YOUR BUYING RATE
                         FOR EXCHANGE ON NEW YORK
                         UNITED STATES DOLLARS
                            George D. Schiela
                         NOT VALID UNLESS COUNTER
                             SIGNED ABOVE

  Maximum of two thousand five
  hundred  (USD2,500.00) U.S.Dollars      Henry C. Prahel
                                       AUTHORIZED SIGNATURE

  MANUFACTURERS HANOVER TRUST CO.
  NEW YORK, N.Y. 10015
```

图 2-26　国际小额本票

4.旅行支票

旅行支票（traveller's cheque）是由银行或专门金融机构印制，以发行机构作为最终付款人，以可自由兑换货币作为计价结算货币，有固定面额的票据。

旅行支票是一种旅行时常用的支付工具，它是以特定货币面额为基础的预付款项凭证。旅行者可以在购买旅行支票时支付相应的金额，并获得一组预印有支票面额的支票。旅行者可以在支付时使用这些支票，填写受款人和日期等信息，并在银行或其他机构进行兑现。

购票时购票人当着签票行职员的面，在旅行支票上初签，然后带到国外。需要兑现时，购票人在付款代理行当着职员的面，在支票上复签，代理行核对复签与初签相符，即予付款，但要扣除利息。

旅行支票可在世界各大银行、兑换网点兑换现金，可在国际酒店、餐厅、学校及其他消费场所直接付账，而无须支付任何费用。旅行支票具有独特的防伪措施，使其难以伪造。此外，如果旅行支票丢失或被盗，持票人可以通过报告丢失或盗窃来保护资金安全。旅行支票丢失或损坏时，持票人可以联系发行机构进行补发或兑换。旅行支票通常具有唯一的序列号，可以方便追踪其兑付情况。

旅行支票结合了支票和本票的特点，具备了双重功能。它可以像支票一样填写受款人和金额，持票人在使用时需要签名授权银行划拨资金。同时，旅行支票也是一种预付款凭证，持票人在购买时预先支付指定金额，并可以在需要时使用。持票人可以将旅行支票作为本票使用，直接提交给银行或其他机构进行兑现，而不需要填写具体的受款人信息。图2-27显示了一张面值为100美元的旅行支票。

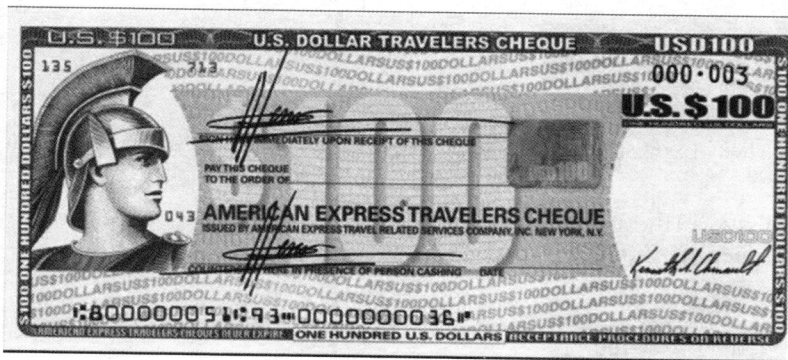

图2-27　旅行支票

5.中央银行本票

中央银行本票（central banker's notes）是由中央银行签发的即期来人抬头的本票，实际上就是现金。它原来是中央银行可兑换成金银铸币的不记名定额本票，后来转变成为由国家立法强制无限期流通的不兑换金银铸币（即现金）的纸币，人们逐步称纸币为"现金"。例如，准中央银行制下的港币，其票面上印有："Promises to pay the bearer on demand at its office here"，这表明其本票性质。港币的彩色样票请扫二维码。

港币样票

2.4.5　本票与汇票的比较

本票与汇票的相同点与不同点归纳如下：

1.相同点

（1）二者都是票据的主要形式，都是必须以货币形式表示的、一定金额的、以无条件的书面形式做成的。

（2）二者付款期限都可以采用即期或远期的方式。

（3）二者收款人都可以采取记名的或不记名的形式。

（4）本票的出票人类似于汇票的承兑人。

2.不同点

（1）从付款性质来看：汇票是无条件支付命令；本票是无条件支付承诺。

（2）从当事人来看：汇票的基本当事人有出票人、付款人和收款人；本票的基本当事人只有出票人和收款人。

（3）从主债务人来看：汇票在承兑前出票人是主债务人，承兑后承兑人是主债务人；本票的出票人始终是主债务人。

（4）从是否承兑来看：汇票有承兑和参加承兑；本票没有承兑和参加承兑。

（5）从出票人与收款人关系来看：汇票的出票人可以是收款人；本票的出票人不能为收款人。

（6）从份数来看：汇票可以做成一式两份或多份；本票只能一式一份。

（7）从退票处理来看：在英国，国际汇票遭到退票时，必须做成拒绝证书；国际本票遭到退票时，无须做成拒绝证书。

2.5 支票

2.5.1 支票的定义

《英国票据法》对支票的定义如下：

A cheque is a bill of exchange drawn on a banker payable on demand.

（支票是以银行作为受票人的即期汇票）

1957 年，英国又公布了《支票法》，共 8 条。该《支票法》并没有对支票进行完备的定义，实际上只是对《1882 年英国票据法》的补充。

我国《票据法》第八十一条将支票定义如下：**支票是出票人签发的，委托办理支票存款业务的银行或者其他金融机构在见票时无条件支付确定的金额给收款人或者持票人的票据。**

支票的定义最早源于《1882 年英国票据法》，该票据法将支票包括在汇票范围内，并声明，除非另有规定，否则凡适用于凭票即付之汇票之本法条文也适用于支票。从这个意义上讲，支票是汇票的一种，它与汇票"支付命令"的性质相符。但支票有其特殊性，具体体现为：

（1）支票的出票人必须是银行的储户，而汇票的出票人没有这个限制，可以是任何人；

（2）支票的受票人必须是出票人的开户行，而汇票的受票人不一定是银行；

（3）支票都是银行见票立即支付，而汇票有即期与远期之分。

综上所述，支票是以银行存款户为出票人、以银行为受票人的即期汇票。支票与汇票一样，有三个基本当事人：

（1）出票人：指签发支票的当事人，是银行的存款人。

（2）受票人：又称"付款人"，是出票人的开户银行。

（3）收款人：指受领支票金额的当事人。

2.5.2 支票的必要项目

我国《票据法》第八十四条规定，支票必须记载下列事项，否则支票无效：

（1）表明"支票"的字样；

（2）无条件支付的委托；

（3）确定的金额；

（4）付款人名称；

（5）出票日期；

（6）出票人签章。

支票具体可如图2-28所示：

图2-28　支票示例

图2-28彩图

　　出票人签发的支票金额超过其付款时在付款人处实有的存款金额的，称为空头支票（dishonorable check）。我国《票据法》第八十七条规定，禁止签发空头支票；第九十条规定，支票限于见票即付，不得另行记载付款日期；第九十一条规定，持票人应当自出票日起十日内提示付款；异地使用的支票，其提示付款的期限由中国人民银行另行规定。超过提示付款期限的，付款人可以不予付款；付款人不予付款的，出票人仍应当对持票人承担票据责任。

2.5.3 支票的种类

1.企业支票、个人支票和银行支票

根据出票人的不同，可将支票分为企业支票、个人支票和银行支票。本章的图2-4就是企业支票。如果出票人为个人，则是一张个人支票，如图2-29所示：

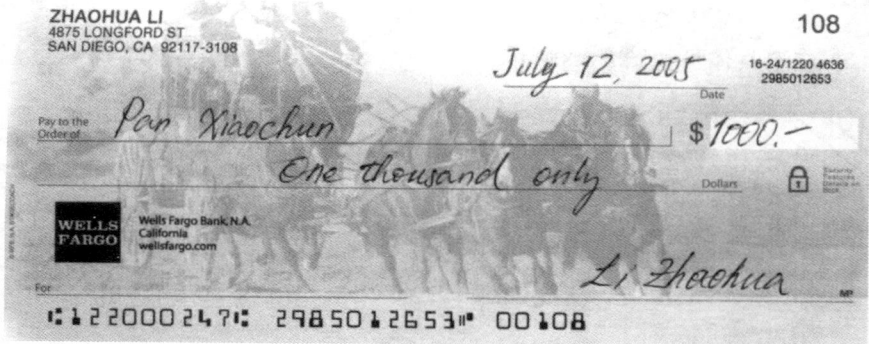

图2-29 个人支票

图2-29彩图

如果出票人为银行，就是一张银行支票。银行支票的出票人与受票人都是银行，多用于国际贸易的票汇业务，如图2-30所示：

图2-30 银行支票

2.现金支票、转账支票和普通支票

现金支票只能用于支取现金，通常票面上印有"现金支票"。当客户需要使用现金时，随时签发现金支票，向开户银行提取现金，银行在见票时无条件支付给收款人确定金额的现金的。前文图2-4就是一张现金支票。

转账支票不能支取现金，只能将票面金额贷记到收款人账户上，通常票面上印有"转账支票"。

支票上未印有"现金"或"转账"字样的为普通支票。普通支票可以用于支取现金，也可以用于转账，但在普通支票上划两条平行线的，只能用于转账，不得支取现金。前文图2-27所示的就是一张划了平行线的普通支票，只能用于转账。

3.划线支票

划线支票（crossed check）也称作平行线支票，票面上带有两道平行横线。划线支票只能用于转账，不能取现。它与普通支票的区别在于：领取划线支票款项的只能是银行，故只能通过转账付给代收银行，这是针对普通支票易于被他人冒领现金的缺点而设计的。即使被他人冒领，支票的真正所有人也可以通过银行代收的线索，追查冒领者的账户，追回被冒领的款项。划线支票的基本作用，在于保护真正所有人的利益。

划线支票有普通划线支票（general crossing）和特别划线支票（special crossing）之分。普通划线是指支票正面有两条平行线，但没有记载特定的银行或其他金融机构名称的支票。出票人和持票人都可以划线。

特别划线是指支票正面的两条平行线之间加有指定银行名称，表明该支票金额只能由该银行代为收款，格式为"划线+银行名称"。

划线方式有以下几种：

（1）划线+无加注；

（2）划线+banker（银行）；

（3）划线+& Co.（和公司）；

（4）划线+not negotiable（不得流通）；

（5）划线+Account payee（只准收入收款人账户）。

详细划线方法如图2-31所示。

(1)	(2)	(3)	(4)	(5)
(1)	banker	& Co.	Not negotiable	Account payee

图2-31　支票的划线方法

4.保付支票

保付支票（certified check）是指银行在支票上加盖"保付"（certified）戳记的支票。certify的字面意思是"核实"，即银行已核实出票人有足够存款，从而承担保证付款的责任。银行会立即将支票金额从出票人账户中划出。

支票保付后，银行对支票承担唯一的付款责任，出票人、背书人均免于被追索。

美国统一商法典中的定义为：保付支票是指经过付款银行承兑的支票。但承兑一般是指远期汇票中的票据行为，因此，保付是一种准承兑行为。

2.5.4　支票的止付与退票

支票的止付是指出票人在支票解付以前撤销该支票的行为。止付的原因通常是因为支票丢失、收款人未收到（邮寄）支票等。我国《票据法》第十五条规定：票据丧失，失票人可以及时通知票据的付款人挂失止付。在我国，失票人可以通过网上银行、电话银行或柜台办理止付，但需支付止付手续费。

支票的退票是指支票在提示时遭到银行拒付。通常，退票原因如下：

（1）空头支票；

（2）出票人签章与预留银行签章不符的支票；

（3）密码支票未填密码或密码填写错误；

（4）远期支票；

（5）因票面污损导致出票人提示付款签章处、票面金额、出票日期和收款人名称等确实无法辨认；

（6）票据要素使用圆珠笔填写；

（7）最后持票人与委托收款背书不符或票据背书不连续；

（8）大小写金额不一致，出票日期、金额、收款人等重要记载事项有涂改；

（9）现金支票用途不符合国家现金管理相关规定；

（10）账户已经办理冻结或止付手续的。

收款人被退票后，应立即与付款人联系，作出相应的处理。

2.5.5 支票与汇票的比较

支票作为一种特殊的汇票，它们的相同点和不同点有：

1.相同点

（1）汇票和支票都载有无条件支付命令，是出票人命令他人付款。

（2）汇票和支票各有三个基本当事人，即出票人、付款人和收款人。

2.不同点

（1）从当事人关系来看，支票在签发时，出票人与付款人之间必须先有资金关系；汇票的出票人与付款人之间没有这个要求。

（2）从主债务人来看，本票和支票的主债务人一直是出票人，保付支票的主债务人是兑付银行；汇票有两种情况，即期汇票和承兑前的远期汇票的主债务人是出票人，承兑后的主债务人是承兑人。

（3）从期限来看，支票是见票即付，无到期日的记载；汇票和本票有远期和即期之分，一般应记载到期日。

（4）从出票的份数来看，支票只开单张；汇票可开一式多份。

（5）从付款人性质来看，支票的付款人必须是银行；汇票和本票的付款人既可以是银行，也可以是企业和个人。

（6）从票据行为来看，支票无承兑、参加承兑和参加付款行为；汇票则有承兑、参加承兑和参加付款行为。

思政课堂

【金融犯罪典型案例】汤爱平票据诈骗案

思政元素：法治意识；职业道德

2017年1月18日，被告人汤爱平通过互联网以6 800元的价格购买了一张面值为76.6万元的假银行承兑汇票，并将该票交给陈贵祥在兴化市新光合金材料有限公司使用。2017年1月23日，陈贵祥用该假银行承兑汇票从兴化市新光合金材料有限公司支取30万元后告诉汤爱平支取 20 万元，并于当日汇给汤爱平 10 万元。该假银行承兑汇票经数次背书后转给高邮市惠泉不锈钢制品厂持有，高邮市惠泉不锈钢制品厂于 2017 年 4 月 6 日到银行办理贴现时案发。

犯罪嫌疑人汤爱平因涉嫌票据诈骗罪于 2017 年 7 月 18 日被高邮市公安局刑事拘留，同年 8 月 21 日经高邮检察院批准。2017 年 10 月 20 日高邮市公安局向高邮检察院移送审查起诉。高邮法院于 2017 年 12 月 21 日作出判决：被告人汤爱平犯票据诈骗罪，判处有期徒刑五年，并处罚金五万元。被告人汤爱平不服，当日上诉，扬州市中级人民法院于 2018 年 3 月 21 日作出终审判决：上诉人汤爱平以非法占有为目的，明知是伪造的汇票予以使用，数额较大，其行为已构成票据诈骗罪。上诉人汤爱平归案后如实供述主要犯罪事实，系坦白，依法可以从轻处罚；退出赃款并取得被害单位谅解，酌情从轻处罚；有犯罪前科，酌情从重处罚。

票据诈骗罪的犯罪对象仅限于汇票、支票和本票三种。本案的犯罪对象是未到期的银行承兑汇票，这种汇票可以多次背书转让，因此公民在日常生活中取得、流通、使用时，应根据取得票据的渠道对票据仔细进行鉴别，多加小心，以免被犯罪分子利用，造成财产上的损失。

资料来源：扬州检察院. 汤爱平票据诈骗案［EB/OL］.［2018-09-27］. http://yz.jsjc.gov.cn/fabu/ 201809/t20180927_647134.shtml.

本章小结

1. 国际结算票据经历了兑换商票据时期、市场票据时期、流通票据时期以及现代票据时期。

2. 票据有广义与狭义之分。广义上的票据包括各种有价证券和凭证，如股票、国库券、企业债券、发票及提单等；狭义上的票据只有汇票、本票与支票。

3. 现代票据具有汇兑、支付、信用和流通四大功能，以及流通性、无因性、要式性等性质。

4. 汇票是出票人签发的，委托付款人在见票时或者在指定日期无条件支付确定的金额给收款人或者持票人的票据。汇票的基本当事人有三个：出票人、受票人与收款人。汇票有银行汇票、商业汇票、即期汇票、远期汇票、光票及跟单汇票等类型。

5.本票是出票人签发的，承诺自己在见票时无条件支付确定的金额给收款人或持票人的票据。本票的基本当事人只有两个：出票人和收款人。

6.支票是出票人签发的，委托办理支票存款业务的银行或者其他金融机构在见票时无条件支付确定的金额给收款人或者持票人的票据。支票是一种特殊的汇票，它的基本当事人有三个：出票人、受票人与收款人。

综合训练

2.1 单项选择题

1.票据的背书是否合法，以（   ）法律裁定。

A.出票地   B.行为地

C.付款地   D.交单地

2.票据的有效性应以（   ）国家的法律裁定。

A.出票地   B.行为地

C.付款地   D.交单地

3.票据的做成，形式上需要记载的必要项目必须齐全，各个必要项目又必须符合票据法律规定，方可使票据产生法律效力，这是票据的（   ）性质。

A.要式性   B.设权性

C.提示性   D.流通转让性

4.票据所有权通过交付或背书及交付进行转让，这是票据的（   ）性质。

A.要式性   B.设权性

C.提示性   D.流通转让性

5. 票据上的债权人在请求票据债务人履行票据义务时，必须向付款人提示票据，方能请求付给票款，这是票据的（   ）性质。

A.要式性   B.设权性

C.提示性   D.流通转让性

6.出票人在票据上立下书面的支付信用保证，付款人或承兑人允诺按照票面规定履行付款义务，这是票据的（   ）功能。

A.结算功能   B.信用功能

C.流通功能   D.抵销债务功能

7.汇票的付款期限的下述记载方式中，（　　　）必须由付款人承兑后才能确定具体的付款日期。

A.at sight　　　　　　　　　　B.at ×× days after sight

C.at ×× days after date　　　　　D.at ×× days after shipment

8.承兑是（　　　）对远期汇票表示承担到期付款责任的行为。

A.付款人　　　　　　　　　　B.收款人

C.持票人　　　　　　　　　　D.受益人

9.以下关于支票的说法，正确的是（　　　）。

A.是一种无条件的书面支付承诺

B.付款人可以是银行，工商企业或个人

C.可以使即期付款或远期付款

D.是以银行为付款人的即期汇票

10. 支票的出票人和付款人的关系是（　　　）。

A. 债务人和债权人　　　　　　B. 债权人和债务人

C. 银行的存款人和银行　　　　D. 供应商和客户

2.2　多项选择题

1.下列属于汇票非要式性项目的是（　　　）。

A.出票地　　　　　　　　　　B.付款时间

C.付款人名称　　　　　　　　D. 款地点

2.汇票与本票的区别在于（　　　）。

A.前者是无条件支付承诺，后者则是要求他人付款

B.前者当事人为两个，后者则有三个

C.前者使用过程中需要承兑，后者则不需要承兑

D.前者的主债务人不会变化，后者的主债务人不会因承兑人发生变化

E.前者包含着两笔交易，后者只包含一笔交易

3.旅行支票的特点是（　　　）。

A.支票金额固定　　　　　　　B.一般可长期使用

C.携带安全方便　　　　　　　D.有效防止假冒

4.下列单据中不享有物权凭证的是（　　　）。

A.空运运单　　　　　　　　　B.铁路运单

C.海运提单　　　　　　　　　D.邮政收据

5.下列各项中，金额确定的是：（　　　　）。

A.£100.00

B.£100.00 plus interest

C.£100.00 plus interest at 6% p.a.   （p.a.= per annum）

D.USD equivalent for £100.00 at Prevailing rate in New York

E.USD equivalent for £100.00

2.3　思考题

1.汇票的必要项目有哪些？

2.本票的关系人有哪些？远期本票需要承兑吗？

3.在国际贸易中，出口商向进口商签发一张商业汇票，这与汇票的出票人是债务人是否相矛盾？

4.汇票的种类有哪些？

5.支票的必要项目有哪些？

6.支票的种类有哪些？

7.什么是普通支票？什么是划线支票？有几种划线法？

2.4　实务操作题

国际出口公司（International Exporting Co.）出口机器设备和零部件给环球进口公司（Globe Importing Co.），价值为100 000美元。国际出口公司在2022年4月20日开出汇票，要求环球进口公司在见票后30天付款给XYZ银行。环球进口公司于2022年4月30日承兑了该汇票。请按上述条件将汇票补充完整。用英文作答。

	BILL OF EXCHANGE	
ACCEPTED	For 1 （amount in figure）	2 date of issue
8 (date)	At 3 sight of this bill of exchange（SECOND being unpaid） Pay to 4 or order the sum of 5 （amount in words） 　　　　　　　　　　　　　　　　　　　value received	
Company Name 9	To: 6	For and on behalf of 7

第3章

商业单据

学习指南

【**学习目标**】国际结算业务会涉及大量商业单据。通过本章的学习，要求大家了解各种商业单据的含义；了解海运提单、保险单、商业发票、原产地证的主要内容与作用；重点掌握海运提单的类型，能够掌握提单的基本性质。

【**关键概念**】商业单据　运输单据　海运提单　空运单　保险单据　保险单　保险凭证　预约保单　暂保单　发票　商业发票　海关发票　厂商发票　形式发票　装箱单　原产地证书　普惠制原产地证书检验证书

第3章关键概念

变造海运提单遭处罚

2014年9月，宁波某公司就一批来自加拿大的进口废纸向宁波大榭检验检疫局报检，国外发货人申报为加拿大B公司。大榭局执法人员在核查单证时发现，海运提单有疑似修改痕迹。经调查，发现宁波这家公司通过变造海运提单的方式，将国外发货人加拿大A公司修改为加拿大B公司。大榭局根据《中华人民共和国进出口商品检验法实施条例》第四十六条第一款的规定，对该公司作出罚款2.8万元的行政处罚。

经查，宁波这家公司因生产急需用货，在收到船运公司出具的海运提单后，发现因国外供货商——加拿大A公司不熟悉我国法律法规对进口废物原料的要求，在办理货物海运时，造成海运提单中的国外发货人与购买合同、装运前检验证书等不一致，不符合报检要求；遂心存侥幸，未联系国外发货人让其提供证明等合法手续，而是采取变造海运提单的方式向检验检疫部门申报，并取得了入境货物通关单。

本案中宁波这家公司出于自身利益的考虑，采取变造单证的手段，实施了不如实提供真实情况的违法行为，主观故意明显，破坏了检验检疫监管秩序。其行为已构成违法，应承担法律责任。

本案中涉及的海运提单，是商业单据的一种。国际结算业务审核的不仅有汇票、本票、支票等金融单据，还有海运提单、保险单、发票等商业单据。商业单据既是出口商是否履约、进口商是否付款的依据；也是出口商与进口商通关、报检的凭证；还是信用证业务中，银行工作人员工作内容的重要组成部分。本章将分别介绍国际结算业务涉及的商业单据。

在《托收统一规则》第二条中，国际商会将国际结算单据划分为金融单据和商业单据：金融单据是指汇票、本票、支票或其他类似的可用于款项支付的凭证；**商业单据是指发票、运输单据、所有权单据或其他类似的单据，或者不属于金融单据的任何其他单据。**

金融单据围绕金钱展开，以金钱流通与支付为目的，就是指汇票、本票、支票或用于钱款支付的其他类似工具。这些在本书第2章中已作详细描述。商业单据是对货物状况的描述，以实现货物流通为目的。本章对商业单据的分类如图3-1所示。

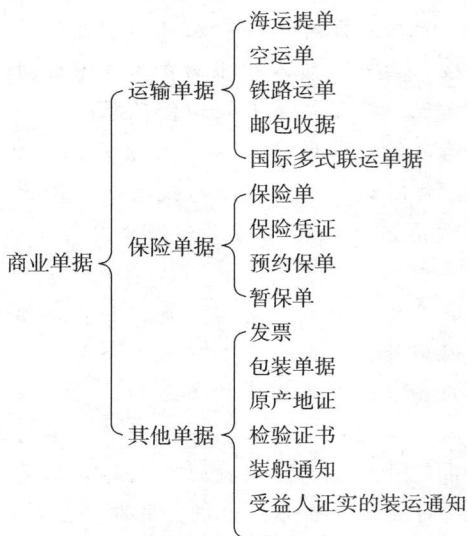

$$
商业单据
\begin{cases}
运输单据
\begin{cases}
海运提单 \\
空运单 \\
铁路运单 \\
邮包收据 \\
国际多式联运单据
\end{cases} \\[2em]
保险单据
\begin{cases}
保险单 \\
保险凭证 \\
预约保单 \\
暂保单
\end{cases} \\[2em]
其他单据
\begin{cases}
发票 \\
包装单据 \\
原产地证 \\
检验证书 \\
装船通知 \\
受益人证实的装运通知 \\
……
\end{cases}
\end{cases}
$$

图 3-1　商业单据分类

3.1　运输单据

运输单据通常是指代表运输中的货物或证明货物已经付运和表明承运人已接受货物的单据。运输单据通常由承运人签发给出口商，具体反映了同货物运输有关的当事人（如发货人、承运人、收货人等）的权利和义务，也是交接货物、处理索赔与理赔以及向银行结算货款或进行议付的重要单据。根据运输方式的不同，运输单据包括由船公司或其代理人签发的海运提单，由铁路部门签发的铁路运单，由航空公司签发的航空运单，由邮局或快递公司签发的邮包收据，由多式运输营运人签发的联合运输单据等。其中，大多数国际运输都通过海洋运输方式完成，海运提单是所有运输单据中最常见、最重要的商业单据。

3.1.1 海运提单

1.海运提单的含义

海运提单的英文是 ocean bill of lading，lade 即 load，指装船、装载货物。ocean bill of lading 的字面意思是海运装船证书，我国称为海运提单，简称提单，即提货凭证的意思。**海运提单是承运人在收到货物或货物装船后签发给托运人、约定将该货物运往目的地交给提单持有人的物权凭证。**

上述定义有如下含义：

第一，提单是承运人签发给托运人的单据；

第二，签发提单的时间必须是在承运人接管货物或货物装船之后；

第三，承运人保证将货物运往目的地，并将货物交付提单持有人；

第四，提单是货物所有权凭证，即提单代表了货物，提单的转让等同于货物所有权的转让。在所有的运输单据中，物权凭证的性质只有海运提单才有，这也是它成为最重要的运输单据的原因之一。

2.海运提单的基本当事人

签发提单时提单上载明的当事人通常有四个：

（1）承运人。

承运人（carrier），是指接受托运人委托，从事货物运输或者部分运输的人，包括接受委托从事此项运输的其他人。承运人通常就是船方，即船舶所有人或者租船人（租用船舶经营运输业务的人）。信用证项下的提单，必须是具名的承运人或其代理人签发的提单。

UCP600 规定：承运人的名称必须出现在提单中。提单上关于承运人的记载有三处：提单正面抬头印刷的运输公司的名称、标志；提单正面右下角的签名；背面"承运人识别条款"和"光船租船"条款。

（2）托运人。

托运人（shipper/consignor）就是将货物交付承运人的人，即货方。信用证项下提单上的托运人，一般为信用证中的受益人。如果开证人为了贸易上的需要，要求做第三者提单（third party B/L），也可照办。

（3）收货人。

收货人（consignee）一栏，习惯上称为提单的抬头。收货人通常由托运人指定。信用证项下的提单，通常不注明收货人的具体名称，而注明"to order"，这在国际贸易实践中使用最多，习惯上称为"空白抬头"。

（4）被通知人。

在货物到达目的港时，船公司会发送到货通知给被通知人（notify party），即进口商。如果信用证对提单中的被通知人有具体规定，则必须严格按信用证要求填写。如果提单是空白指示提单或托运人指示提单，则此栏必须填列被通知人名称及详细地址；否则船方就无法与收货人联系，收货人也不能及时报关提货，甚至会因超过海关规定的申报时间而使货物被没收。如果提单是记名提单或收货人指示提单，且收货人又有详细地址的，则此栏可以不填。

3.海运提单的基本内容

根据1993年7月1日公布实施的《中华人民共和国海商法》（以下简称《海商法》）第七十三条的规定，提单正面应记载以下各项：

（1）货物的品名、标志、包数或者件数、重量或者体积以及运输危险货物时对危险性质的说明；

（2）承运人的名称和主要营业所；

（3）船舶名称；

（4）托运人的名称；

（5）收货人的名称；

（6）装货港和在装货港接收货物的日期；

（7）卸货港；

（8）多式联运提单增列接收货物地点和文件货物地点；

（9）提单的签发日期、地点和份数；

（10）运费的支付；

（11）承运人或者其代表。

我国《海商法》第七十三条还同时规定，提单缺少本款规定的一项或者几项的，不影响提单的性质。提单正面记载的事项，在法律上具有初步证据。结合上述主要内容，分析图3-2所示的海运提单的正面。

1.Shipper Insert Name, Address and Phone KRUGMAN IMPORT & EXPORT CORPORATION NO. 25, THE FIFTH AVENUE, CBD OF MELBOURNE 033-93838393	B/L NO.　COBL0000050 国际货运有限公司 INTERNATIONAL TRANSPORT CO., LTD ORIGINAL
2.Consignee Insert Name, Address and Phone TO ORDER	Port-to-Port or Combined Transport BILL OF LADING

3. Notify Party Insert Name, Address and Phone COSCO INTERNATIONAL TRADE COMPANY CO., LTD. XINHUA STREET AND GRANGTIAN BOAD 769 NUMBER 0067-0245-3890	RECEIVED in external apparent good order and condition except as otherwise noted. The description of the goods and weights shown in this Bill of Lading are Furnished in the Merchants, and which the carrier has no reasonable means of checking and is not a part of this Bills of Lading contract. The carrier has issued the number of Bill of Lading stated below, all of this tenor and

4.Combined Transport Pre-carriage by	5.Combined Transport Place of Receipt	date, one of the original Bills of Lading must be surrendered and endorsed or signed against the delivery of the shipment and whereupon any other original Bills of Lading
6.Ocean Vessel Voy.No. COSCO NAPOL 011W	7.Port of Loading MELBOURNE, AUSTRALIA	shall be void. The Merchants agree to be bound by the terms and conditions of this Bills of Lading as if each had personally signed this Bill of Lading. See Clause 4 on the back of this Bill of
8.Port of Discharge CAPE TOWN, SOUTH AFRICA	9. Combined Transport Place of Delivery	Lading (Terms continued on the back hereof, please read carefully). *Applicable only when document used as a Combined Transport Bill of Lading.

Marks & Nos. Container/Seal No. COSCO TRADE STEERING COLUMN C/NO.1-850 MADE IN AUSTRALIA	No. of Containers or Packages 850CARTONS	Description of Goods STEERING COLUMN MODEL: 02023-1171, PACKING: 10PCS PER CARTON FREIGHT PREPAID	Gross Weight Kgs 49 980KGS	Measurement 48.875C BM
	Description of Contents for Shipper's Use only (Not Part of This B/L Contract)			

10.Total Number of Containers and/or packages (in words)
EIGHT HUNDRED AND FIFTY CARTONS ONLY

11.Freight & Charges Declared Value Charge	Revenue Tons	Rate	Per	Prepaid	Collect
Ex Rate	Prepaid at	Payable at		Place and Date of Issue MELBOURNE, AUSTRALIA 2022-06-25	
	Total Prepaid	No.of Original B (s) /L 3/3		Signed for the Carrier	

LADEN ON BOARD THE VESSEL

DATE 2022-06-25　BY

图 3-2　提单正面

基于图3-2，一份海运提单的基本内容可以概括如下：

第一，对提单的描述。

①"提单"字样：Bill of Lading。

② 提单的流通性：不得转让，除非收货人凭指定（not negotiable unless consigned to order）。

③ 提单号码。

④ 签发日期。

⑤正/副本提单。

第二，基本当事人。

①承运人（carrier）。

② 托运人（consignor/shipper）。

③ 收货人（抬头）（consignee）。

④ 被通知人（notify party）。

第三，运输情况。

①船名（name of vessel）。

② 装运港（port of loading）。

③ 卸货港（port of discharge）。

④ 戳记，备运提单加盖"on board"戳记，则变为已装船提单。

第四，货物情况。

①唛头（marks）。

② 大件数或集装箱数（no. of packages or containers）。

③ 包装及货物的描述（description of packages and goods）。

④ 毛重（gross weight）。

⑤尺码（measurement）。

⑥ 集装箱总数或包装大件总数（大写）（total number of containers or other packages received by the carrier，in words）。

提单背面印就的条款规定了承运人与货方之间的权利、义务和责任豁免，是双方当事人处理争议时的主要法律依据。图3-3是一张提单的背面。

MULTIMODAL TRANSPORT OR PORT-TO-PORT SHIPMENT BILL OF LADING

图 3-3　提单背面

提单背面的内容主要有如下几方面：

① 定义条款（definition clause）：主要对承运人、托运人等关系人加以限定。前者主要指与托运人订有运输合同的船舶所有人，后者包括提货人、收货人、提单持有人和货物所有人。

② 管辖权条款（jurisdiction clause）：指当各方当事人就提单发生争执时，按照法律，某法院有审理和解决案件的权利。

③ 责任期限（duration of liability）条款：规定承运人对货物灭失或损害承担赔偿责任的期间的条款。一般海运提单规定承运人的责任期限从货物装上船舶起至卸离船舶止。集装箱提单则从承运人接收货物起至交付指定收货人止。

④ 包装和标志（packages and marks）：要求托运人对货物提供妥善包装和正确清晰的标志。因标志不清或包装不良所产生的一切费用由货方负责。

⑤ 运费和其他费用（freight and other charges）：运费规定为预付的，应在装船时一并支付；到付的，应在交货时一并支付。当船舶和货物遭受任何灭失或损失时，运费仍应照付；否则，承运人可对货物及单证行使留置权。

⑥ 自由转船条款（transshipment clause）：承运人虽签发了直达提单，但由于客观需要仍可自由转船，无须经托运人的同意。转船费由承运人负担，但风险由托运人承担，而承运人的责任也仅限于其本身经营的船舶所完成的那段运输。

⑦ 错误申报（inaccuracy in particulars furnished by shipper）：承运人有权在装运港和目的港查核托运人申报的货物数量、重量、尺码与内容，如发现与实际不符，承运人可收取运费罚款。

⑧ 承运人责任限额（limit of liability）：规定承运人对货物灭失或损坏所负的赔偿限额，即每一件或每计算单位货物赔偿金额最多不超过若干金额。

⑨ 共同海损（general average，G.A.）：规定若发生共同海损，按照什么规则理算。国际上一般采用1974年《约克-安特卫普规则》理算。在中国，一些提单常规定按照1975年《北京理算规则》理算。

⑩ 美国条款（American clause）：规定来往美国港口的货物运输只

能适用美国1936年海上货运法（carriage of good by sea act，1936）。运费按联邦海事委员会（FMC）登记的费率本执行，如提单条款与上述法则有抵触，则以美国法为准。此条款也称"地区条款"（local clause）。

⑪ 舱面货、活动物和植物（on deck cargo，live animals and plants）：对这三种货物的接收、搬运、运输、保管和卸货，由托运人承担风险，承运人对其灭失或损坏不负责任。

阅读资料3-1

运输标志

运输标志（shipping mark），俗称唛头，音译名词，即"mark"头。国际运输很多情况下都采取班轮运输方式，货运量大，货物繁杂；出于识别货物、防止发错货及卸错货的目的，唛头通常刷在纸箱侧面和正面用以识别。

唛头通常由型号、图形或收货单位简称、目的港、件数或批号等组成。其作用在于使货物在装卸、运输、保管过程中容易被有关人员识别，以防错发、错运。唛头的主要内容包括：收货人名称、目的港（地）名称、参考号、件数、批号。此外，有的唛头还包括原产地、许可证号、体积与重量等内容。唛头的内容繁简不一，由买卖双方根据商品特点和具体要求商定。唛头可以由进口商指定；如果进口商没有特别要求，唛头则由出口商指定。从这个意义上讲，唛头可以分为进口商唛头与出口商唛头。

鉴于唛头的内容差异较大，有的过于繁杂，不适应货运量增加、运输方式变革和电子计算机在运输与单据流转方面应用的需要，因此，联合国欧洲经济委员会简化国际贸易程序工作组，在国际标准化组织和国际货物装卸协调协会的支持下，制定了一项运输标志向各国推荐使用。该标准化运输标志包括：

①收货人或买方名称的英文缩写字母或简称；

②参考号，如运单号、订单号或发票号；

③目的地名称；

④货物件数。

刷在纸箱正面的唛头俗称正唛，图3-4是一个正唛的例子：

SHIPPING MARK：（PRINT TWO SIDE）
KANI VADILI FAMAGUSTA ITEM NO：28*37KMCLOCK SC-661 CINO.：1-UP

图 3-4　正唛例示

刷在纸箱侧面的唛头俗称侧唛。侧唛包括品名、件数、毛重、外箱尺寸等内容。图3-5是一个侧唛的例子：

GOODS	HEPA FILTER
SIZE	683 × 45 × 10mm
BOX NO	
Q'TY	500　PCS
NET WEIGTY	
GROSS WEIGHT	
MADE　　　IN　　　CHINA	

图 3-5　侧唛例示

4.管辖提单的国际公约

（1）《海牙规则》。

《海牙规则》（The Hague Rules）全称是《统一提单的若干法律规定的国际公约》（International Convention for the Unification of Certain Rules of Law Relating to Bills of Lading），欧美26个主要航运国家于1924年在布鲁塞尔通过该公约，1931年6月正式生效。截至2021年2月，共有93个国家加入了《海牙规则》，这些国家包括许多重要的航运国家。中国尚未正式加入该公约。多年来，许多国家的航运公司都在其所制发的提单上规定采用该公约，据以确定承运人在货物装船、收受、配载、承运、保管、照料和卸载过程中所应承担的责任与义务，以及应享受的权利与豁免。《海牙规则》共有16个条款，其主要内容可归纳如下：

规则所称"货物"仅包括货物、制品、商品和任何种类的物品，不包括活牲畜及甲板货。

把承运方的责任期间限定为"钩至钩"，即"自货物装上船时起，至卸下船时止"的一段时间。

承运人的职责是在开船前和开船时，应相当谨慎地使船舶适航，应适当和谨慎地装载、搬运、配载、运送、照料和卸载所运的货物。

规定了承运人的17种免责事项，承运人仅对管理货物的过失负责。

规定承运人的赔偿责任限额为每件或每计费单位100英镑。

《海牙规则》明显偏袒船方利益、忽视货方利益。该公约实施半个多世纪后，由于其本身存在的和在实践中出现的各种问题，加之国际经济、政治的变化和海运技术的发展，某些内容已经过时，多数国家特别是代表货方利益的国家和第三世界国家强烈要求修改该公约。对《海牙规则》的修改存在两个方案：一个是代表英国及北欧各传统海运国家利益的《维斯比规则》，另一个是代表发展中国家和货方利益的《汉堡规则》。

（2）《维斯比规则》。

海牙规则最初是在1924年通过的，旨在规范国际海上货物运输中的责任和义务。然而，随着时间的推移，海牙规则被认为需要进一步修改和完善。因此，从1931年开始，对海牙规则进行了一系列修订，并于1968年，英、法及北欧等12国在布鲁塞尔签订了《维斯比规则》。1977年，《维斯比规则》生效。

《维斯比规则》（The Visby Rules）的全称是《修改统一提单若干法律规定的国际公约议定书》（Protocol to Amend the International Convention for the Unification of Certain Rules of Law Relating to Bills of Lading），因该议定书的准备工作在瑞典的维斯比完成而得名。

《维斯比规则》并未对《海牙规则》的基本原则作出实质性修改，只是提高了货物损害赔偿的最高限额，明确了集装箱和托盘运输中计算赔偿的计量单位，扩大了公约的适用范围，并对船舶承运人的责任和义务进行了详细的规定，包括货物损坏、延误和丢失等方面的责任。《维斯比规则》故常与《海牙规则》一起，称为《海牙–维斯比规则》。

（3）《汉堡规则》。

《汉堡规则》（The Hamburg Rules）的全称是《1978年联合国海上货物运输公约》（United Nations Convention on the Carriage of Goods by Sea，1978）。《汉堡规则》于1978年3月在汉堡举行的联合国大会上通过，有71个国家的全权代表参加，1992年11月正式生效。

《汉堡规则》将《海牙规则》中偏袒承运人的17项免责条款全部废除，对承运人的责任期间、赔偿责任、责任限额等作了重大调整和修改，在较大程度上保护了货方的利益。修改的主要内容归纳如下：

将"活牲畜"和"甲板货"包括在"货物"范围之内。

规定承运人的责任期间为"港至港"，即对货物从装运港至卸货港的全部期间负责。

规定承运人的责任包括延迟交货在内，免除了《海牙规则》中承运人的17项免责条款。

对承运人赔偿责任的限额作了调整。

承运人既要对管理货物的过失负责，又要对驾驶和管理船舶的过失负责。

提出诉讼和仲裁的时限为2年（《海牙规则》的时限为1年）。

5.海运提单的分类

海运提单可从不同的角度进行分类，主要有以下类别：

（1）已装船提单 VS.备运提单。

按照货物装船情况不同，提单可分为已装船提单和备运提单。

已装船提单（on board B/L 或 shipped B/L）是指承运人在货物已经装上指定船舶后所签发的提单。已装船提单必须以文字表明货物已装上或已装运于某具名船只，提单签发日期即装船日期。出口业务大都要求提供已装船提单。这是因为，凡已装上船的货物，既不会在装运港再卸下，也不会改装其他船只，这对收货人来说，有按时收货的保证。

备运提单（received for shipment B/L）又称收讫待运提单，是指承

运人已收到托运货物等待装运期间所签发的提单。在签发备运提单的情况下，发货人可在货物装船后凭以换取已装船提单；也可经承运人或其代理人在备运提单上批注货物已装上某具名船舶及装船日期，并签署后使之成为已装船提单。

根据UCP600第20条对提单的描述，提单需要有货物已装船日期的（装船）批注。已装船提单和备运提单的比较见表3-1。

表3-1　　　　　　　　　　已装船提单和备运提单的比较

	已装船提单 on board B/L	备运提单 received for shipment B/L
签发提单时	货物已装载到船上	承运人已收到货物，但没有将货物装载到船上
特征	契约文句的开头是shipped on board 或加盖on board 戳记	契约文句的开头是received；如果加盖on board 戳记，则变成已装船提单
是不是货物所有权凭证	是	否

（2）清洁提单 VS.不清洁提单。

按照提单对货物外表状况的描述不同，提单可分为清洁提单与不清洁提单。

清洁提单（clean B/L）是指货物在装船时表面状况良好，承运人在提单上不带有明确宣称货物受损及/或包装有缺陷状况的不良批注的提单。

国际航运公会于1951年提出，允许清洁提单上有下列三种内容的批注：一是批注并未明确地表示货物或包装不能令人满意，如只在提单上批注"旧包装""旧麻袋"等；二是强调承运人对货物或包装性质所引起的风险不负责任，如批注"对货物生锈免责""对货物或包装破碎免责"等；三是否认承运人知悉货物的内容、重量、容积、质量或技术规格。这三项内容，已被大多数国家或组织所接受。清洁提单是收货人收到完好货物的必要条件，也是提单转让的基本条件。

不清洁提单（unclean B/L）是指承运人在签发的提单上带有明确宣

称货物受损及/或包装有缺陷状况的不良批注的提单。例如，提单上有"被雨淋湿""三箱破损""四件玷污"等类似批注。

根据 UCP600 第 27 条关于清洁运输单据的描述，银行只接受清洁运输单据。清洁运输单据指未带有明确宣称货物或包装有缺陷的条款或批注的运输单据。"清洁"一词并不需要在运输单据上出现，即使信用证要求运输单据为"清洁已装船"的。此外，清洁提单也是提单转让时必须具备的基本条件之一。清洁提单和不清洁提单的比较见表 3-2。

表 3-2 　　　　　　　　　　**清洁提单和不清洁提单的比较**

	清洁提单 clean B/L	不清洁提单 unclean B/L
对货物外表 状况的描述	外表状况良好	有"货物包装状况不良""存在缺陷"等批注
特征	契约文句印就 "in apparent outward good order and condition" 之类的字句	在印就的契约文句之外另加批注

（3）记名提单 VS.不记名提单 VS.指示提单。

按照提单的抬头不同，提单可分为记名提单、不记名提单和指示提单。

记名提单（straight B/L）又称"收货人抬头提单"，是指提单的收货人栏内填写特定收货人名称的提单。记名提单只能由该特定收货人用以提货，而不能由托运人通过背书的方式转让给第三者。由于记名提单不能流通，所以，在国际贸易中只在特定情况下使用。

不记名提单（bearer B/L）又称"来人抬头提单"，是指提单的收货人栏内填写"提单持有人"（to bearer）的提单。不记名提单无须背书，单纯交付即可转让。在国际贸易中，不记名提单极少使用。

指示提单（order B/L）是指提单的收货人栏内填写"凭指定"（to order）或"凭××人指定"（to the order of…）字样的提单。"凭指定"和"凭托运人指定"的含义相同，在托运人背书转让前，物权仍属托运人。这种提单经过背书（endorsement）后可以转让，故其在国际贸易中使用最广。背书的方式又有"空白背书"和"记名背书"之分。前者指背书人在提单背面签名，而不注明被背书人名称；后者是指背书人除在提单背面签名外，还列明被背书人名称。记名背书的提单受让人（被背书人）如需再转让，必须再加背书。在国际贸易中，使用最多的是"凭指定"并经空白背书的提单，习惯上称其为"空白抬头、空白背书"提单。

在转让方式上，不记名提单单纯通过交付就可以转让，空白抬头、空白背书提单需通过背书才可以转让；在追索凭证上，不记名提单不能作为追索凭证，空白抬头、空白背书提单可以作为追索凭证。记名提单、不记名提单和指示提单的比较见表3-3。

表3-3 　　　　　　　记名提单、不记名提单和指示提单的比较

	收货人填写	能否转让	实现转让的方式	货物权利人	能否作为追索凭证
记名提单 straight B/L	A	否		A	
不记名提单 bearer B/L	bearer	能	单纯交付无须背书	任何持单人	否
指示提单 order B/L	to order	能	记名背书	确定的被背书人	能
			空白背书	不确定的被背书人＝任何持单人	能

（4）直达提单 VS.转船提单 VS.联运提单。

按照船舶的营运方式不同，提单可分为直达提单、转船提单和联运提单。

直达提单（direct B/L）也称直航提单，是指货物从装运港装船后中途不经换船而直接驶达目的港卸货的提单。直达提单内仅列有装运港和目的港港名，无"中途转船"或"在某港转船"等批注。

转船提单（transshipment B/L）是指在装运港装货的轮船，不直接驶往目的港，而需在中途港换转另外船舶的提单。转船提单有的注明"在××港转船"（with transshipment at ××）字样，也有的仅注明"需经转

船"（with transshipment）。

联运提单（through B/L）是指由承运人或其代理人在货物起运地签发的运往最终目的地并收取全程费用的提单。这种提单用于海陆联运、海河联运或海空联运。它如同转船提单一样，货物在中途转换运输工具时，由第一程承运人或其代理人向下一程承运人办理。联运提单经第一程承运人签发后，后续承运人按照此提单履行义务而不再另外签发提单。

（5）全式提单 VS.略式提单。

按照提单内容的繁简不同，提单可分为全式提单和略式提单。

全式提单（long form B/L）也称繁式提单，是一种背面列有承运人和托运人权利、义务等详细条款的提单。班轮运输采用全式提单。

略式提单（short form B/L）也称简式提单，是指仅载明全式提单正面的必要项目，如船名、货名、标志、件数、重量、装卸港、托运人名称和签单日期等，而略去背面条款的提单。略式提单一般为租船合同项下的提单。为了简化提单备制工作，也存在非租船合同项下的简式提单；船公司将全式提单留存，以备托运人查阅；这种提单上一般印有"各项条款及例外条款以本公司正规的全式提单所印的条款为准"等内容。按照国际贸易惯例，银行可以接受这种简式提单。这种简式提单与全式提单在法律上具有同等效力。

（6）预借提单 VS.倒签提单。

按照提单的签发日期不同，提单可分为预借提单和倒签提单。

预借提单（advanced B/L）指货未装船，承运人预先签发的已装船提单。当采用信用证结汇时，如果信用证规定的装船日期已到期或接近到期，而卖方因故未能及时备妥货物装船或因船期延误影响货物装船，卖方可能会要求承运人先行签发装船提单，以便结汇。这种提单会给承运人带来风险，收货人可以向法庭控告承运人的欺诈行为，因此，承运人应避免签发这种提单。

倒签提单（anti-dated B/L）是指货已装船后签发的提单，但填写的装船日期早于实际装船日期。在实际业务中，由于种种原因，有时不能在信用证规定的装船期内装运，又来不及修改信用证，如仍按实际装船日期签署提单，势必影响结汇，为符合信用证规定，承运人往往应托运人的要求，采用倒签的做法。这种提单与预借提单的签发均属不合法行为，承运人需承担由此产生的风险。

（7）其他类型的提单。

①过期提单（stale B/L），关于过期提单有两种说法：

第一，根据UCP600，提单必须在签发期后21天以内，但不得超过信用证的有效期送交银行议付。**过期提单就是货物装船日21天以后提交给银行的提单。**它使收货人不能及时凭单提货，将造成码头费用、仓租等损失，而且要承担货物遭受火灾、丢失、雨淋等风险。故信用证业务中，银行不接受过期提单。

第二，过期提单指晚于货物到达目的港的提单。这种提单多出现于近洋贸易中。比如，我国沿海城市与日本、韩国之间的贸易，提单寄给进口商至少需要一周的时间，而货物可能3天就到目的港了。因此，近洋国家的贸易合同一般都规定有"过期提单也可接受"（stale B/L is acceptance）的条款。

②**甲板货提单（on deck B/L），又称舱面提单，是指承运人签发的表明货物装运于船舶甲板上的提单。**有些货物如危险品或动物等，只能装在甲板上；有些货物因体积过大或舱位不够而装在甲板上。承运人在签发提单时会加批"货装甲板"字样。货物装在甲板上受损失的风险较大，进口人一般不愿意接受货物装在甲板上的提单。依照《跟单信用证统一惯例》的规定，除非信用证另有规定，银行一般不接收甲板提单。

③**货代提单（house B/L或者forwarder B/L），是指由货代签发的提单**，与之相对的是船东提单（master B/L）。货代就是货运代理，是居于承运人和托运人之间、以揽货为业的货物运输代理人，不是承运人的代理人。货代是替货主代办托运业务、代为报关提货的机构，对货物运输发生的损失不承担责任。它给托运人签发的运输单据，一般在页面上显示"as agent of carrier"的字样，通常是表示根据约定，将货物运至某地的货物收据，不代表物权凭证。货代只对货物在它管辖时承担货物损失责任。

船东提单则显示为as carrier，代表货物所有权凭证。由于货代提单比船东提单的可信度差得多，所以进口商或者进口商的银行对于货代提单不予接受。

6.承运人名称格式与签名格式

UCP600第20条对承运人的名称与签名格式作出规定，原文为：

UCP600 Article 20 Bill of Lading：

a. A bill of lading，however named，must appear to：

i. indicate the name of the carrier and be signed by：

* the carrier or a named agent for or on behalf of the carrier；

* the master or a named agent for or on behalf of the master.

Any signature by the carrier，master or agent must be identified as that of the carrier，master or agent.

Any signature by an agent must indicate whether the agent has signed for or on behalf of the carrier or for or on behalf of the master.

UCP600第20条a款i项的中文译文如下：

UCP600第20条，提单：

a. 提单，无论名称如何，必须看似：

i. 表明承运人名称，并由下列人员签署：

*承运人或其具名代理人；

*船长或其具名代理人。

承运人、船长或代理人的任何签字必须标明其承运人、船长或代理人的身份。

代理人的任何签字必须标明其系代表承运人还是船长签字。

对UCP600第20条a款i项的中文解释如下：

提单正面必须注明承运人名称；

提单正面必须有人签名，签名人可以是承运人、船长或代理人；

签名人的身份必须明确，即他是承运人、船长或代理人；

代理人则要注明他是代表承运人还是船长。

承运人名称的表示有繁式和简式两种方式：

（1）繁式承运人名称：身份＋全称。例如：

carrier

China Ocean Shipping （Group） Co.

（2）简式承运人名称：全称。例如：

Neptune Orient Lines Limited

承运人的名称不能表达为以下两种方式：

（1）缩写名称。例如：

carrier

COSCO

（2）不注明名称，而是表明承运人的业务性质。例如：

intermodal transport operator

提单上的签名非常重要，签名根据签字人的不同而不同，具体格式见表3-4：

表3-4　　　　　　　　　　　　提单签字格式

签字人	繁式承运人名称	简式承运人名称
承运人	承运人全称+签字	承运人全称+身份+签字
承运人的代理人	代理人全称+代理人身份+承运人全称+签字	代理人全称+代理人身份+承运人全称+承运人身份+签字
	代理人全称+代理人身份+承运人全称+承运人身份+签字	
	代理人全称+代理人身份+承运人+签字	
船长	船长头衔+签字	
船长的代理人	代理人全称+代理人身份+船长全名+船长头衔+签字	

7.货物已装船问题和"预期"问题

UCP600第20条对货物已装船问题和"预期"问题做了如下规定：

UCP600 Article 20 Bill of Lading

ii. indicate that the goods have been shipped on board a named vessel at the port of loading stated in the credit by：

*pre-printed wording，or

*an on board notation indicating the date on which the goods have been shipped on board.

The date of issuance of the bill of lading will be deemed to be the date of shipment unless the bill of lading contains an on board notation indicating the date of shipment，in which case the date stated in the on board notation will be deemed to be the date of shipment.

If the bill of lading contains the indication "intended vessel" or similar qualification in relation to the name of the vessel, an on board notation indicating the date of shipment and the name of the actual vessel is required.

UCP600第20条a款第ii项的中文译文如下：

ii. 通过以下方式表明货物已在信用证规定的装运港装上具名船只：

*预先印就的文字，或

*已装船批注注明货物的装运日期。

提单的出具日期将被视为装运日期，除非提单载有表明装运日期的已装船批注，此时已装船批注中显示的日期将被视为装运日期。

如果提单载有"预期船只"或类似的关于船名的限定语，则需以已装船批注明确装运日期以及实际船名。

对UCP600第20条a款第ii项的分析如下：

（1）提单契约文句开头为"shipped on board the vessel named above"，即"货物已装上如上具名的船只"字样，这种提单的签发日期视为装船日期和装运日期。例如：

Shipped on board the vessel named above in apparent good order and condition（unless otherwise indicated）the goods or packages specified herein and to be discharged at the port of discharge or as near thereto as the vessel may safely get and be always afloat.

提单所列货物或包装已装上如上具名的船只，外表状况良好（另有注明者除外），将在卸货港卸货，或在船只可以安全抵达并保持漂浮而离卸货港尽可能靠近之处卸货。

（2）提单契约文句开头为"货物收妥"（received the goods）字样，船公司或其代理人在收到托运人交来的集装箱或收到原包装甚至散装货物时，即签发提单。这种提单必须加盖on board戳记及日期，戳记日期就是装运日期。

（3）如提单"船名"栏有"预期船"（intended vessel）字样，则不论契约文句如何写，都要加盖on board戳记，戳记不仅要有日期，而且要有实际装货船只的船名，即使此船名与预期船船名相同。戳记日期就是装运日期。例如：

intended vessel and voyage No.

　　　　Bremen Express

戳记：

shipped on board per

ocean vessel Bremen Express

at Southampton on 11th NOV. 2022

8.提单的清洁问题

UCP600第27条对提单的清洁问题作了如下规定：银行只接受清洁运输单据。清洁运输单据指未载有明确宣称货物及/或包装有缺陷的条款或批注的运输单据。"清洁"一词并不需要在运输单据上出现，即使信用证要求运输单据为"清洁已装船单据"。

在外贸实践中，以下批注将使运输单据"不清洁"：

（1）contents leaking，货物渗漏。

（2）packaging soiled by contents，货物弄污包装。

（3）packaging broken/holed/torn/damaged，包装破碎/穿孔/撕破/损坏。

（4）packaging contaminated，包装被玷污。

（5）goods damaged/scratched，货物被损坏/被刮擦。

（6）goods chafed/torn/deformed，货物受摩擦/被撕坏/变形。

（7）packaging badly dented，包装严重凹进。

（8）packaging damaged—contents exposed，包装损坏——货物外露。

（9）insufficient packaging，包装不足。

（10）N cases short shipped，N箱短装。

9.全套正本提单

海运提单必须注明所出具的正本的份数，通常是一式三份正本。注明正本份数有下列方式：

注明"第一正本"（first original）、"第二正本"（second original）、"第三正本"（third original）。

注明"正本"（original）、"第二份"（duplicate）、"第三份"

（triplicate）。

其他方式如提单印明"It is void if another document of same tenor and date is accomplished".（如果相同期限和签发日期的另一份提单已经用于提货，则本提单无效），该提单上虽无"正本"字样，但因此句话而表示为正本，必须将此正本提单提交给银行。

在信用证业务中，有时信用证中会出现下列条款："发货后，请立即或在3天内将1/3份正本提单以特快专递的方式直接寄到开证申请人处，并将盖有邮戳的邮政收据或特快专递底联列为随附单据之一随同正本提单、发票一起送交银行议付。" 1/3正本提单是指三份正本提单中的一份正本提单。信用证规定2/3正本提单交给议付行，要求受益人提交证明信证明1/3正本提单已经寄给申请人。这种做法适用于近洋进出口贸易，方便收货人在目的港提货。采用这种方式，收货人可以提早收到海运提单，避免了由于缺少提单造成的提货延误。由于1/3正本提单早已寄给申请人用于提货，议付行收到的两张提单实际上已经失效，议付行丧失了对货物的控制权，不能议付单据，开证行收到单据也无法控制申请人偿付。倘若演变到退单的地步，开证行只能退回2/3的正本提单，受益人将遭受货被申请人提取而未收到货款的风险，故受益人没有把握交来正确单据，不能接受一张正本提单直接寄给申请人的条件。

10.UCP600关于提单的其他规定及注意事项

（1）不可接受的提单。

除非信用证明确要求，银行将不接受舱面提单。但是，运输单据中声明货物可能被装于舱面的条款可以接受。

（2）可以接受的提单。

第一，信用证规定不许转运，但货物装于集装箱、拖车、子母船上，提单上注明"将要发生转运"，只要同一提单包括海运全程运输的提单。

第二，简式或背面空白提单。

第三，含有"托运人装载并计数"（shipper's load and count）或"货物据托运人报称"（said by shipper to contain）文句的提单。

第四，托运人不是信用证受益人的提单。

第五，银行对背面条款不予审核的提单。

（3）不同价格条件下提单的运费提示。

CIF、CFR 条件下提示为：提单必须注明"运费预付"（freight prepaid）或"运费已付"（freight paid）。

FOB、FCA、FAS 条件下提示为：提单通常注明"运费到付"（freight to collect）。

（4）提单表明装运附加货物。

提单表明装运附加货物是指提单中所列的货物超出信用证规定，即托运人多装了货物。对于这种情况，首先，这是一个单证不符的问题；其次，即使附加货物无须付款，却可能因为进口批文的问题，被进口国海关没收，甚至影响整批货物的交付；最后，提单中的货物描述与其他单据不符，即单单不符。因此，银行不能接受这种提单。

（5）唛头。

ICC434 号出版物指出，信用证如规定唛头使用下列短语，则提单上的唛头必须与信用证规定完全一致：

① marking is restricted to（唛头应限于）。

② marking should include（唛头应包括）。

③ only such markings are acceptable（仅此唛头可接受）。

如信用证未作以上说明，银行可以接受任何附加唛头。另外，提单上的唛头必须与其他单据上的唛头完全一致。

（6）分批/分期装运。

如信用证规定"不许分批装运"，而受益人在不同的港口将 2 批以上的货物装运于同一航次的同一船只，取得 2 套以上的提单，只要提单注明的目的地相同，则不视为分批装运，银行接受这种提单。

如信用证规定在指定的时间段内分期支款或分期发运，任何一期未按信用证规定期限支取或发运时，信用证对该期及以后各期均告失效。信用证另有规定者除外。

阅读资料 3-2

记名海运提单造成巨大损失

某年 10 月，广东省某外贸公司与美国某外贸公司签订了圣诞饰品的出口合同。同年五六月间，该公司以信用证结算方式出口了两批货物，交单议付后顺利结汇。11月，该公司又陆续出口了六批货物，考虑到前几次货物出口收汇情况良好，公司选择了付款交单的托收方式结算，金额合计约26万美元。但代收行多次催促，国外客商也不付款赎单。第二年1月，该公司得知货物已被客户凭副本提单提领，于是要求银行退回单据。4月，该公司凭已退回的正本单据向船公司交涉时，遭到拒绝，理由是该提单为记名提单，按照当地惯例，收货人可以不凭正本提单提货。至此，公司款货两空，蒙受了巨大的经济损失。

问：1.什么叫记名提单？其性质如何？

2.从本案中应吸取哪些教训？

分析：

1.海运提单按收货人抬头的不同或者是否可转让分为记名提单、不记名提单和指示提单。记名提单又称"收货人抬头提单"，是指提单上的收货人（consignee）栏内填写特定收货人名称的提单。记名提单只能由该特定收货人用以提货，而不能由托运人通过背书的方式转让给第三者。这种提单只是货物收据和运输合同的证明，不是物权凭证，不能代表货物进行流通转让。按照有些国家的惯例，收货人可以不凭正本提单提货，能证明自己的收货人身份即可。

2.从本案中吸取的教训：第一，要重视对客户的资信调查。国际贸易的风险很大，一定要重视客户的资信调查。本案中进口商资信不佳、经营作风恶劣是导致出口商款货两空的主要因素。第二，妥善选择结算方式。国际贸易中，信用证与托收是两种主要的结算方式。前者属于银行信用，后者属于商业信用。在托收方式下，银行只是代理收款，能否收到货款，完全取决于进口商的信用，银行不承担任何责任。所以，在对进口商的资信不很了解的情况下，应尽量采用信用证结算方式。本案中，该出口商与进口商首次进行贸易往来时，采用了信用证方式结算，收汇比较顺利，但在之后的货物出口中，盲目乐观，采用了托收方式，造成了收汇风险。第三，选择恰当的提单类型。提单抬头决定了海运提单的性质和物权的归属，而能否控制物权对于保障出口商货款安全，具有极其重要的作用。本案中，出口商忽视了提单抬头对提单性质的影响，盲目采用记名提单，失去了对物权的控制，使进口商得以既不付款赎单，同时又提领了货物，从而导致自身货款两空。

3.1.2 空运单

空运单（air way bill）是指承运货物的航空承运人（航空公司）或其代理人，在收到承运货物并接受托运人的空运要求后，签发给托运人的货物收据。空运单与海运提单的主要区别之一就是，空运单不是代表货物所有权的凭证，不能通过背书进行转让，也不以交出提单作为提货的条件。

1.空运单的性质和作用

空运单也是货物收据，在发货人将货物发运后，承运人或其代理人就会将其中一份空运单交给发货人（即发货人联），作为已经接收货物的证明。除非另外注明，它是承运人收到货物并在良好条件下装运的证明。

空运单不仅证明航空运输合同的存在，而且空运单本身就是发货人与航空运输承运人之间缔结的货物运输合同，在双方共同签署后产生效力，并在货物到达目的地交付给运单上所记载的收货人后失效。

空运单还可以作为承运人核收运费的依据和海关查检放行的基本单据。但是，空运单不是代表货物所有权的凭证，也不能通过背书转让。收货人提货不是凭空运单，而是凭航空公司的提货通知单。在空运单的收货人栏内，必须详细填写收货人的全称和地址，而不能做成指示性抬头或不记名抬头。空运单和海运提单的比较见表3-5。

表3-5　　　　　　　　　空运单与海运提单的比较

比较项目	空运单	海运提单
是否是货物所有权凭证	否	是
抬头方式	记名抬头	记名抬头
		不记名抬头（来人抬头）
		指示性抬头
能否转让	否	不记名抬头和指示性抬头的提单可以转让

2.空运单的主要内容

图3-6是一张空运单。

999—00000112

Shipper's Name and Address KRUGMAN IMPORT & EXPORT CORPORATION NO.25,THE FIFTH AVENUE, CBD OF MELBOURNE,AUSTRALIA TEL:033-93838393	Shipper's account number	Not Negotiable Air Waybill Issued by UTI(HK)LIMITED 14/FLOOR COL TOWER,WORLD TRADE SQUARE, 123 HOI BUN ROAD,KWUN TONG,KOWLOON,H.K TEL:2751 8380 FAX:2795 4849

Copies 1、2 and 3 of this Air Waybill are originals and have the same validity

Consignee's Name and Address JAPAN SAKURA IMPORT & EXPORT CO.,LTD. NO.165 SHANHE ROAD IN OSAKA CITY TEL:76874563	consignee's account number	It is agreed that the goods described herein are accepted in apparent good order and condition (except noted) for carriage SUBJECT TO THE CONDITIONS OF CONTRACT ON THE REVERSE HEREOF. ALL GOODS MAY BE CARRIED BY ANY OTHER MEANS INCLUDING ROAD OR ANY OTHER CARRIER UNLESS SPECIFIC CONTRARY INSTRUCTIONS ARE GIVEN HEREON BY THE SHIPPER, AND SHIPPER AGREES THAT THE SHIPMENT MAY BE CARRIED VIA INTERMEDIATE STOPPING PLACES WHICH THE CARRIER DEEMS APPROPRIATE. THE SHIPPER'S ATTENTION IS DRAWN TO THE NOTICE CONCERNNING CARRIER'S LIMITATION OF LIABILITY. Shipper may increase such limitation of liability by declaring a higher value of carriage and paying a supplemental charge if required.

Issuing Carrier's Agent Name and City INTERNATIONAL TRANSPORTATION CO.,LTD.	Accounting Information INTERNATIONAL TRANSPORTATION CO.,LTD.

Agent's IATA Code 25-41245/4487	Account No.

Airport of Departure(Addr. of First Carrier)and Requested Routing

MELBOURNE,AUSTRALIA

to	vy First Carrier		to	by	to	by	Currency USD	WT/VAL		Other		Declared Value for Carriage NVD	Declared Value for Customs NVC
								PPD XX	COLL	PPD XX	COLL		

Airport of Destination NAGOYA,JAPAN	Flight/Date CZ3103	Flight/Date 2022-07-03	Amount of Insurance

Handling Information

No. of Pieces RCP	Gross Weight	kg lb	Rate Class	Chargeable Weight	Rate	Total	Nature and Quantity of Goods (incl. Dimensions or Volume)
			Commodity Item No.		Charge		
25	5.25	KG	M	5.25		689.30	18K PENDANT NECKLACE VOLUME:0.031,CBM

Prepaid 689.30	Weight Charge	Collect	Other Charges CHARGES INCLUDED. ** AWA 5.25
Valuation Charge			CHC 14.50
Tax			

Total Other Charges Due Agent 5.25	Shipper certifies that the particulars on the face hereof are correct and that insofar as any part of the consignment contains dangerous goods,such part is properly described by name and is in proper condition for carriage by air according to the applicable Dangerous Goods Regulations.
Total Other Charges Due Carrier 14.50	Signature of Shipper or Its Agent

Total Prepaid 709.05	Total Collect	2022-07-03 NAGOYA
Currency Conversion rates	Charges in Dest. Currency	Executed on （Date） at （Place） Signature of Issuing Carrier or its Agent
For Carrier's Use only at Destination	Charges at Destination	Total Collect Charges **KRUGMAN EXPORT & IMPORT CORPORATION**

图3-6　空运单

如图 3-6 所示的空运单，其基本内容需要注意以下几点：

托运人（shipper）：填制托运人姓名（名称）、地址、国家（或国家两字代号）以及托运人的电话、传真、电传号码；shipper's account number（托运人账号）：此栏不需要填写，除非承运人要求，这一栏通常填写出口商的信息。

收货人（consignee）：填写收货人姓名（名称）、地址、国家（或国家两字母代号）及收货人的电话、传真、电传号码；consignee's account number（收货人账号）：此栏仅供承运人使用，一般不需要填写，除非最后的承运人需要。因为空运单不是物权凭证，因此不用像提单那样写"to order"，通常写进口商信息。

运输路线（routing）：始发站机场（airport of departure），此栏填写始发站机场或所在城市（始发站机场与所在城市使用相同代码）的名称，以及所要求的运输路线。目的站机场（airport of destination），填写最后承运人的目的地机场全称（如果该城市有多个机场，不知道机场名称时，可用城市全称）。

运费（charges）：wt/val 航空运费（根据货物计费重量乘以适用的运价收取的运费）和声明的价值附加费的预付和到付。

供运输用声明价值（declared value for carriage）：打印托运人就货物运输声明的价值金额。NVD（no value declared），即没有申明价值。如果托运人没有声明价值，此栏必须打印"NVD"字样。

供海关用声明价值（declared value for customs）：打印货物或通关时所需的商业价值金额；如果货物没有商业价值，此栏必须打印"NCV"，字样。NCV（no commercial value），即没有商业价值。

保险金额（amount of insurance）：如果承运人向托运人提供代办货物保险业务，此栏打印托运人货物投保的金额；如果承运人不提供此项服务或托运人不要求投保，此栏内必须打印"×××"符号。

货物运价细目（consignment rating details）：一票货物中如含有两种或两种以上不同运价类别计费的货物，应分别填写。每填写一项另起一行，如果含有危险品，则该危险货物应列为第一项。

件数/运价组合点（no. of pieces Rcp）：货物件数。

运价等级（rate class），根据需要打印下列代号：

M——最低运费（minimum charge）;

N——45千克以下运价（normal rate）;

Q——45千克以上运价（quantity rate）;

C——指定商品运价（specific commodity rate）;

R——等级货物附减运价（class rate reduction）;

S——等级货物附加运价（class rate surcharge）;

U——集装化设备基本运费或运价（unit load device basic charge or rate）;

E——集装化设备附加运价（unit load device additional rate）;

X——集装化设备附加说明（unit load device additional information）;

Y——集装化设备折扣（unit load device discount）。

其他费用（other charges）：打印始发站运输中发生的其他费用，按全部预付或全部到付；作为到付的其他费用，应视为"代垫付款"。托运人应按代垫付款规定支付手续费，否则，对其他费用应办理到付业务；打印"其他费用"金额时，应冠以下列代号：

AC（animal container）——动物容器租费;

AS（assembly service fee）——集中货物服务费;

AT（attendant）——押运员服务费;

AW（air waybill）——货运单费;

BR（bank release）——银行放行费;

DB（disbursement fee）——代垫付款手续费;

DF（distribution service）——分发服务费;

FC（charges collect fee）——运费到付手续费;

GT（government tax）——政府捐税;

HR（Human Remains）——尸体、骨灰附加费;

IN（insurance premium）——代办保险服务费;

LA（live animals）——动物处理费;

MA（miscellaneous-due agent）——代理人收取的杂项费用;

MZ（miscellaneous due carrier）——填开货运单的承运人收取的杂项费用;

PK（packaging）——包装服务费;

RA（dangerous goods surcharge）——危险品处理费；

SD（surface charge destination）——目的站地面运输费；

SI（stop in transit）——中途停运费；

SO（storage origin）——始发站保管费；

SR（storage destination）——目的站保管费；

SU（surface charge）——地面运输费；

TR（transit）——过境费；

TX（taxes）——捐税；

UH（ULD handling）——集装设备操作费。

此外，承运人收取的其他费用用"C"表示；代理人收取的其他费用用"A"表示。例如，AWC 为承运人收取的货运单费；AWA 为代理人收取的货运单费。

3.承运人名称格式及签字格式

UCP600 第 23 条 a 款 i 项，对空运单的承运人名称格式及签字格式表述如下：

a.空运单据，无论名称如何，必须看似：

i.表明承运人名称，并由下列人员签署：

*承运人；

*承运人的具名代理人。

承运人或其代理人的任何签字必须标明承运人或其代理人的身份。

代理人签字必须标明其系代表承运人签字。

对 UCP600 第 23 条 a 款 i 项解读如下：

空运单正面必须注明承运人名称，并且由承运人或其具名代理人签名。签名人的身份必须可以识别（他是承运人或代理人）；如果签名人是代理人，则要注明他的签名是代表承运人。空运单签字格式归纳见表 3-6。

4.空运单的装运日期

UCP600 第 23 条 a 款第 iii 项，对空运单的装运日期的表述如下：

UCP600 Article 23 Air Transport Document

iii. Indicate the date of issuance. This date will be deemed to be the date of shipment unless the air transport document contains a specific notation of the actual date of shipment, in which case the date stated in the notation will be deemed to be the date of shipment.

Any other information appearing on the air transport document relative to the flight number and date will not be considered in determining the date of shipment.

表 3-6   空运单签字格式

签字人	繁式承运人名称	简式承运人名称
承运人	承运人全称+签字	承运人全称+身份+签字
承运人的代理人	代理人全称+代理人身份+承运人全称+签字	代理人全称+代理人身份+承运人全称+承运人身份+签字
	代理人全称+代理人身份+承运人全称+承运人身份+签字	
	代理人全称+代理人身份+承运人+签字	

UCP600第23条 a 款第 iii 项的译文如下：

iii 表明出具日期。该日期将被视为发运日期，除非空运单有专门批注注明实际发运日期，此时批注中的日期将被视为发运日期。

空运单据中与其他航班号和航班日期相关的信息将不被用来确定发运日期。

3.1.3 其他运输单据

除了海运提单和空运单外，国际贸易运输单据还包括铁路运输单据和国际多式联运单据。

1.铁路运输单据

铁路运输可分为国际铁路联运和国内铁路运输两种方式，前者使用国际铁路联运运单，后者使用承运货物收据。通过铁路对港、澳出口的货物，由于国内铁路运单不能作为对外结汇的凭证，故使用承运货物收据这种特定性质和格式的单据。

国际铁路联运运单是国际铁路联运的主要运输单据，是参加联运的

发送国铁路与发货人之间订立的运输契约，其中规定了参加联运的各国铁路和收、发货人的权利和义务。它对收、发货人和铁路都具有法律约束力。当发货人向始发站提交全部货物，并付清应由发货人支付的一切费用，经始发站在运单和运单副本上加盖始发站日期戳记，证明货物已被接妥承运后，即认为运输合同已经生效。

运单正本随同货物到达终到站，并交给收货人。它既是铁路承运货物出具的凭证，也是铁路与货主交接货物、核运杂费和处理索赔与理赔的依据。运单副本与运输合同缔结后交给发货人，是卖方凭以向收货人结算货款的主要证件。

承运货物收据（cargo receipt）是在特定运输方式下所使用的一种运输单据。它既是承运人出具的货物收据，也是承运人与托运人签订的运输契约。我国内地通过铁路运往港澳地区的出口货物，多委托中国对外贸易运输公司承办。当出口货物装车发运后，对外贸易运输公司即签发一份承运货物收据给托运人，以作为其对外办理结汇的凭证。此外，承运货物收据还是收货人凭以提货的凭证。

承运货物收据的实际内容和海运提单基本相同，主要区别是它只有第一联为正本。在该正本的反面印有"承运简章"，载明了承运人的责任范围。该简章第二条规定由该公司承运之货物，在铁路、轮船、公路、航空及其他运输机构范围内，应根据各机构的规章办理。可见，这种"承运货物收据"不仅适用于铁路运输，也适用于其他运输方式。

2.国际多式联运单据

国际多式联运单据（multimode transport document，M. T. D. 或 combined transport document，C.T.D.），是证明国际多式联运合同以及证明多式联运经营人接管货物，并负责按照合同条款交付货物的单据。它是适应国际集装箱运输需要而产生的，在办理国际多式联运业务时使用。国际多式联运单据也称为国际多式联运提单（multimode transport B/L）。

国际集装箱多式联运经营人在接收集装箱货物时，应由本人或其授权人签发国际集装箱多式联运单据。国际多式联运单据并不是多式联运合同，而只是国际多式联运合同的证明，同时是多式联运经营人收到货物的收据和凭其交货的凭证。根据我国于1997年10月1日施行的《国际集装箱多式联运管理规则》，国际集装箱多式联运单据（以下简称"多式联运单据"）是指证明多式联运合同以及多式联运经营人接管集装箱货物并负责按合同条款交付货物的单据，该单据包括双方确认的取代纸张单据的电子数据交换信息。

对于多式联运单据的记载内容，《联合国国际货物多式联运公约》以及我国的《国际集装箱多式联运管理规则》都作了具体规定。根据我国《国际集装箱多式联运管理规则》的规定，多式联运单据应当载明下列事项：

（1）货物名称、种类、件数、重量、尺寸、外表状况、包装形式。

（2）集装箱箱号、箱型、数量、封志号。

（3）危险货物、冷冻货物等特种货物应载明其特性、注意事项。

（4）多式联运经营人的名称和主营业所。

（5）托运人名称。

（6）多式联运单据表明的收货人。

（7）接收货物的日期、地点。

（8）交付货物的地点和约定的日期。

（9）多式联运经营人或其授权人的签字及单据的签发日期、地点。

（10）交接方式、运费的支付、约定的运达期限、货物中转地点。

（11）在不违背我国有关法律、法规的前提下，双方同意列入的其他事项。

当然，缺少上述事项中的一项或数项，并不影响该单据作为多式联运单据的法律效力。

《联合国国际货物多式联运公约》对多式联运单据所规定的内容与上述的管理规则基本相同，只是公约中还规定了多式联运单据应包括下列内容：①表示该多式联运单据为可转让或不可转让的声明；②如在签发多式联运单据时已经确知，预期经过的路线、运输方式和转运地点等。

多式联运单据分为可转让的和不可转让的。根据《联合国国际货物多式联运公约》的要求，多式联运单据的可转让性在其记载事项中应有规定。

可转让的多式联运单据具有流通性，可以像提单那样在国际货物买卖中扮演重要角色。《联合国国际货物多式联运公约》规定，多式联运单据以可转让方式签发时，应列明是按指示交付还是向持票人交付：如列明按指示交付，须经背书后转让；如列明向持票人交付，无须背书即可转让。此外，如签发一套一份以上的正本，应注明正本份数；如签发任何副本，每份副本均应注明"不可转让副本"字样。对于签发一套一份以上的可转让多式联运单据正本的情况，如多式联运经营人或其代表已正当按照其中一份正本交货，该多式联运经营人便已履行其交货责任。

不可转让的多式联运单据没有流通性。多式联运经营人凭单据上记载的收货人而向其交货。按照《联合国国际货物多式联运公约》的规定，多式联运单据以不可转让的方式签发时，应指明记名的收货人。同时，公约还规定，多式联运经营人将货物交给此种不可转让的多式联运单据所指明的记名收货人或经收货人通常以书面正式指定的其他人后，该多式联运经营人即已履行其交货责任。

对于多式联运单据的可转让性，我国的《国际集装箱多式联运管理规则》也有规定。根据该规则，多式联运单据的转让依照下列规定执行：

（1）记名单据：不得转让。

（2）指示单据：经过记名背书或者空白背书转让。

（3）不记名单据：无须背书，即可转让。

3.2 保险单据

3.2.1 保险单据的定义和作用

保险单据是保险公司对被保险人签发的承保证书，也是双方之间订立保险合同的证据。在国际贸易中，当被保险货物遭受损失时，保险单据是被保险人索赔的主要依据，也是保险公司理赔的主要依据。提单用于货物所有权的转让，保险单用于货物保障权的转让，所以，在货物出险后，只有在同时掌握提单和保险单据的情况下，才是真正掌握了货权。此外，在CIF、CIP等价格条件下，保险单据又是卖方向买方提供的出口单据之一。在信用证业务中，保险单据也是受益人向进口商银行提交的重要单据之一。

3.2.2　保险单据的基本当事人

1.保险人

保险人（insurer）是经营保险业务的当事人，有取得保险费的权利，有根据承保范围给予赔偿的义务。以保险人身份经营保险业务的机构或个人有：

（1）保险公司（insurance company）：以公司名义注册的保险经营组织。

（2）保险商（underwriter）：个体保险经营人，英国特有。

（3）保险代理（insurance agent）：保险公司通过签订代理协议聘请的机构，代办检验、批改保单等业务。

（4）保险经纪人（insurance broker）：代理被保险人投保、赚取佣金的中间人。

根据《中华人民共和国保险法》的规定，在我国经营商业保险业务，必须是依法设立的保险公司，其他单位和个人不得经营商业保险业务。因此，在我国的保险合同中，所谓保险人，就是指依法经营保险业务的保险公司，属于企业法人。

2.被保险人

被保险人（insured）是指其财产或人身受保险合同保障，当保险事故发生或保险期满时享有保险金请求权的人。当投保人为自己的利益订立保险合同时，投保人就是被保险人，二者是同一人。投保人还可以通过背书将请求赔偿的权利转让给他人。在CIF条件下，由出口商投保，然后对保单进行背书，将请求赔偿的权利转让给进口商或者进口商银行；在FOB、CFR条件下，由买方投保，被保险人填写进口商名称。

3.2.3　保险单的基本内容

保险单既然是保险人与被保险人订立保险合同的正式书面证明，其记载的内容是合同双方履约的依据，那么保险单就必须明确、完整地记载保险合同双方当事人的权利、义务及责任。保险单的基本内容包括正面的记载事项和背面的保险条款。图3-7是一张保险单的正面内容。

INTERNATIONAL INSURANCE COMPANY

Certificate of Marine Insurance

POLICY

NO.:1030000062

INVOICE NO.: IV0000085

CONTRACT NO.: YJX1054

L/C NO.: 002/0000018

INSURED: COSCO INTERNATIONAL TRADE CO.,LTD.

THE COMPANY, AT THE REQUEST OF THE INSURED AND IN CONSIDERATION OF THE AGREED PREMIUM PAID TO THE COMPANY BY THE INSURED, UNDERTAKES TO INSURE THE UNDERMENTIONED GOODS IN TRANSPORTATION SUBJECT TO THE CONDITIONS OF THIS POLICY AS PER THE CLAUSE PRINTED OVERLEAF AND OTHER SPECIAL CLAUSES ATTACHED HEREON.

MRAKS&NOS.	QUANTITY	DESCRIPTION OF GOODS	AMOUNT INSURED
COSCO TRADE STEERING COLUMN C/NO.1-850 MADE IN AUSTRALIA	850CARTONS	STEERING COLUMN MODEL:02023-1171, PACKING:10PCS PER CARTON FRIGHT PREPAID TOTAL:USD297 500	USD327 250

TOTAL AMOUNT INSURED: USD THREE HUNDRED TWENTY SEVEN THOUSAND TWO HUNDRED FIFTY ONLY

PREMIUM: AUD 2 783.76   DATE OF COMMENCEMENT:2022-06-25

FROM: MELBOURNE,AUSTRALIA   VIA   TO: CAPETOWN, SOUTH AFRICA

PER CONVEYANCE: COSCO NAPOL

CONDITIONS:

COVERING ALL RISKS, OCEAN MARINE CARGO CLAUSES, INSTITUTE WAR CLAUSE, INSTITUTE STRIKES CLAUSES.

IN THE EVENT OF ACCIDENT WHEREBY LOSS OR DAMAGE MAY RESULT IN A CLAIM UNDER THIS POLICY,IMMEDIATE NOTICE APPLYING FOR SURVEY MUST BE GIVEN TO THE COMPANY'S AGENT AS MENTIONED HEREUNDER. CLAIMS,IF ANY,ONE OF THE ORIGINAL POLICY WHICH HAS BEEN ISSUED IN 3 ORIGINAL(S)TOGETHER WITH THE RELEVANT DOCUMENTS SHALL BE SURRENDERED TO THE COMPANY. IF ONE OF THE ORIGINAL POLICY HAS BEEN ACCOMPLISHED,THE OTHERS TO BE VOID.

CLAIM PAYABLE AT   CAPETOWN   INTERNATIONAL INSURANCE COMPANY

ISSUING DATE   2022-06-20   Authorized Signatory

图 3-7　保险单正面内容

银行在审查保险单的时候，需要注意以下几个方面：

1. 保险单号码

保险单号码（policy no.）需要填写，该号码由保险公司根据自己的业务习惯自行编制，没有统一的规则。但该号码一经编制，就成为保险单的识别号码，特别是如果发生索赔，该号码将成为重要的资料。

2. 被保险人

如果信用证没有特殊规定，保险单中的被保险人栏应该填写信用证中的受益人或贸易合同中卖方的具体名称。在国际贸易实践中，大部分出口货物由出口公司办理保险，因此该栏目一般填写出口企业的名称。

信用证要求保险单为 to order of ×× Bank 或 in favor of ×× Bank 时，应在被保险人栏填写"出口公司名称+Held to order of ×× Bank（或 in favor of ×× Bank）"。

信用证如有特殊要求，所有单据以××为抬头人，那么被保险人栏应填写××被保险人，这种保险单就不能背书了。

如果信用证规定保险单抬头为第三者名称，即中性名义，可打印或填写"被保险利益人"，即"to whom it may concern"。

如果信用证规定保单为空白抬头（to order），则被保险人名称应填写"the applicant+出口公司名称，for the account of whom it may concern"。

3. 保险金额

保险金额（amount insured）一般按照发票金额加一成填写，最终以双方商定的比例计算而成。对总值的理解，各地区各银行不一致，一般以扣除贸易折扣后的净值为基础，扣除的其他费用均不能在保险总值中减除。如果信用证规定"gross invoice value or full invoice value"，即使发票中扣除贸易折扣，也要以毛额为计算基础。

4. 承保险别

出口公司只需要在副本上填写该栏目的内容。当全套单据填好交给保险公司审核、确认时，才由保险公司把具体内容填写到保险单的正本上。

根据 UCP600 第 28 条的规定：保险单的险别必须符合信用证所规定的险别。因此，应严格按照信用证规定的险别投保，并且为了避免混乱和误解，最好按信用证规定的顺序填写。如果信用证规定的投保含义不明确，如"通常险"（usual risks）或"惯常险"（customary risks），银行可按照所提交的保险单据填写的险别，予以接受，对未投保的任何险别不予负责。如果信用证未规定应投保的险别，银行将按提交的保险单据予以接受，对未投保的任何险别不予负责。

遇到信用证规定的险别超出了合同规定，或成交价格为 FOB 或 CFR，应由买方保险，但信用证规定由卖方保险等情况时，应与买方交涉，在买方同意支付额外保险费的情况下，应按信用证规定的险别投保；否则，应要求取消此条款。

如果信用证规定使用伦敦保险协会条款，包括修订前的或修订后的，根据中国人民保险公司的现行做法，可以按信用证规定承保，保险单应按要求填制。

如果信用证要求投保转船险或无限转船险（unlimited transshipment risk），即使直达提单也必须按规定保险，以防在运输途中由于特殊原因强迫或被迫转船而使货物受损。

如果信用证未规定"不计免赔率"（irrespective of percentage），则保险单内可以加注免赔率条款。投保的险别除注明险别名称外，还应注明险别适用的文本及日期。在实际业务中，有些文句可采用略写的形式。

5. 运输标记及号码

与提单相同，保险单的运输标记及号码（marks & nos.）也可以填写"as per invoice no."。但如果信用证规定所有单据均要显示运输标志，则应按实际唛头缮制。

6. 保险总金额

保险总金额（total amount insured）以大写的形式填入。计价货币也应以全称形式填入。注意：保险金额使用的货币应与信用证使用的货币一致，保险总金额大写应与保险金额的阿拉伯数字一致。

7. 保费

保费（premium）一般已由保险公司在保险单印刷时印就"as arranged"字样，出口公司在填写保险单时无须填写。

8. 装载工具

保险单上需填写装载船的船名。当运输由两程运输完成时，应分别填写一程船名和二程船名。

9.开航日期

开航日期一般填写提单签发日期，也可填写提单签发日前后各5天之内任何一天的日期或填写"as per B/L"。

10.赔付地点

通常将目的地作为赔付地点，将目的国名称填入该栏。如果买方指定理赔代理人，理赔代理人必须在货物到达目的港的所在国内，以便于到货后检验。赔款货币一般为投保额相同的货币。

11.保险单签发日期

由于保险公司提供仓至仓（warehouse to warehouse）服务，所以要求保险手续在货物离开出口方仓库前办理。保险单的日期也应是货物离开出口方仓库前的日期，至少应早于提单签发日期。UCP600第28条规定，保险单日期不得晚于发运日期，除非保险单表明保险责任不迟于发运日生效。

3.2.4　保险单据的类别

1.保险单

保险单（insurance policy），又称大保单，是保险合同成立之后保险人签发的证明文件，是保险合同中最重要的书面形式。 保险单包括正面内容和背面条款，载明当事人双方在法律上的权利、义务和责任，是完整的承保形式，具有法律效力，对双方当事人均有约束力。图3-5就是一张大保单。

海上保险单最常用的形式有货物保险单、船舶保险单、运费保险单、船舶所有人责任保险单等。其内容除载明被保险人、保险标的（如是货物填明数量及标志）、运输工具、险别、起讫地点、保险期限、保险价值和保险金额等项目外，还附有有关保险人责任范围以及保险人和被保险人的权利、义务等方面的详细条款。当事人双方需要对保险单上所规定的权利和义务进行增补或删减时，可在保险单上加贴条款或加注字句。保险单是被保险人向保险人索赔或上诉的正式文件，也是保险人理赔的主要依据。保险单可转让，通常是被保险人向银行押汇的单证之一。在信用证业务中，保险单是出口商必须向进口商的银行提供的单据。

2.保险凭证

保险凭证（insurance certificate）又称小保单，是保险人签发给被保险人，证明货物已经投保和保险合同已经生效的文件。小保单是一种简化的保险单据，正面内容与大保单相同，但背面没有保险条款，表明按照保险人正式保险单上所载的条款办理。小保单与大保单具有同等的法律效力，但在信用证规定提交保险单时，一般不能提交保险单的简化形式。近年来，为实现单据规范化，不少保险公司已废除了此类保险凭证。

3.预约保单

预约保单（open policy）又称开口保单（open cover）、总保单、统保单，是保险公司与被保险人之间订立的长期性的保险合同。预约保单确定了总保险的货物范围、险别、费率、责任、赔款处理等条款，凡属合同约定的运输货物，一经起运，即自动按预约保单所列条件承保。但被保险人在获悉每批货物起运时，应立即以起运通知书或其他书面形式将该批货物的名称、数量、保险金额、运输工具的种类和名称、航程起讫地点、开航日期等情况通知保险公司。

4.暂保单

暂保单（cover note）是保险单或保险凭证签发之前，保险人发出的临时单证。暂保单既不是保险合同的凭证，也不是保险合同订立的必经程序，内容较为简单。出具暂保单时，货物数量、保险金额、船名等尚未确定；仅表明投保人已经办理了保险手续，并等待保险人出立正式保险单。在 FOB 或 CFR 条件下，保险人在收到被保险人的装船通知后才签发正式保险单。暂保单主要针对货物起运到签发正式保单这一时段的风险。

保险人和保险经纪人都可以出具暂保单。经纪人出具的暂保单不具有保险单的作用，保险人对经纪人出具的暂保单不负法律责任。

阅读资料3-3

海洋运输货物保险险别

我国现行的《海洋运输货物保险条款》是由中国人民保险公司于1981 年 1 月 1 日修订实施的。其承保的险别可以分为基本险、附加险和专门险三大类。每一险别一般均包括责任范围、除外责任、保险期限、被保人义务和索赔期限等内容。

1.海洋运输货物保险基本险的责任范围

基本险，又称为主险，是指可以单独投保，不必依附于其他险种的险别。我国现行的《海洋运输货物保险条款》中所规定的海运货物基本险有三种：平安险、水渍险和一切险。

（1）平安险。

平安险是我国保险公司习惯使用的险别名称，在三种基本险险种中承保的范围最小，其英文是"free from particular average，F.P.A."，原意是指"单独海损不负责赔偿"，即仅对全部损失和共同海损负责赔偿。随着国际保险业对平安险的不断修订和补充，平安险的承保范围已与原意不完全相符，保险人对由意外事故等原因所造成的单独海损也负责赔偿。

（2）水渍险。

水渍险也是我国保险业习惯使用的险别名称，该险别比平安险的承保范围要大。水渍险的英文是"with particular average，W.P.A."，原意是"单独海损负责赔偿"。这和其承保责任是基本一致的，但中文名称与其内涵不符，因为（水渍险）对货物在运输途中发生的由淡水或雨淋引起的水渍损失，保险人并不予以负责。

（3）一切险。

一切险是三个基本险别中责任范围最大的险种，英文名称是"all risks"。根据现行的《海洋运输货物保险条款》的规定，一切险除包括平安险和水渍险的各项责任外，还包括货物在运输途中由于一般外来原因所造成的风险和损失。

2.海洋运输货物保险的附加险

附加险是基本险的扩展，它不能单独投保，而必须在投保主险的基础上加保，承保的是外来风险造成的损失。根据承保风险的不同，附加险又可以分为一般附加险、特殊附加险和特别附加险。

（1）一般附加险。

一般附加险（general additional risks）负责赔偿一般外来风险所导致的损失，我国《海洋运输货物保险条款》所规定的一般附加险有11

种，其条款内容十分简单，一般只规定承保的责任范围，具体为：

a. 偷窃、提货不着险（theft，pilferage and non-delivery）；

b. 淡水雨淋险（fresh water and/or rain damage clause）；

c. 短量险（shortage clause）；

d. 混杂、玷污险（risk of intermixture and contamination）；

e. 渗漏险（leakage clause）；

f. 碰损、破碎险（clash and breakage clause）；

g. 串味险（taint of odour clause）；

h. 受潮、受热险（sweating and heating clause）；

i. 钩损险（hook damage clause）；

j. 锈损险（rust clause）；

k. 包装破裂险（breakage of packing clause）。

（2）特殊附加险。

特殊附加险（specific additional risks）主要承保战争险和罢工险。

a. 海洋运输货物战争险（ocean marine cargo war risks）；

b. 罢工险（strike clause）。

（3）特别附加险。

特别附加险（special additional risks）所承保的风险大多与国家的行政措施、政策法令、航海贸易习惯有关。它并不包含在基本险中，必须另行加以投保才能够获得保障。特别附加险主要有以下6种：

a. 交货不到险（failure to deliver clause）；

b. 进口关税险（import duty clause）；

c. 舱面险（on deck clause）；

d. 拒收险（rejection clause）；

e. 黄曲霉素险（aflatoxin clause）；

f. 出口货物到香港（包括九龙在内）或澳门存仓火险责任扩展条款（fire risk extension clause for storage of cargo at destination Hong Kong, including Kowloon or Macao，F.R.E.C.）；

3. 海洋运输货物其他专门保险条款

（1）海洋运输冷藏货物保险条款（ocean marine insurance clause (frozen products)）；

（2）海洋运输散装桐油保险条款（ocean marine insurance clause（woodoil bulk））；

（3）卖方利益险（contingency insurance clause（cover seller's interest only））。

4.英国《协会货物条款》

英国是近代世界海上保险的中心，在国际海上贸易界、运输界和保险界有着重要地位。因而，伦敦保险同业协会所制定的海洋运输货物保险条款在国际范围内影响深远，我国与其他国家进行交易的时候，有时也采用该系列条款。

为适应国际海上航运事业的发展，伦敦保险同业协会的"技术与条款委员会"（Technical and Clause Committee）于1912年制定了《货物保险条款》（Institute Cargo Clause，ICC），对沿用已久的劳合社的S.G.保险单的内容进行了修改和补充，并作为S.G.保险单的重要组成部分，以加贴条款的形式附在S.G.保险单的背面。

经过多次修改以后，于1963年形成了一套完整的海上运输货物保险标准条款，也就是ICC的旧条款。该条款包括平安险、水渍险和一切险三套条款，中国人民保险公司现行的《海洋运输货物保险条款》主要就是参照该条款而制定的。

随着国际贸易、交通运输和保险业的不断发展，原有的ICC旧条款已不再适应新形势的需要，新的保险条款应运而生，并自1982年1月1日起在英国的保险市场正式应用。

现行的《协会货物条款》主要承保的是以下险别：

（1）协会货物保险（A）条款（Institute Cargo Clause（A），ICC（A））；

（2）协会货物保险（B）条款（Institute Cargo Clause（B），ICC（B））；

（3）协会货物保险（C）条款（Institute Cargo Clause（C），ICC（C））；

（4）协会战争险条款（货物）（Institute War Clause-Cargo）；

（5）协会罢工险条款（货物）（Institute Strikes Clause-Cargo）；

（6）恶意损害险条款（Malicious Damage Clauses）；

（7）协会特种货物保险条款。

第一，协会冷冻食品保险条款。

冷冻食品（冻肉除外）保险条款包括 A 条款（Institute Frozen Food Clause（A））（Excluding Frozen Meat）（1/1/1982，Re-Issued 1/1/1986）和 C 条款（Institute Frozen Food Clause（C））（Excluding Frozen Meat）（1/1/1982，Re-Issued 1/1/1986）。

第二，协会散装油类保险条款（Institute Bulk Oil Clause）。

第三，协会木材贸易联合会条款（Institute Timber Trade Federation Clauses）（Agreed with the Timber Trade Federation）。

3.3 发票

本章前两节介绍了运输单据与保险单据这两种最基本的商业单据，其中的海运提单与保险单都是有价值的单据，可以背书转让。除此之外，商业单据还包括发票、包装单据、重量单、原产地证、装船通知、受益人证实的装运通知、卫生检疫证明、质量检验证明、进口许可证等，这些统称为其他单据。其他单据能全面反映合同内容，它们通常由卖方制作或从某机构取得后交付银行审核，或者通过银行转交给买方，也是国际结算中必不可少的单据。本节介绍其中的发票。

发票（invoice）是卖方开立的货物清单，主要列明货物的状况、价格等相关内容，也是卖方向买方收取出口货款的主要依据。根据具体的目的不同，发票又有不同的种类，其中最常见的是商业发票。国际结算中，信用证中提到的发票，一般是指商业发票。此外，还有海关发票、厂商发票、形式发票等，下面分别作以介绍。

3.3.1 商业发票

商业发票（commercial invoice）是卖方向买方开立的，凭以向买方收取货款的发货价目清单，是装运货物的总说明。它是卖方向买方发货的凭证，是卖方重要的履约证明文件；也是进出口双方办理报关、纳税的重要依据；还是办理索赔和理赔的重要凭证。

商业发票没有统一的格式，但必须符合合同的规定，文字描述必须与信用证完全一致。发票包含的主要内容有：

（1）出票人名称和地址。

出票人即卖方，应与信用证所规定的受益人的名称、地址相同。

（2）发票名称。

票面需载明"发票"（invoice）字样。

（3）发票抬头人。

抬头人即买方名称，应与信用证中所规定的严格一致。如果信用证中没有特别的规定，即将信用证的申请人或收货人的名称、地址，填入此栏。如果信用证中没有申请人的名字，则用汇票付款人。总之，按信用证缮制。

（4）发票号码。

发票号码（No.）由各出口公司自行编制。

（5）发票的签发日期。

发票的签发日期（date）视信用证规定而定。如果信用证规定"所有单据的签发日期不得早于信用证的签发日期"，那么发票的签发日期也应迟于信用证的签发日期。除此之外，发票的签发日期通常早于运输单据的签发日期，以方便买方清关。

（6）信用证号码。

当采用信用证方式支付货款时，填写信用证号码（L/C No.）。若信用证未要求在发票上标明信用证号码，此项可以不填。当采用其他支付方式时，此项不填。

（7）合同号码。

合同号码（contract No.）应与信用证上列明的一致，一笔交易牵涉几个合同的，都应在发票上表示出来。

（8）起讫地点。

起讫地点（from…to…）要填上货物自装运地（港）至目的地（港）的地名，有转运情况应予以表示。这些内容应与提单上的相关部分一致。如果货物需要转运，则注明转运地。

（9）唛头。

在信用证项下，发票中的唛头（shipping marks）应与信用证上规定的唛头严格一致，而且也要与提单、托运单据上的唛头相一致。如果无唛头，填写"N/M"（no mark）。

（10）货物的描述。

信用证项下的发票对货物的描述（quantity & descriptions）应与信用证的描述严格一致。如属托收方式，发票对货物的描述内容可参照合同的规定并结合实际情况进行填制。货物的描述内容一般包括名称、数量、规格等。

（11）价格。

价格（price）分为单价（unit price）和总价（amount）。发票的单价包括计价货币、计价单位、单位价格金额和贸易术语四部分，必须与信用证上的单价完全一致。总价应与汇票金额相同。在信用证项下，除非信用证另有规定，否则总价不能超过信用证金额。

（12）签发人的签字或盖章。

信用证项下，除非信用证另有规定，否则必须由受益人签发发票。发票必须加盖出口商印章。若信用证要求发票手签，必须另加负责人手签，否则视为无效发票。

图3-8是一张商业发票，它与图3-2所示的提单都是在同一信用证项下的单据。

银行对商业发票的审核要点和方法如下：

首先，按信用证核对发票，审查是否单证一致。其中的审查项目包括：信用证号码；根据信用证开证申请人审查发票抬头人；根据信用证受益人审查发票出票人；根据信用证金额审查发票金额；根据发票条款审查签字、发票名称、份数、货物描述、包装情况说明以及唛头。

其次，将发票与提单、包装单进行核对，审查是否单单一致。审查项目包括：与提单核对运输条款；在信用证未规定唛头的情况下，如发票注有唛头，应与提单核对；在信用证未规定包装条款的情况下，如发票注有包装内容，应与包装单核对；如同时注有毛净重、尺码等，亦应进行核对。

最后，审查发票自身的金额、货量。在没有包装单的情况下，包装件数、毛净重、尺码等计算是否正确、合理，毛净重是否颠倒。如果在同一份发票内出现相同的合同号、证号或其他编号，应核对是否一致。审查发票内容是否与发票名称相符。

ISSUER	COMMERCIAL INVOICE		
KRUGMAN IMPORT & EXPORT CORPORATION NO. 25, THE FIFTH AVENUE, CBD OF MELBOURNE			
TO	NO.: IV0000085	DATE:2022-06-28	
COSCO INTERNATIONAL TRADE CO.,LTD.			
XINHUA STREET AND GRANGTIAN BOAD 769 NUMBER	S/C NO.: YJX1054	L/C NO.:002/0000018	
TRANSPORT DETAILS			
FROM MELBOURNE,AUSTRALIA TO CAPE TOWN,SOUTH AFRICA	TERMS OF PAYMENT: L/C AT SIGHT		

MARKS AND NUMBERS	DESCRIPTION OF GOODS	QUANTITY	UNIT PRICE	AMOUNT
COSCO TRADE STEERING COLUMN C/NO.1-850 MADE IN AUSTRALIA	STEERING COLUMN MODEL: 02023-1171, PACKING:10PCS PER CARTON	8 500PCS	USD 35	USD 297 500
TOTAL:		8 500PCS		USD 297 500

SAY TOTAL: USD TWO HUNDRED NINETY SEVEN THOUSAND AND FIVE HUNDRED ONLY.

KRUGMAN IMPORT & EXPORT CORPORATION

Paul Krugman

图 3-8　商业发票

3.3.2　海关发票

海关发票（customs invoice）是某些国家的海关制定的一种固定格式的发票，要求国外出口商填写。进口国要求填写这种发票，主要是作为估价完税或征收差别待遇关税或反倾销税的依据。此外，还供编制统计资料用。

海关发票的格式与详细内容因国而异，其内容除商品品名、单价、总值等与商业发票相同外，还包括商品的成本/价值（cost/value of goods）和商品的生产国家（country of origin of goods）等内容。

在填写海关发票时，一般应注意以下问题：

（1）各个国家（地区）使用的海关发票都有其固定格式，不能混用。

（2）凡是商业发票和海关发票上共有项目的内容，必须与商业发票保持一致，不得相互矛盾。

（3）在"出口国国内市场价格"一栏，其价格的高低是进口国海关是否征收反倾销税的重要依据，应根据有关规定慎重处理。

（4）如果成交价格为 CIF 价格术语，应分别列明 FOB 价、运费、保险费，这三者的总和应与 CIF 货值相等。

（5）签字人和证明人均须以个人身份出现，而且这两者不能为同一个人。个人签字均需以手签生效。

图 3-9 是一份加拿大海关发票。

3.3.3　厂商发票

厂商发票（manufacturer's invoice）是根据进口方的要求，由出口商品的制造商出具的以本国货币计算，用来证明出口国国内市场的出厂价格的发票。如果信用证有此单据要求，出口商应提供厂商发票。厂商发票的主要作用是检查出口国的出口商品是否有倾销行为，供进口国海关估价、核税以及征收反倾销税。

厂商发票的填写应注意：

（1）在单据上部要印有醒目粗体字"厂商发票"（manufacturer's invoice）。

（2）抬头人填写或打印出口商。

（3）出票日期应早于商业发票日期。

Revenue Canada   Revenu Canada   **CANADA CUSTOMS INVOICE**

Customs and Excise   Douanes et Accise   **FACTURE DES DOUANES CANADIENNES**

1.Vendor （Name and Address） / Vendeur （Nomet adresse） .	2.Date of Direct Shipment to Canada / Date d' expedition directe vers le Canada 3.Other References （Include Purchaser's Order No.） Autres references （Inclure le n de commande de l' acheteur）
4.Consignee （Name and Address） / Destinataire （Nom et adresse）	5.Purchaser's Name and Address （if other than Consignee） Nom et adresse de l' acheteur （S' il differe du destinataire）
	6.Country of Transshipment / Pays de transbordement
	7.Country of Origin of Goods Pays d' origine des marchandises　**IF SHIPMENT NCLUDES GOODS OF DIFFERENT ORIGINS ENTER ORIGINS AGAINST ITEMS IN 12.**
8.Transportation Give Mode and Place of Direct Shipment to Canada Transport Preciser mode et point d' expedition directe Vers le Canada	9.Conditions of Sale and Terms of Payment （i.e.Sale， Consignment Shipment.Leased Goods， etc.） Conditions de vente et modalites de paiement （p.ex.vente， expedition en consignation， location de marchan-dises.etc.）
	10.Currency of Settlement / Devises du paiement

11.No.of Pkgs ND'e De colis	12.Specification of Commodities （Kind of Packages， Marks and Numbers， General Description and Characteristics， i.e.Grade， Quality ）	13.Quantity （State Unit） （Preciser I' unite）	Selling Price / Prix de vente	
			14.Unit Price Prix unitaire	15.Total

18. If any of fields 1 to 17 are included on an attached commercial –invoice.Check this box □ Commercial Invoice No.＿＿＿＿＿＿	16.Total Weight / Poids Total	17.　Invoice — Total
	Net	Gross / Bru
19.Exporter's Name and Address （If other than Vendor） Nom et adresse de l' exportatur （S' il deffere du vendeur）	20. Originator （Name and Address） / Expediteur d' origine （Nom et adresse）	
21. Departmental Ruling （If applicable） / Decision du Ministere （S'il y a lieu）	22.If fields 23 to 25 are not applicable， check this box Si les zones 23 a 25 sont sans object， cocher cette boite　　□	

23.If included in field 17 indicate amount Si compris dans le total a la zone 17. Preciser (i) Transportation charges， expenses and insurance from the place of direct shipment to Canada. $＿＿＿＿＿ (ii) Costs for construction， erection and assembly incurred after importation into Canada. $＿＿＿＿＿ (iii) Export packing $＿＿＿＿＿	24. If not included in field 17 indicate amount Si non copris dans le total a la zone 17 preciser (i) Transportation charges.Expenses and insurance to the place of direct shipment to Canada $＿＿＿＿＿ (ii) Amounts for commissions other than buying commissions. $＿＿＿＿＿ (iii) Export packing $＿＿＿＿＿	25.Check （If applicable）: Cocher （S' il y a lieu）: (i) Royalty payments or sub-sequent proceeds are paid or payable by the purchaser. □ (ii) The purchaser has supplied goods or services for use in the production of these goods. □

DEPARTMENT OF NATIONAL REVENUE CUSTOMS AND EXCISE　　　　MINISTERE DU REVENU NATIONAL　DOUANES ET ACCISE

图 3-9　加拿大海关发票

（4）货物名称、规格、数量、件数必须与商业发票一致。

（5）货币应填写或打印出口国币种。

（6）货物出厂时，一般无出口装运标记，厂商发票不必缮打唛头。如来证有明确规定，则厂商发票也应打上唛头。

（7）如果厂商作为出单人，则由厂商负责人签字盖章。

3.3.4　形式发票

形式发票（proforma invoice）是一种非正式发票，是卖方对潜在的买方报价的一种形式，可以用作邀请买方发出确定的订单。形式发票上注明产品描述、单价、数量、总金额、付款方式、包装、交货期等主要交易条件，所以一旦买方接受此条件，就能按形式发票内容签订合约。

此外，由于形式发票上详细载明了进口货价及有关费用，所以有些国家规定可以凭形式发票申请进口许可证，或作为向海关申报货物价格之用。因此，买方常常需要形式发票，以作为申请进口和批准外汇之用。

形式发票不是正式发票，不能用于托收和议付，它所列的单价等，也仅仅是出口商根据当时情况所做的估计，对双方都无最终的约束力，所以说形式发票只是一种估价单，正式成交发货后还要重新缮制商业发票。如果形式发票被用来缮制信用证，信用证上的条款应与形式发票上的一致。

3.4　包装单据

包装单据（packing documents）是指一切用来记述和表明商品包装情况的单据。该类单据主要是对货物作进一步的说明，通常被视作商业发票的附件，主要作用是在货物到目的港时，便于买方核对货物及供海关检查。根据商品的性质和实际包装的不同，包装单据有许多种，常见的有：

① 装箱单（packing list/packing slip）；

② 重量单（weight list/weight note）；

③ 尺码单（measurement list）;

④ 包装说明（packing specification）;

⑤ 包装提要（packing summary）;

⑥ 重量证书（weight certificate）;

⑦ 详细装箱单（detail packing list）;

⑧ 花色搭配单（assortment list）。

在填写包装单据时应注意:

（1）包装单据的名称应与信用证内规定的名称一致，因为包装单据的内容，既包括包装的商品内容，也包括包装的种类和件数，单件毛、净重和总的毛、净重，单件尺码和总尺码（体积），所以无论信用证要求的包装单据是何名称，都应按其规定名称照打。

（2）单件毛、净重和总的毛、净重，单件尺码和总尺码（体积），必须和发票、运输单据、产地证、出口许可证上的数字相符，对于计价的重量、数字更需注意。

（3）如果信用证规定列明内包装（inner packing）情况，必须在单据中充分表现出来。

（4）重量单如果冠以"certificate of weight"（重量证明），则加注"We certify that the weight is true and correct"的证明句为好。

（5）装箱单一般不应显示货物的单价和总金额。因为进口商把商品转售给第三者时通常只交付包装单和货物，不愿泄露其购买成本。

（6）为了符合信用证不接受联合单据的要求，可以利用装箱单分别冠以重量单、尺码单的单据名称，一次缮制，按照信用证的规定份数分别提供给银行。

（7）包装单据的日期一般不应迟于商业发票的开立日期，通常早于提单日期。实践中，多数出口企业习惯上将包装单据和商业发票于同一日开立。

图3-10是在同一个信用证项下使用的装箱单。

ISSUER KRUGMAN IMPORT & EXPORT CORPORATION NO.25,THE FIFTH AVENUE, CBD OF MELBOURNE	PACKING LIST				
TO COSCO INTERNATIONAL TRADE CO.,LTD. XINHUA STREET AND GRANGTIAN BOAD 769 NUMBER	NO.:IV0000085		DATE:2022-06-28		
	S/C NO.:YJX1054		L/C NO.:002/0000018		
MARKS AND NUMBERS	DESCRIPTION OF GOODS	PACKAGES	G.W.	N.W.	MEAS.
COSCO TRADE STEERING COLUMN C/NO.1-850 MADE IN AUSTRALIA	STEERING COLUMN MODEL:02023-1171, PACKING:10PCS PER CARTON	850 CARTONS	49 980 KGS	48 450 KGS	48.875 CBM
	TOTAL:	850 CARTONS	49 980 KGS	48 450 KGS	48.875 CBM
SAY TOTAL: EIGHT HUNDRED AND FIFTY CARTONS ONLY. KRUGMAN EXPORT & IMPORT CORPORATION Paul Krugman					

图 3-10　装箱单

3.5　原产地证书

原产地证书（certificate of origin）是由出口国政府有关机构签发，或者由出口商自行出具的一种证明货物原产地或制造地的文件。原产地证书主要用于证明出口货物的原产地，以此作为进口国海关对进口商品实行差别关税、进口限制和不同进口配额及不同税率的依据，也是出口通关、结汇和有关方面进行贸易统计的重要依据。

　　我国企业的出口业务中，原产地证书有一般原产地证书（C/O 产地证）、普惠制原产地证书（GSP产地证，或称FORM A）、中国－东盟自由贸易区优惠原产地证明书（FORM E）、《亚太贸易协定》原产地证明书（FORM B）、输欧盟纺织品产地证等。具体选择使用哪一种产地证，需要根据信用证条款确定。在我国，原产地证书可以由国家市场监督管理机关和中国国际贸易促进委员会签发。图3-11是一般原产地证书。

ORIGINAL

1.Exporter(full name and address) KRUGMAN IMPORT & EXPORT CORPORATION NO.25,THE FIFTH AVENUE,CBD OF MELBOURNE			CERTIFICATE NO. CERTIFICATE OF ORIGIN (Combined declaration and certificate)		
2.Consignee(full name,address,country) COSCO INTERNATIONAL TRADE CO.,LTD. XINHUA STREET AND GRANGTIAN BOAD 769 NUMBER					
3.Means of transport and route FROM MELBOURNE,AUSTRALIA TO CAPE TOWN,SOUTH AFRICA BY VESSEL			5.For certifying authority use only		
4.Country/region of destination SOUTH AFRICA					
6.Marks and numbers COSCO TRADE STEERING COLUMN C/NO.1-850 MADE IN AUSTRALIA	7. Number and kind of packages; description of goods EIGHT HUNDRED AND FIFTY CARTONS（850）OF STEERING COLUMN MODEL:02023-1171, PACKING:10PCS PER CARTON	8.H.S.Code 6401300009	9.Quantity 8 500PCS	10. Number and date of invoices IV0000085 2022-06-28	
11.Declaration by the exporter The undersigned hereby declares that the above details and statement are correct; that all the goods were produced in 　　AUSTRALIA			12.Certification It is hereby certified that the declaration by the exporter is correct.		
			KRUGMAN EXPORT & IMPORT CORPORATION 2022-06-30		
Place and date, signature and stamp of authorized signatory			Place and date, signature and stamp of certifying authority		

图3-11　一般原产地证书

普惠制原产地证书（generalized system of preferences certificate of origin）又称"GSP证"和"FORM A证"，适用于受惠国对给惠国的出口贸易。普惠制于1970年由联合国贸易开发会议第四届优惠特别委员会推行实施，是发达国家给予发展中国家或地区在经济、贸易方面的一种非互利的特别优惠待遇，即发展中国家向发达国家出口制成品或半制成品时，发达国家对发展中国家予以免征或减征关税。自中国改革开放以来，全球先后有40个国家给予中国普惠制待遇，普惠制对中国的外贸增长、产业发展等都起到了重要作用。普惠制原产地证书的签发机构必须是受惠国政府指定的；在我国，签发机构为各省级出入境检验检疫局。图3-12为我国普惠制原产地证书。

ORIGINAL

1.Goods consigned from(Exporter's business name,address,country)	Reference No.: GENERALIZED SYSTEM OF PREFERENCES CERTIFICATE OF ORIGIN （Combined declaration and certificate） FORM A Issued in THE PEOPLE'S REPUBLIC OF CHINA （country） See Notes,overleaf				
2.Goods consigned to(Consignee's name, address,country)					
3. Means of transport and route(as far as known)	4.For official use				
5.Item number	6. Marks and numbers of packages	7. Number and kind of packages; description of goods	8.Origin criterion (see notes overleaf)	9. Gross weight or other quantity	10. Number and date of invoices
11.Certification It is hereby certified,on the basis of control carried out,that the declaration by the exporter is correct.	12.Declaration by the exporter The undersigned hereby declares that the above details and statements are correct; that all the goods were produced in CHINA （country） and that they comply with the origin requirements specified for those goods in the Generalized System of Preferences for goods exported to （importing country）				
Place and date, signature and stamp of certifying authority	Place and date,signature of authorized signatory				

图3-12　普惠制原产地证书

普惠制原产地证明书（FORM A）的填制要求如下：

证书号：普惠制原产地证书标题栏（右上角），填上检验检疫机构编定的证书号。

第1栏：出口商名称、地址、国家，此栏中的出口商公司名称应与注册时相同，必须打上国名、地址。

第2栏：收货人的名称、地址、国家。除欧盟27国和挪威外，此栏须填上给惠国最终收货人名称，不可填中间转口商的名称。

第3栏：运输方式及路线（就所知而言），一般应填上装货、到货地点（起运港、目的港）及运输方式（如海运、陆运、空运）。

第4栏：供官方使用。此栏由签证当局填写，正常情况下此栏空白。特殊情况下，签证当局在此栏加注。

第5栏：商品顺序号。如果同批出口货物有不同品种，按不同品种分列"1""2""3"……以此类推。单项商品此栏填"1"。

第6栏：唛头及包装号。填具的唛头应与货物外包装上的唛头及发票上的唛头一致；唛头不得出现中国以外的国家和地区制造的字样，也不能出现香港、澳门、台湾原产地字样；如果货物无唛头，应填"N/M"。

第7栏：包装件数及种类，商品名称。包装件数必须用英文和阿拉伯数字同时表示。如果包装件数在千以上，则千与百的单位之间不能有连词"and"。数量、品名要求在一页内打完，如果内容过长，可以合并包装箱数、合并品名。包装必须填打具体的包装种类。例如，poly woven bag，drum，pallet，wooden case…不能只填写"package"。如果没有包装，应填写"nude cargo"（裸装货）、"in bulk"（散装货）、"hanging garments"（挂装）等。

商品名称必须具体填明，不能笼统地填"machine"（机器）、"garment"（服装）等。对于某些商品，如玩具电扇，应注明为"toys：electric fans"，不能只列"electric fans"（电扇）。

商品的商标、牌名（brand）及货号（article number）一般可以不填。商品名称等项列完后，应在下一行加上表示结束的符号，以防止加填伪造内容。国外信用证有时要求填写合同、信用证号码等，可加填在此栏空白处。

第8栏：原产地标准。完全原产品，不含任何非原产成分，出口到所有给惠国时，填写"P"。

含有非原产成分的产品，出口到欧盟、挪威、瑞士和日本时，填写"W"，其后加上出口产品的 H.S. 品目号。

含有非原产成分的产品，出口到加拿大时，填写"F"。条件是非原产成分的价值未超过产品出厂价值的40%。

含有非原产成分的产品，出口到俄罗斯、乌克兰、白俄罗斯、哈萨克斯坦、捷克、斯洛伐克六国，填写"Y"，其后加上非原产成分价值占该产品离岸价格的百分比，如"Y"38%。条件是非原产成分的价值未超过产品离岸价的50%。

输往澳大利亚、新西兰的货物，此栏可以留空。

第9栏：毛重或其他数量。此栏应按商品的正常计量单位填，如"只""件""双""台""打"等。例如，3 200doz. 或6 270kgs. 以重量计算的则填毛重，只有净重的，填净重亦可，但要标上 N.W.（net weight）。

第10栏：发票号码及日期。此栏不得留空。月份一律用英文（可用缩写）表示，例如，PHK50016 Apr.6，2022。此栏的日期必须按照正式商业发票填具，发票日期不得迟于出货日期。

第11栏：签证当局的证明。此栏填打签证机构的签证地点、日期。此栏日期不得早于发票日期（第10栏）和申报日期（第12栏），但应早于货物的出运日期（第3栏）。

第12栏：出口商的声明。进口国的横线上填最终进口国，进口国必须与第3栏中目的港的国别一致。另外，申请单位应授权专人在此栏手签，标上申报地点、日期，并加盖申请单位中英文印章。手签人笔迹必须在检验检疫局注册登记，并保持相对稳定。此栏日期不得早于发票日期（第10栏）（最早是同日）。盖章时，应避免覆盖进口国名称和手签人姓名。本证书一律不得涂改，证书不得加盖校对章。

3.6　检验证书

检验证书（inspection certificate）是检验检疫机构对商品实施检验检疫后出具的证明文件，是买卖双方交接货物、支付货款、办理索赔和理赔的重要依据。检验证书的具体作用如下：

第一，作为货物是否符合合同规定的凭证。在国际货物买卖中，卖方的主要义务是按合同规定的数量、品质交货，检验证书是由独立于买卖双方之外的第三方提供的，用以证明卖方所交付货物是否符合合同规定的数量、品质、包装等条款。

第二，作为报关单据。进出口检验检疫是一国对外贸易管制的重要内容之一，许多国家的法律、法规都规定，在有关货物出入境时，当事人必须向海关提交符合规定的检验证书，否则海关不予放行。我国同样规定，对列入《出入境检验检疫机构实施检验检疫的进出境商品目录》中的商品实施强制检验，当事人办理报关手续时，必须提供检验证书作为报关单据。

第三，作为议付单据。在某些进出口业务中，根据买卖双方的自行约定，信用证项下所要求的单据包括检验证书。在此情况下，卖方向银行办理交单议付时，必须提供检验证书。

第四，作为索赔和理赔的依据。在国际货物买卖中，收货人提出索赔和有关责任方办理理赔，需出示由检验检疫机构签发的有关品质、数量、重量、价值、残损等证书，用以证明事实状态、明确责任归属。

在国际贸易实践中，常见的检验证书有以下几种：

（1）品质证书，inspection certificate of quality。

（2）数量证书，inspection certificate of quantity。

（3）重量证书，inspection certificate of weight。

（4）价值证书，inspection certificate of value。

（5）原产地证书，inspection certificate of origin。

（6）卫生检验证书，sanitary inspection certificate。

（7）验残检验证书，inspection certificate on damaged cargo。

其中，验残检验证书是证明进出口商品残损情况、估算残损贬值程度、判定致损原因的证书。

此外，还有兽医检验证书、消毒检验证书、植物检疫证明等。检验证书的具体式样见图3-13。

中华人民共和国出入境检验检疫
ENTRY-EXIT INSPECTION AND QUARANTINE
OF THE PEOPLE'S REPUBLIC OF CHINA

正 本
ORIGINAL
共1 页第1 页 Page 1 of 1

编号 No.: 120000113137146

卫 生 证 书
SANITARY CERTIFICATE

收货人名称及地址 Name and Address of Consignee	营养屋(成都)生物医药有限公司
发货人名称及地址 Name and Address of Consignor	ARCMAN PHARMA CO
品名 Description of Goods	麦绿素大麦苗片等（见备注）

		标记及号码 Mark & No.	N/M
报检数量/重量 Quantity/Weight Declared	**48888 瓶/**3032.7 千克		
包装种类及数量 Number and Type of Packages	瓶/**48888 瓶		
产地 Place of Origin	美国		
合同号 Contract No.	H1303		

到货地点 Port of Arrival	天津	到货日期 Date of Arrival	2013.11.10
启运地 Place of Despatch	美国	卸毕日期 Date of Completion of Discharge	2013.11.10
运输工具 Means of Conveyance	海运集装箱	检验日期 Date of Inspection	2013.11.14

检验检疫结果：

根据卫生学调查及检验结果，该批进口美国麦绿素大麦苗片等（见备注）所检项目符合我国食品卫生要求，标签经审核合格，须加贴合格的中文标签后，方可销售。
备注：附表见附页

****

印章 Official Stamp	签证地点 Place of Issue 天津	签证日期 Date of Issue	2013.11.21
	授权签字人 Authorized Officer 马振智	签 名 Signature	

中华人民共和国出入境检验检疫机关及其官员或代表不承担发本证书经营之任何财经责任。No financial liability with respect to this certificate shall attach to the entry-exit inspection and quarantine authorities of the P. R. of China or to any of its officers or representatives.
[c e-2(2000.1.1)]

AA1384512

图3-13 检验证书

32国正式结束对华普惠制

思政元素：大国崛起

中国海关总署网站发布公告称，自2021年12月1日起，对输往欧盟成员国、英国、加拿大、土耳其、乌克兰、列支敦士登等32个已不再给予中国普惠制关税优惠待遇国家的货物，海关不再签发普惠制原产地证书。香港《亚洲时报》称，这标志着"普惠制的明确结束"。对外经济贸易大学教授崔凡对《亚洲时报》说，在过去几年中，这32个国家中其实已经有一些停止向中国提供普惠制贸易特权，但中国海关只是为方便起见，继续向出口商签发普惠制原产地证书。

何谓普惠制关税优惠？根据中国海关总署的说明，普惠制是发达国家（给惠国）对发展中国家和地区（受惠国）出口制成品和半制成品给予的一种单向的优惠关税甚至零关税的准入制度，旨在帮助发展中国家扩大出口，加速其国民经济增长。中国世界贸易组织研究会副会长霍建国12月1日接受《环球时报》记者采访时表示，1964年联合国贸发会成立时，就倡议支持发展中国家贸易，建议发达国家对发展中国家实施这种优惠关税待遇。随后，大多数工业化国家特别是欧盟国家给予了积极响应，开始对非洲国家等一些最不发达国家实行普惠制。20世纪70年代普惠制在全球普及最快，到20世纪90年代开始逐渐退出。

自中国改革开放以来，全球先后有40个国家给予中国普惠制待遇，普惠制对中国的外贸增长、产业发展等都起到了重要作用。目前仍然给予中国普惠制待遇的只剩挪威、新西兰、澳大利亚3国。"中国可以说是以优异的成绩从普惠制'毕业'了。"中国国际经济交流中心副理事长魏建国对《亚洲时报》说，"中国制造"在国际市场上越来越得到广泛的关注和认可，靠的是中国产品的竞争力，中国的出口企业早已摆脱对劳动密集型产业的依赖。"普惠制不是永恒的"，他说，中国的经济发展水平已经超出了发达国家给予发展中国家的普惠制条件，中国对外贸易发展即将进入"创新发展新格局"。

资料来源：达乔，倪浩，任重. 32国正式结束对华普惠制，维持普惠制的竟是澳大利亚［EB/OL］.［2021-12-02］. https://baijiahao.baidu.com/s？id=1718002205707666362&wfr=spider&for=pc.

本章小结

1.本章讨论了国际结算中的商业单据。商业单据是以实现货物流通为目的的工具。它可划分为三大类：运输单据、保险单据与其他单据。在运输单据中，最重要的是海运提单；保险单据中最重要的是大保单；其他单据包括发票、装箱单、原产地证、检验证书等。

2.海运提单是承运人在收到货物或货物装船后签发给托运人、约定将该批货物运往目的地交给提单持有人的物权凭证。其性质有：提单是货物的收据；提单是运输合同的证明；提单是货物所有权凭证。

3.空运单是指承运货物的航空承运人（航空公司）或其代理人，在收到承运货物并接受托运人的空运要求后，签发给托运人的货物收据。空运单与海运提单的主要区别之一就是，空运单不是货物所有权凭证，也不能通过背书转让。

4.保险单据是保险公司对被保险人签发的承保证书，也是双方之间订立保险合同的证据。在国际贸易中，货物的保单代表货物受保障的程度，当被保险货物遭受损失时，保险单据是被保险人索赔的主要依据，也是保险公司理赔的主要依据。保险单据是有价值的单据。

5.商业发票是卖方向买方开立的，凭以向买方收取货款的发货价目清单，是装运货物的总说明。它是卖方向买方发货的凭证，是卖方重要的履约证明文件；也是进出口双方办理报关、纳税的重要依据；还是办理索赔和理赔的重要凭证。商业发票由卖方出具，没有统一的格式，但必须符合合同与信用证的规定。

6.原产地证书是由出口国政府有关机构签发或者出口商自行出具的一种证明货物的原产地或制造地的文件。原产地证书主要用于证明出口货物的原产地。

综合训练

3.1　单项选择题

1.（　　）为物权凭证。

A.商业发票　　　　　　　　B.空白指示提单

C.保险单　　　　　　　　　D.记名提单

2.保险单显示"投保一切险",表示其中不包括（　　）承保的范围。

A.平安险　　　　　　　　　　　B.水渍险

C.一般附加险　　　　　　　　　D.特殊附加险

3.通常，开证行可以接受的货运单据是（　　）。

A.租船提单　　　　　　　　　　B.倒签提单

C.洁净提单　　　　　　　　　　D.备运提单

4.一信用证规定应出运 2 500 台工业用缝纫机，总的开证金额为 USD305 000，每台单价为 USD120，则出口商最多可发货的数量和索汇金额为（　　）。

A.2 500 台，USD300 000　　　　B.2 530 台，USD303 600

C.2 540 台，USD304 800　　　　D.2 500 台，USD305 000

5.一提单对所运货物批注如下："ONE WOODEN CASE BE STRENGTHENED BY TWO IRON STRIPS。"这份提单是（　　）。

A.直达提单　　　　　　　　　　B.清洁提单

C.肮脏提单　　　　　　　　　　D.倒签提单

6.除非 L/C 特别规定，一般说来，"清洁已装船"运输单据即指（　　）。

A.单据上有 on board 批注和承运人签章，但没有对货物及/或包装缺陷情况的描述和批注

B.既没有 on board 批注和签章，也没有对货物及/或包装缺陷情况的描述和批注

C.单据上注明 on deck 字样，并由承运人签章

D.表明货物已收妥备运且外表无破损

3.2　多项选择题

1.有权签发提单的人有（　　）。

A.承运人及其代理　　　　　　　B.船长及其代理

C.船主及其代理　　　　　　　　D.大副及其代理

2.根据《跟单信用证统一惯例》（UCP600）的规定，除非信用证另有规定，（　　）单据可以不必签署。

A.商业发票　　　　　　　　　　B.保险单据

C.装箱单   D.提单

3. 如果信用证要求 "INSPECTION CERTIFICATE IN FOUR COPIES"，可以提交（   ）。

A.4 份副本   B.4 份正本

C.3 份副本，1 份正本   D.3 份正本，1 份副本

4.下列有资格在海运提单上签字的是（   ）。

A.承运人   B.承运人的代理人

C.船长   D.船长的代理人

5.银行不能接受的提单有（   ）。

A.舱面提单   B.货代提单

C.不清洁提单   D.已装船提单

3.3 思考题

1.什么是清洁提单？怎样区分清洁提单与不清洁提单？

2.海运提单与空运单的主要区别在哪里？

3.发票有哪几种形式？在国际结算中，常用的是哪种形式的发票？

4.商业发票与装箱单在内容上有哪些区别？

5.原产地证书的主要作用是什么？

6.保险单的承保总金额与货物总金额一致吗？

汇 款

学习指南

【学习目标】任何国际贸易结算方式都要运用结算工具，通过往来银行和国际支付系统，采取国际通行的程序和步骤，实现可兑换货币的转移，达到清算债权债务的目的。因此，国际结算方式是前面几章知识的融合和运用。本章将讨论汇款业务。学习本章后，应能理解汇款三种方式（M/T、T/T、D/D）的主要特点及业务流程；掌握付款委托书的填写及当事人之间的账户关系；掌握汇出行与汇入行之间如何拨付头寸。

【关键概念】汇款　电汇　信汇　票汇　顺汇　逆汇　头寸　退汇　预付货款　货到付款　售定　寄售

第4章关键概念

中行宜春市分行成功堵截国际汇款诈骗

2016年1月25日，中行宜春市分行收到意大利人民银行一笔18万美元的汇入汇款电报，收款人为宜春H公司。该行国际结算部员工在业务审核及随后的核查中，发现了三处疑点。

疑点一：H公司自2008年7月开户后，虽经常向该行相关人员电话咨询国际贸易业务，但却从未叙做过一笔业务。

疑点二：1月26日，该行员工对H公司进行上门调查时发现，H公司的经营场所已变更，整个公司除该公司法人代表外，未见其他工作人员，公司基本处于停业状态。

疑点三：H公司无法提供该笔业务的相关背景资料，公司法人代表对交易细节并不了解。

中行宜春市分行决定立刻核实信息，连续3次向境外汇款行发出查询，要求汇款人提供详细的货物描述以及详细的收款人地址。境外汇款行两次回电："报文中提供的货物信息与收款人提交的资料信息一致，收款人地址与收款人营业执照上的登记地址核对一致。"

该分行迅速作出抉择，将该笔款项转入H公司美元待核查账户，暂缓结汇。1月29日，中行宜春市分行以了解交易详细情况为由，与H公司法人代表进行了第二次交流。在一连串的追问下，公司法人代表很不自然，略带紧张，对涉及的交易信息难以自圆其说。这进一步加深了该行员工对该笔业务真实性的怀疑。国际结算部以"该笔业务需要提供与国内生产商签订的合同，才能为其办理结汇及人民币货款支付"为理由，延缓H公司对该笔资金的使用。

2月3日，该行收到来自意大利人民银行要求退汇的报文，并同时接到来自意大利人民银行驻上海办事处的电话，请求中行予以协助堵截案件。经核实，该笔汇款涉嫌诈骗。真实交易双方的E-Mail信息被不法分子截获篡改，境外汇款人实际交易对手并非H公司，并提供了交易双方真实的电子邮件和被篡改后的E-Mail。

资料来源：易凌、陈欣. 中行宜春市分行成功堵截一起国际汇款诈骗案件[N]. 信息日报，2016-04-07.

国际汇款，是进口商向出口商结汇时可以选择的结算方式之一。由于 SWIFT 报文的普及，汇款中的电汇以结汇速度快、手续简便、费用相对低廉等优势成为当今主流结算方式。但汇款属于商业信用，对出口商或者进口商而言，存在着极大风险。本章将介绍汇款业务的当事人、操作流程、SWIFT 报文，以及汇款业务的风险和它在国际贸易中的应用。

4.1 汇款的含义

在 11 世纪前后，国际贸易结算的工具由金银向票据过渡。当时，出现了专门从事货币兑换业务的兑换商。地中海沿岸城邦国家的商人们开始使用兑换商签发的兑换证书来转移和兑换金银，这就是票汇的雏形。兑换证书的使用，克服了金银结算的空间障碍。因此，汇款是最先出现的结算方式。汇款业务的操作相对简单，调拨资金相对迅速，在当今国际贸易结算中仍有广泛的应用。此外，汇款既适用于贸易结算也适用于非贸易结算，是转移资金的一种重要手段。

4.1.1 汇款的含义

汇款（remittance）是指银行（汇出行）应汇款人的要求，以往来银行作为付款行（汇入行），将钱款付给收款人的一种结算方式。

在国际贸易中，如果买卖双方采用汇款方式结算，则货款与货物的对流有两种情况：要么是买方先行付款，待卖方收到钱后再发货；要么是卖方先发货，买方收到货后再付款。银行只是参与汇款业务，收取手续费，并不对卖方承担付款责任。因此，汇款方式建立在买卖双方相互提供的信用基础上，属于商业信用。

4.1.2 汇款的基本当事人

1.汇款人

汇款人（remitter），是指向银行提出汇款申请，委托银行帮其付款的当事人，通常是进口商或其他债务人。汇款人的主要责任是向银行提出汇款申请、正确填写申请书并交款付费；承担因申请错误所造成的一切后果。

2.收款人

收款人（payee/beneficiary），是指接受汇款金额，即直接收取款项的当事人，通常是出口商或其他债权人。收款人的主要责任是确定款项是否真正属于自己，如有任何疑问须及时向汇入行查询；对于有条件的汇款，有义务按条件要求办理，直到符合付款人要求。

3.汇出行

汇出行（remitting bank），是指接受汇款人的汇款委托，办理该业务的银行，通常是汇款人所在地银行。汇出行的主要责任是严格遵照汇款申请书的内容办理汇款，直到整笔交易结束；认真审查申请书内容，并对其中危及顺利止付的内容向客户指出，要求客户进行修改，无法解决则退给客户；但对汇款及相关单据或文件、指令的延迟到达不承担责任。汇出行的主要权利是向申请人收取与汇款相关的费用。

4.汇入行

汇入行（paying bank），又称解付行，是指接受汇出行的委托，向收款人支付款项的银行，通常是收款人所在地银行。汇入行的主要责任是严格按照汇出行的指示办理解付，因各种原因无法及时解付的汇款应及时向汇出行说明原因，并等待指示；如为有条件付款，需酌情处理。

4.1.3 汇款的类别

按照所采用的结算工具的不同，汇款可以分为信汇、电汇和票汇三种，见表4-1。

表4-1　　　　　　　　　　　汇款的类别

汇款方式	中文名称	英文名称	结算术语	结算工具
通过银行划拨	电汇	telegraphic transfer	T/T	电信
	信汇	mail transfer	M/T	邮寄
借助银行即期汇票	票汇	remittance by banker's demand draft	D/D	汇票

4.2 电汇

4.2.1 电汇业务流程

电汇（telegraphic transfer，T/T）是汇出行应汇款人的要求，以电报、电传、SWIFT等电信方式通知汇入行请其将款项付给收款人的一种汇款方式。

电汇方式的优点是收款人可迅速收到汇款且安全系数高，但费用在三种汇款方式中最高，对交易双方来说结算风险也较高。

下面结合一个具体案例讲解电汇的具体业务流程：日本樱花进出口有限公司（出口商）与澳大利亚的克鲁格曼进出口有限公司（进口商）在2022年7月1日签订了一份关于木制茶具的出口合同，总金额为290 000美元，双方约定采用T/T方式支付货款。出口商的开户行为东京三菱银行（the Bank of Tokyo-Mitsubishi，LTD），进口商的开户行为澳大利亚联邦银行（Commonwealth Bank of Australia）。假设这两家银行互为账户行。克鲁格曼进出口有限公司于2022年7月9日去澳大利亚联邦银行开立境外汇款申请书，申请书格式如图4-1所示。

整个T/T的业务流程如图4-2所示。

① 汇款人正确填写电汇汇款申请书，并交纳相关费用及所汇款项给汇出行。

② 汇款人从汇出行取回电汇回执。

③ 汇出行以加押电报/电传/SWIFT的方式发出汇款指示（payment order，P.O.），即电汇委托书给汇入行，委托汇入行解付汇款给收款人。

④ 汇入行收到汇款指示，核对密押无误后，按照汇款指示缮制付款通知书，通知收款人收款。

⑤ 收款人收到通知书后，在收款联上签字确认，交汇入行。

⑥ 汇入行借记汇出行账户，取出头寸，解付汇款给收款人。

⑦ 汇入行将借记付讫通知书寄给汇出行，通知它汇款解付完毕。

境外汇款申请书

APPLICATION FOR FUNDS TRANSFERS（OVERSEAS）

致：COMMONWEALTH BANK OF AUSTRALIA 日期：2022-07-09
TO： DATE：

√电汇 T/T □票汇 D/D □信汇 M/T	发电等级 Priority □普通 Normal √加急 Urgent		
申报号码 BOP Reporting No.			
20	银行业务编号 Bank Transac.Ref.No.	收电行/付款行 Receiver/Drawn on	
32A	汇款币种及金额 Currency & Interbank Settlement Amount	USD 290 000	金额大写 Amount in Words	USD TWO HUNDRED NINETY THOUSAND ONLY
其中	现汇金额 Amount in FX		账号 Account No./Credit Card No.	
	购汇金额 Amount of Purchase	USD 290 000	账号 Account No./Credit Card No.	6101000689066
	其他金额 Amount of Others		账号 Account No./Credit Card No.	
50A	汇款人名称及地址 Remitter's Name & Address	Krugman Import & Export Corporation No.25 the Fifth Avenue.CBD of Melbourne		
√对公组织机构代码 Unit Code 100068906		对私	个人身份证件号码 Individual ID No.
			中国居民个人 Resident Individual
54/56a	收款银行之代理行名称及地址 Correspondent of Beneficiary's Bank Name & Address		
57a	收款人开户银行名称及地址 Beneficiary's Bank Name & Address	收款人开户银行在其代理行账号 Ben's Bank A/C No. THE BANK of TOKYO-MITSUBISHI,LTD. 2-10-22 Kavato Blda 4F,Akebonocho Tachikawa Shi. Tokyo	
59a	收款人名称及地址 Beneficiary's Name & Address	收款人账号 Ben's A/C No.6101000689457 Japan Sakura Import & Export Co.,LTD No.165 ShanHe Road in Osaka City	
70	汇款附言 Remittance Information	只限140个字位	71A	国内外费用承担 All Bank's Charges If Any Are to Be Borne by □汇款人 OUR √收款人 BEN □共同 SHA
收款人常驻国家(地区)名称及代码 Resident Country/Region Name & Code JAPAN 116				
请选择	√预付货款 □货到付款 □退款 □其他		最迟装运期
交易编码 BOP Transac. Code	101010	相应币种及金额 Currency & Amount	USD290 000	交易附言 Transac. Remark
是否为进出口核销项下付款	□是 □否	合同号		发票号
外汇局批件/备案表号			报关经营单位代码	
报关单号		报关币种及金额		本次核注金额

银行专用栏 For Bank Use only	申请人签章 Applicant's Signature	银行签章 Bank's Signature
购汇汇率 Rate	请按照贵行背页所列条款代办以上汇款并进行申报 Please effect the upwards remittance,subject to the condition overleaf.	
等值人民币 RMB Equivalent		澳洲联邦银行
手续费 Commission		20180709
电报费 Cable Charges		
合计 Total Charges	申请人姓名 Krugman Import & Export Corporation Name of Applicant 电话 Phone No. 033-93838393	核准人签字 Authorized Person
支付费用方式 In Payment of the Remittance	□现金 by Cash □支票 by Check □账户 from Account	日期 Date

图4-1 境外汇款申请书

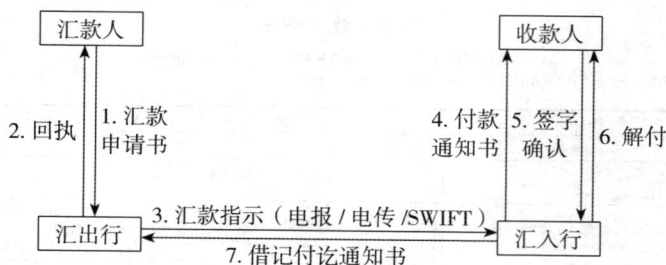

图 4-2　T/T 的业务流程

4.2.2　汇款指示

整个 T/T 业务中最重要的步骤就是第 3 步：汇出行向汇入行发出汇款指示。这份汇款指示就是 T/T 业务中的结算工具。

1.采用电报/电传的汇款指示

最开始采用 T/T 时，银行之间确实通过电报和电传的方式传递汇款指示。其汇款指示的格式如下：

FM：汇出行名称。

TO：汇入行名称。

DATE：发电日期。

TEST：密押。

OUR REF. NO.：汇款编号。

NO ANY CHARGES FOR US：我行不负担费用。

PAY：金额。

VALUE DATE：起息日期。

BENEFICIARY：收款人。

MESSAGE：汇款附言。

ORDER：汇款人。

COVER：头寸拨付。

在一份电报或电传中，可以在电文最后写一句 "NO ANY CHARGES FOR US" 或者 "YOUR CHARGES FOR BENEFICIARY"。汇款附言有时写成：DETAILS OF PAYMENT。ORDER 就是 BY ORDER OF，有时可写为 B/O。关于头寸拨付，即汇出行如何将汇款偿付给汇入行，也要分多种情况。本章第 6 节对此予以详细阐述。

在上文所举的案例中，澳大利亚联邦银行（汇出行）对东京三菱银行（汇入行）发出汇款指示的电报/电传的具体内容如图4-3所示。

TO:THE BANK OF TOKYO-MITSUBISHI,TOKYO
FM:COMMONWEALTH BANK OF AUSTRALIA,MELBOURNE
DATE:JULY 10,2022
TEST **** OUR REF TT123456/01 PAY USD290 000 VALUE JULY 10,2022 TO YOURSELVES FOR CREDIT OF A/C NO.6101000689457 OF JAPAN SAKURA IMPORT & EXPORT CO.,LTD FOR WOODEN TEA SERVICE ORDER KRUGMAN IMPORT & EXPORT CORPORATION YOUR CHARGES FOR BENEFICIARY COVER DEBIT US

解读：
汇出行:COMMONWEALTH BANK OF AUSTRALIA,MELBOURNE
汇入行:THE BANK OF TOKYO-MITSUBISHI,TOKYO
汇款金额:USD290 000
收款人:JAPAN SAKURA IMPORT & EXPORT CO.,LTD
汇款人:KRUGMAN IMPORT & EXPORT CORPORATION
收款人的账户行:THE BANK OF TOKYO-MITSUBISHI,TOKYO

图4-3　电报/电传格式的汇款指示

2.采用SWIFT的付款指示

银行在发出付款通知时，大多采用SWIFT方式。适用于汇款的SWIFT格式见表4-2。

表4-2　　　　　　　　相关报文格式的含义和用途

报文格式	MT格式名称	用途
MT103	客户汇款	两个贸易公司之间的汇款
MT200	单笔金融机构头寸调拨至发报行自己账户	同一存款行在两个账户行之间的头寸调拨
MT201	多笔金融机构头寸调拨至自己账户	多笔MT200
MT202	单笔普通金融机构头寸调拨	具有同一账户行的两个存款行之间的头寸调拨
MT203	多笔普通金融机构头寸调拨	多笔MT202
MT204	金融市场直接借记电文	用于向SWIFT会员银行索款
MT205	金融机构头寸调拨执行	国内转汇请求
MT210	收款通知	通知收报行，它将收到头寸记到发报行账上

其中，最常用的是 MT103、MT200 和 MT202。MT103 部分 Field Name 译文见表4-3。

表4-3　　　　　　　　MT103 部分 Field Name 译文

Tag	Field Name	译文
15	test key	密押
20	sender's reference	发报行编号
23B	bank operation code	交易代码
32A	value date/currency/interbank settled amount	起息日期/币种/调拨金额
50a/k	ordering customer	汇款人
51A	sending institution	发报行
52A	ordering institution	汇出行
53A/B/D	sender's correspondent	发报行的代理行
54A/B/D	receiver's correspondent	收报行的代理行
56A/B/D	intermediary institution	中间行
57A/B/D	account institution	收款人账户行（汇入行）
59A	beneficiary customer	收款人
70	remittance information	附言
71A	details of charges	费用支付情况
72	bank to bank information	汇出行与汇入行间业务指示

在上文所举的案例中，澳大利亚联邦银行（汇出行）对东京三菱银行（汇入行）发出 SWIFT 汇款指示（MT103）的具体内容如图4-4所示。至于这两家银行之间如何拨付头寸，另有 MT200 报文显示。

CTBAAU2S003	发报行：澳大利亚联邦银行墨尔本分行
103	报文类型
BOTKJPJT002	收报行：东京三菱银行立川分行
20：TT123456/01	发报行编号
23B：CRED	银行交易代码
32A：180710 USD290 000	起息日、币种、金额
33B：USD290 000	汇款人实际汇款币种、金额
59A：JAPAN SAKURA IMPORT & EXPORT CO., LTD 6101000689457	收款人及账号
50K：KRUGMAN IMPORT & EXPORT CORPORATION	汇款人
71A：BEN	费用承担

图 4-4　SWIFT 格式的汇款指示（MT103）

4.3　信汇

　　信汇（mail transfer，M/T）是汇出行以信汇委托书或支付通知书的方式，通过邮局传递或航空邮递给汇入行，授权汇入行将款项付给收款人的一种汇款方式。仍以上文的案例为例，当日本樱花进出口有限公司（出口商）与澳大利亚的克鲁格曼进出口有限公司（进口商）约定采用信汇的方式汇款时，整个业务流程如图 4-5 所示。

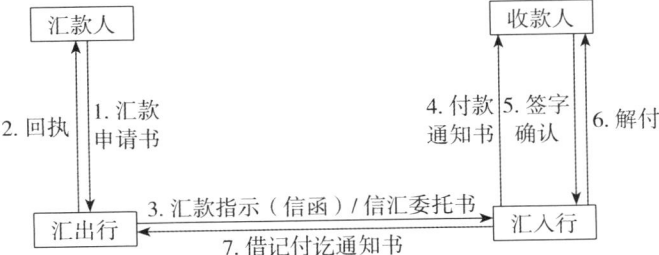

图 4-5　信汇业务流程

① 汇款人填写汇款申请书，交款付费给汇出行。

② 汇款人从汇出行取回回执。

③ 汇出行制作信汇委托书，邮寄给汇入行。

④ 汇入行收到信汇委托书，核对签字无误后，将信汇委托书的回执交给收款人。

⑤ 收款人签字确认。

⑥ 汇入行借记汇出行账户，取出头寸，解付汇款给收款人。

⑦ 汇入行将借记付讫通知书寄给汇出行，通知它汇款解付完毕。

其中，信汇委托书的格式如图4-6所示。

COMMONWEALTH BANK OF AUSTRALIA

MELBOURNE

TO

Please advise and effect the following payment less your charges if any.

In cover, we have CREDITED your A/C with

No. of mail transfer	To be paid to	Amount

Amount in words:

By order of   Remarks

FOR COMMONWEALTH BANK OF AUSTRALIA

图4-6 信汇委托书

比较图4-2与图4-5不难发现，电汇与信汇在整个流程中只有一个步骤即第3步不同。电汇以电报/电传/SWIFT等方式发送汇款指示，而信汇以信函的方式发送汇款指示。历史上信件的出现远早于电报，故信汇的出现早于电汇。

信汇与电汇相比具有节省费用的特点，因为用信函通知汇款比用电报或电传通知汇款所产生的直接成本低，而且资金在途时间长，因此银行收取的手续费较低。但信汇汇款所需时间比电汇要长，这直接影响了收款人的收款时间，银行有机会在一定时间内无偿占用客户的在途汇款资金；收款人会面临一定的汇率风险。因此，信汇在国际贸易中使用得极少。

4.4 票汇

票汇（demand draft，D/D）是指汇出行应汇款人的申请，开立以其往来银行为受票人的银行即期汇票（banker's demand draft）、支付一定金额给收款人的一种汇款方式。

仍然以上文的案例为例，当日本樱花进出口有限公司（出口商）与澳大利亚的克鲁格曼进出口有限公司（进口商）约定采用票汇的方式汇款时，整个业务流程如图4-7所示。

图4-7 票汇业务流程

① 汇款人填写票汇汇款申请书，交款付费给汇出行。

② 汇出行开立一张以汇入行为付款人的银行即期汇票交给汇款人。

③ 汇款人将汇票邮寄给收款人。

④ 汇出行将汇票通知书寄给汇入行。

⑤ 收款人提示银行即期汇票给汇入行要求其付款。

⑥ 汇入行借记汇出行账户，取出头寸，解付汇款给收款人。

⑦ 汇入行将借记付讫通知书寄给汇出行，通知它汇款解付完毕。

其中，银行汇票的样式如图4-8所示。

图4-8中的汇票由澳大利亚联邦银行墨尔本分行签发，出票人是汇出行，付款人是汇入行，票面没有注明付款期限，默认为即期。经收款人背书可流通转让。有时汇出行想限制汇票只能由出口商收款，会将汇

票制成不可流通的划线汇票，使汇票仅充当支付工具。

```
┌─────────────────────────────────────────────────────────────┐
│          COMMONWEALTH BANK OF AUSTRALIA                       │
│                                              NO._____        │
│    This draft is valid for one year from the date of  AMOUNT_____  │
│                                                      _____   │
│  TO:_____                       │
│  PAY TO _____                      │
│  THE SUM OF _____                      │
│  DEBIT OUR ACCOUNT        COMMONWEALTH BANK OF AUSTRALIA       │
│                                         MELBOURNE             │
└─────────────────────────────────────────────────────────────┘
```

图4-8　银行汇票

4.5　汇款的特点

信汇、电汇和票汇三种方式在结算工具、银行证实方式、速度、安全性、费用、能否转让等方面存在不同，其比较见表4-4。

表4-4　　　　　　　　　　M/T、T/T、D/D 的比较

项目	M/T	T/T	D/D
结算工具	信汇委托书	电报、电传、SWIFT	银行汇票
银行证实方式	签字	密押	签字
速度	慢	快	中
安全性	较安全	安全	不安全
费用	中	高	低
能否转让	否	否	能

票汇与信汇一样都需要邮寄，资金周转时间长，收费较低。票汇与电汇、信汇的不同点在于汇入行无须通知收款人取款，而由收款人持票向汇入行提示付款。而且由于银行汇票本身经收款人背书可以实现流通转让，收款人可以向任何一家愿意接受这张汇票的银行转让该汇票从而

获得资金。票汇的收款主动性较电汇与信汇更强，而电汇、信汇的收款人则不能将收款权转让。因此，票汇具有较大的灵活性，使用也较为方便。但汇票遗失或被窃的风险较高，一旦发生这样的情况，需要挂失止付。因此，在国际贸易中票汇适合于金额相对较小、收款不急迫的情况。

与其他结算方式相比，汇款方式具有如下特点。

4.5.1　商业信用

汇款虽是以银行为媒介进行国际结算，但银行在此过程中仅承担收付委托款项的责任，而对买卖双方在履行合同中的义务并不提供任何担保。汇款能否实现、何时实现取决于买卖双方的信用，即它属于商业信用。

4.5.2　风险大

对货到付款的卖方或对预付货款的买方来说，能否按时收款或能否按时收货，完全取决于对方的信用。如果对方信用不好，则可能钱货两空，因此，买卖双方必定有一方要承担较大的风险。这就要求经营者加强信用风险管理。

4.5.3　资金负担不平衡

对货到付款的卖方或对预付货款的买方来说，资金负担较重，整个交易过程中需要的资金，或者由卖方负担，或者由买方负担，资金负担极不平衡。

4.5.4　手续简便与费用低廉

汇款结算的手续比较简单，银行的费用也较少。因此，在交易双方相互信任的情况下，跨国公司的各子公司之间，或公司内部的贸易结算，均可以采用汇款方式。

4.5.5　汇款属于顺汇

国际结算按照结算工具与货款的流向，可分为顺汇与逆汇。**顺汇（remittance）称汇付法，是由付款人（债务人）主动将款项交给银行，委托银行使用某种结算工具，交付一定金额给收款人（债权人）的结算方法。**其特点是结算工具传递与资金运动方向一致。汇款就属于顺汇。顺汇可以理解为：国际贸易结算中进口商主动委托银行付款。

逆汇（reverse remittance）又称为出票法，是由债权人以开立汇票的方式，委托银行向国外债务人索取一定金额的结算方式。其特点是结算工具传递与资金运动方向相反。逆汇在国际结算中主要是托收方式和信用证方式。逆汇可以理解为：国际贸易结算中出口商主动委托银行收款。

4.6　汇款的偿付

在汇款业务中，汇出行委托汇入行解付款项不是无偿的，汇出行应及时将汇款金额拨交给汇入行。这种**汇款资金的调拨与偿付俗称头寸（cover）**。

头寸拨付按拨款与解付的先后，可以分为先拨后付和先付后拨两种情况。先拨后付是指汇出行先将汇款金额拨交给汇入行，汇入行后解付给收款人；先付后拨是指汇出行指示汇入行先解付，汇入行后向汇出行索偿，或按委托指示的规定索偿。然而在实践中，银行通常采取先拨后付的方式。

付款委托书中关于拨付头寸的说明，即如何进行汇款偿付，称为偿付指示，或头寸拨付指示。根据汇出行与汇入行的账户关系，汇款的偿付有以下几种情况：

4.6.1　汇出行是汇入行的账户行

若汇出行是汇入行的账户行，汇出行应在付款委托书中作出如下头寸拨付指示：

We have credited the sum to your account with us.（我行已在贵行账户中贷记该金额。）

其头寸拨付流程如图4-9所示，汇入行收到该指示后，可向收款人解付。

图4-9　汇出行是账户行的头寸拨付

4.6.2　汇入行是汇出行的账户行

若汇入行是汇出行的账户行，汇出行应在付款委托书中作出如下头寸拨付指示：

Please debit the sum to our account with you.（请从我行在贵行账中借记该金额。）

其头寸拨付流程如图 4-10 所示。汇入行收到该指示后，即可向收款人解付，同时向汇出行发出借记报单。

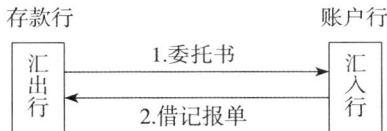

图 4-10　汇入行是账户行的头寸拨付

4.6.3　汇出行 A 与汇入行 B 彼此不是账户行，但双方都以第三家银行 C 为账户行

若汇出行 A 和汇入行 B 彼此不是账户行，但双方都以第三家银行 C 为共同账户行（即碰头行），汇出行应在付款委托书中作出如下头寸拨付指示：

We have authorized C to debit the sum to our account and to credit the sum to your account with them.（我行已授权 C 行从我行在 C 行的账户中借记并从贵行在 C 行的账户中贷记该金额。）

其头寸拨付流程如图 4-11 所示。B 收到该指示和 C 寄来的贷记报单后，即可向收款人解付。C 在向 B 寄交贷记提单时，同时向 A 寄交借记报单。

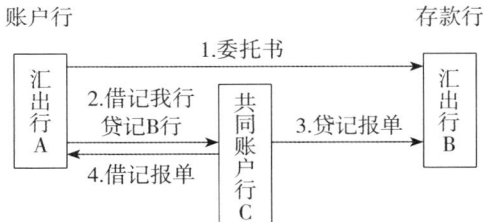

图 4-11　汇出行与汇入行有共同账户行的头寸拨付

4.6.4　汇出行 A 与汇入行 B 彼此既不是账户行，也没有共同账户行

若汇出行 A 与汇入行 B 彼此既不是账户行，也没有共同账户行，但 A、B 分别以 C、D 为账户行，而 C、D 之间则有上述三种关系之一，汇出行应在付款委托书中作出如下头寸拨付指示：

We have authorized C to debit the sum to our account and to remit the sum to your account with D.（我行已授权 C 行从我行在 C 行的账户中借记该金额并汇入贵行在 D 行的账户中。）

其头寸拨付流程如图 4-12 所示。B 在收到其账户行 D 的贷记报单后，即向收款人解付。

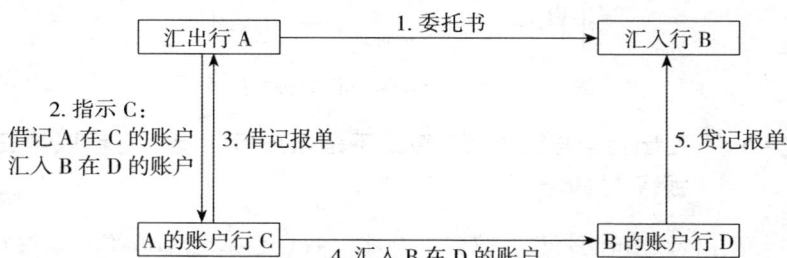

图 4-12　汇出行与汇入行有不同账户行的头寸拨付

4.7　汇款的退汇

<u>退汇是指汇款人或收款人某一方，在汇款解付前要求撤销该笔汇款</u>。退汇的原因可能有以下几点：

（1）因收款人名称、账户、地址不清等原因而无法解付超过 3 个月，银行将主动退汇。

（2）汇出行提出退汇。

（3）收款人拒收。

对于电汇与信汇的退汇，如果由汇款人提出，应提交书面申请与汇款回单，汇出行凭此通知汇入行停止解付，撤回汇款。若收款人有意见，应与汇款人交涉。待接到汇入行同意退汇的答复并收妥汇款头寸后，方可办理退汇。如果退汇由收款人提出，汇入行可作收款人拒收汇

款处理，并通知汇出行，由汇款人到汇出行办理退汇手续。

票汇的退汇需要由汇款人持原汇票正本办理并背书，由出票行注销原汇票，办理退汇手续。若汇款人已将汇票寄出才要求退汇，汇出行原则上不接受退汇。

若汇款人将汇票遗失或者汇票被窃，应立即办理挂失止付，并由汇款人向汇出行出具认赔保证书，保证万一发生重付，由汇款人赔偿银行损失。随后汇出行通知汇入行挂失止付。在接到汇入行同意挂失或止付的回复后，汇出行再办理退汇或重汇。若汇票在挂失、止付前付款行已办理解付，由汇款人承担损失。

退汇的具体流程如图4-13所示。

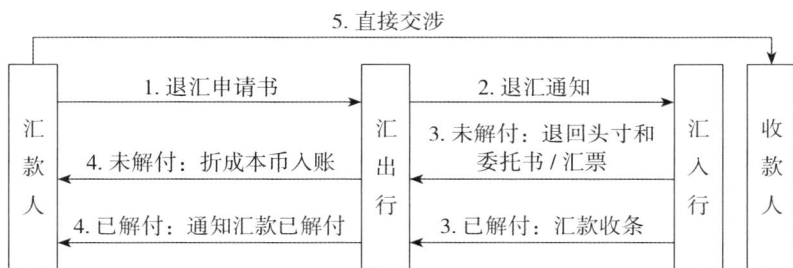

图4-13　退汇处理流程

阅读资料4-1 ▨▨▨▨▨▨▨▨▨▨▨▨▨▨▨

汇出汇款与汇入汇款

汇出汇款（outward remittance）系指汇出境外或中国港澳台地区的外汇汇款，包括经常项目下的贸易和非贸易外汇汇款及资本项目下的外汇汇款。这是商业银行针对本国进口商提供的一种国际结算业务。它实际上只是汇款整个业务流程的一部分，即进口商委托汇出行将货款汇出，故叫作汇出汇款。

我国银行在处理汇出汇款业务时，通常有如下几个步骤：

1.审核境外汇款申请书

申请书审查的要点有：汇款方式的选择；汇出货币及金额大小写是否一致；收款人全称和详细地址；汇入行及收款人账号；进出口合同编号及款项用途、国内外银行费用如何负担。

2.审核外汇管理规定要求的文件

办理汇出汇款业务需符合我国外汇管理的有关规定，提交外汇管理办法要求的有效凭证，如国际收支申报表、贸易进口付汇核销单、进口付汇备案表及汇款有效凭证（正本合同、发票、进口/出口货物报关单、运输单据、保险单据等）。

3.收取汇款

收取外汇汇款的方式包括：外汇现钞、外汇现汇与人民币账户支付。

4.计收汇费和电信费/邮费

各个商业银行的计收标准不尽相同，通常手续费为汇款金额的1‰，同时有每笔最低与最高标准；电信费/邮费另收。

汇入汇款（inward remittance）指商业银行将国外银行汇入本行的货款，按照汇款指示解付给收款人。这是汇入行向收款人提供的业务。汇入行收到款项后，扣除手续费将余款交给收款人。

汇入行对款项的处理如下：

（1）核对汇款指示。在电汇与信汇方式下，汇入行核对密押与签字；在票汇情况下，汇入行检查汇票的真实性。

（2）审核汇款指示的内容。

（3）检查汇款头寸，坚持"收妥头寸、解付汇款"的原则。

（4）处理汇款的退汇与查询业务。

4.8　汇款在国际贸易中的应用

在国际贸易中，当买卖双方使用汇款进行结算时，关于货物与货款的交付顺序主要有以下两种做法：

4.8.1　预付货款

预付货款（payment in advance）是指进口商先将货款的全部或者一部分汇给出口商，出口商收到货款后，根据买卖双方事先的约定或根据合同规定，在一定时间内或立即将货物发运给进口商。

预付货款显然对出口商是有利的，因为对出口商来说，货物未发出，已经收到一笔货款，等于利用他人的款项，或者等于得到无息贷款；收款后再发货，预收的货款成为货物担保，降低了货物出售的风险，如果进口商毁约，出口商即可没收预付款；出口商甚至还可以做一笔无本钱的生意，在收到货款后再去购货。反过来，预付货款对进口商是不利的，因为进口商未收到货物，已经先行垫款，将来如果货物不能收到或不能如期收到，或即使收到货物但有问题时，将遭受损失和承担风险；而且，货物到手前付出货款，资金被他人占用，造成利息损失甚至资金周转困难。

当出口商货物旺销，进口商需求迫切时，或者当贸易双方关系密切，相互了解对方的资信状况时，可以使用预付货款。

4.8.2　货到付款

货到付款（payment after arrival of goods），也称为赊销或者记账赊销，是指出口商先发货，进口商后汇款的结算方式。

货到付款与预付货款截然相反，明显有利于进口商而不利于出口商。出口商只要发运了货物就很难对其进行有效控制。在此情形下，出口商能否收到货款完全取决于进口商的商业信用。如果进口商不守信用，出口商最终可能面临钱货两空的风险。所以在国际贸易中，进口商倾向于运用货到付款的方式，而出口商则偏好预付货款的方式。在国际贸易中，货到付款还可以分为售定与寄售。

1.售定

售定是指买卖双方已谈妥成交条件、签订成交合同，同时确定了货价与付款时间，一般是货到即付或货到后若干天付款。由进口商用汇款方式通过银行汇交出口商。这种特定的延期付款方式俗称"先出后结"，又因价格事先已定，所以称售定。售定主要适用于我国内地的沿海地区向港澳地区出口的鲜活产品。

2.寄售

寄售是出口商先将货物运至进口国，委托进口国的商人在当地市场代为销售，待售出后被委托人将货款按规定扣除佣金后全部汇交出口商。

寄售人（出口商）与代销人（进口商）之间是委托代售关系，而非买卖关系，他们之间通常签有委托寄售协议。代销人只根据寄售人的指示处置货物。货物的所有权在寄售地出售之前仍属寄售人。寄售货物在售出之前，包括运输途中和到达寄售地后的一切费用和风险，均由寄售人承担。寄售货物装运出口后，在到达寄售地前也可使用出售路货的办法，先行销售，出售不成则仍运至原定目的地。

以寄售方式销售，可以使商品在市场上与最终消费者直接见面，消费者按需要的数量随意购买，而且是现货现买。这种销售方式能抓住销售时机，所以对于开拓新市场，特别是消费品市场，是一种行之有效的方式。

但寄售方式对于寄售人风险很大：其一，货物售出之前发运，售后才能收回货款，资金负担较重。其二，寄售的货物能否售出，取决于代销人的销售能力。其三，万一代销人不守协议，如不能妥善代管货物，或是出售后不能及时汇回货款，都将给出口商带来损失。其四，如果货物滞销，需要运回或转运至其他口岸，出口商将遭受运费损失。

售定和寄售都属于国际贸易的方式，在防范风险的同时，出口商可以积极使用，扩大自己的目标市场。正如党的二十大报告所指出的，实行更加积极主动的开放战略，构建面向全球的高标准自由贸易区网络。

4.9　汇款业务中的融资

4.9.1　给出口商的融资

在售定交易中，为了方便出口商融资，加快其收回货款的速度，出口地银行会提供汇付融资，即出口发票融资的服务。出口融资银行不需要出口商出具提单正本，只凭其出具的带有"货款让渡"条款的商业发票和提单副本，以货物应收账款为第一还款来源，向出口商提供短期贸易融资。融资期限不长于90天，融资金额不超过发票金额的70%。出口发票融资的业务流程如下：

（1）出口商向出口融资银行提交出口发票融资业务申请书。

（2）出口融资银行对出口商提交的材料进行审核。

（3）出口商发货后，将全套货运单据及注明"货款让渡"条款的商业发票交出口融资银行，转寄给进口商。进口商凭单提货后，立即汇款。

（4）出口融资银行从进口商的汇款中扣除已支付的融资款，将余下的为出口商办理结汇。

（5）发票融资到期前一个星期，出口融资银行向出口商发出还款通知。

（6）若超过融资期限尚未收到进口商汇款，出口融资银行应在下一个工作日向出口商进行催收。

4.9.2　给进口商的融资

在货到付款的交易中，如果进口商资金周转有困难，进口地银行可以向他提供汇出汇款先行垫付的短期融资服务，融资期限不长于90天。其特点是融资款的用途仅限于汇出汇款，所得融资款项不能入企业的结算账户自由使用。这种汇出汇款项下融资的业务流程如下：

（1）进出口贸易双方签订合同或协议，确定以货到付款为贸易结算方式。

（2）进口商（汇款人）资金周转有困难，向汇出行（进口地银行）提出办理汇出汇款项下融资业务的申请，并提交银行格式化的"汇出汇款项下融资申请书"。

（3）汇出行（汇出汇款融资行）经审核同意后，与进口商（汇款人）签订"汇出汇款项下融资合同"，凭进口商（汇款人）提交的"购汇/用汇申请书"、国外出口商（收款人）寄交的商业发票副本及提单副本、进口贸易合同、货物进口报关单等外汇管理局要求的其他单据向汇入行汇出货款。

（4）汇入行将货款解付给出口商（收款人）。

（5）进口商（汇款人）在汇出汇款融资到期时将本金归还汇出行（汇出汇款融资行）并支付相应的利息。

阅读资料4-2

汇出汇款项下融资应注意的问题

进口地银行在办理汇出汇款项下的融资业务时，应做以下调查：

1.了解汇出汇款融资申请人的资信情况

由于汇出汇款融资还款的唯一来源是汇出汇款融资申请人的经营利

润，因此了解汇出汇款融资申请人的经营能力、资信状况十分重要。在此方面，主要审核进口商偿债能力和以往的信用记录、进口商品以往的销售情况等。如果进口商品直接用于销售，还应调查国内市场行情；对于大宗商品的进口，应进一步了解国内购货方的支付能力等。

2. 了解进口货物的市场行情

若进口货物属于畅销产品，由于其变现能力较强，可适当放宽汇出汇款融资条件；反之，如果进口货物滞销，市场价格下降，会降低进口商还款意愿和还款能力，因此应从严控制汇出汇款融资条件。

3. 适当考虑增加其他安全措施

由于汇出汇款融资的还款来源单一，风险较大，因此在需要时，可比照普通流动资金贷款的风险防范措施，考虑增加其他担保或抵押，如要求汇出汇款融资申请人增加第三方担保、房产抵押、有价证券的质押等，以防万一风险发生时，使汇出汇款融资申请人在处理业务时有所顾忌，从而使汇出汇款融资银行能将损失减少到最低程度。

4. 确定风险系数及占用额度

办理汇出汇款融资后，汇出汇款融资行存在"钱货两失"的风险：一方面，汇出汇款融资行在汇出汇款融资申请人未提供资金的情况下，使用自己的资金对外进行付款；另一方面，在汇出汇款融资申请人没有支付货款的情况下将货物的使用权给予了汇出汇款融资申请人，倘若汇出汇款融资申请人到期因种种原因无法归还汇出汇款融资款及货物（因为到汇出汇款融资到期时，货物很可能已经被使用或转卖了），汇出汇款融资行可能承担较大的风险。因此，汇出汇款融资的风险系数较高，并占用了汇出汇款融资申请人在汇出汇款融资银行的工商授信额度。

5. 注意汇出汇款融资后的期间管理

在实务中，汇出汇款融资后的期间管理十分重要，汇出汇款融资行在必要时需监控汇出汇款融资申请人进口货物的货款回笼情况。如拟通过货权控制降低风险，应审查货权控制方案是否具有可操作性、对银行保障程度如何等。在汇出汇款融资申请人出现不利于还款的迹象时，应严格监控其进口货物的货款回笼情况，并采取适当措施，减少损失。

对办理汇出汇款项下融资的进口商而言，应注意以下事项：

1. 专款专用

汇出汇款融资应专款专用，仅用于汇款项下的对外付款，不能像其他押汇一样结成本国货币使用。

2. 短期融资

汇出汇款融资是短期融资，期限一般不超过90天。90天以内的汇款，其汇出汇款融资期限与远期期限相加一般也不得超过90天。

3. 金额限制

汇出汇款融资金额需汇出汇款融资申请人根据实际情况与汇款行协商后决定，但最高不得超过进口商业发票所显示的金额。

4. 符合融资业务的规定

办理汇出汇款项下的融资业务，融资申请人需符合国家外汇管理局"货到付款"购汇/用汇资格、条件等有关管理规定。

资料来源：

［1］周岳梅，孙海洋. 国际贸易融资结算操作技能实训［M］. 上海：上海交通大学出版社，2011.

［2］庄乐梅，韩英. 贸易融资与外汇理财实务［M］. 北京：中国纺织出版社，2007.

思政课堂

渤海银行助力国际贸易结算便利化

思政元素：科技赋能

作为最年轻的全国性股份制商业银行，自成立以来，渤海银行利用显著的后发优势，坚持着国际化发展路径，注重提高金融服务对外开放能力、跨境金融服务能力，深度融入"双循环"发展战略，持续聚焦、敏捷响应客户需求。为助力国际贸易结算便利化，近年来该行以科技赋能为手段，持续优化企业客户跨境汇款业务流程，当前，该行跨境汇入汇款秒级自动清分率已达90%，跨境汇出汇款可一键批量提交最多40笔业务，为客户提供了更加安全、便捷、顺畅的国际结算服务。

渤海银行始终致力于提升企业客户跨境汇款业务的时效性、便捷度和服务自动化水平。通过重新梳理和整合跨境汇款业务流、建立头寸自动撮合模型、升级国结系统与企业网银接口、构建批量汇款数据标准等组合措施，渤海银行成功实现跨境汇入汇款自动清分、跨境汇出汇款一键批量处理和国际收支信息线上申报等多个功能和服务的升级，精准满足客户便捷收付跨境资金和在线申报的结算需求。同时，在线申报替代纸质申报满足了客户的速汇需求，使企业客户免于频繁往返于银行网点，实现了足不出户即可办理国际结算及国际收支申报等业务。

近年来，渤海银行不断发展创新并与金融科技等领域相结合，以客户体验度提升和银行运营降本增效为双重目标，对客户业务需求高度关注并热切响应，通过持续为客户打造全流程、一站式、秒级处理的跨境汇款业务服务，真正让客户享受到了安全、无感、泛在的高质量汇划体验。未来，渤海银行将进一步以更优质的服务、更饱满的热情、更强劲的力度破解跨境结算业务难点，持续响应客户需求、改进服务细节，不断提升服务质量，助力推进国际贸易营商环境便利化进程。

资料来源：佚名. 渤海银行助力国际贸易结算便利化　创新跨境汇款服务畅通"双循环"［EB/OL］.［2022-06-01］. https://www.sohu.com/a/553106856_120510162.

本章小结

1. 汇款是指银行（汇出行）应汇款人的要求，以往来银行作为付款行（汇入行），将钱款付给收款人的一种结算方式。汇款方式是建立在买卖双方相互提供的信用基础上的，属于商业信用。

2. 汇款业务有四个当事人：汇款人、收款人、汇出行与汇入行。汇款人是指向银行提出汇款申请，委托银行帮其付款的当事人，通常是进口商或其他债务人。收款人是指接受汇款金额，即直接收取款项的当事人，通常是出口商或其他债权人。汇出行是指接受汇款人的汇款委托，办理该业务的银行，通常是汇款人所在地银行。汇入行是指接受汇出行委托，向收款人支付款项的银行，通常是收款人所在地银行。

3. 按照所采用的结算工具的不同，汇款可以分为电汇、信汇和票汇三种。电汇是汇出行应汇款人的要求，以电报、电传、SWIFT等方式通知汇入行请其将款项付给收款人的一种汇款方式。信汇是汇出行以信汇委托书或支付通知书等方式，通过邮局传递或航空邮递给汇入行，授权汇入行将款项付给收款人的一种汇款方式。票汇是指汇出行应汇款人的申请，开立以其往来银行为受票人的银行即期汇票、支付一定金额给收款人的一种汇款方式。

4.顺汇是由付款人（债务人）主动将款项交给银行，委托银行使用某种结算工具，交付一定金额给债权人（收款人）的结算方法。其特点是结算工具传递与资金运动方向一致。汇款就属于顺汇。逆汇是由债权人以开立汇票的方式，委托银行向国外债务人索取一定金额的结算方式。其特点是结算工具传递与资金运动方向相反。逆汇在国际结算中主要采取托收方式和信用证方式。

5.银行在发出付款通知时，大多采用 SWIFT 方式。常用于汇款的 SWIFT 报文格式有 MT103、MT200 与 MT202。

6.汇款资金的调拨与偿付俗称头寸。付款委托书中关于拨付头寸的说明，即如何进行汇款偿付，称为偿付指示，或头寸拨付指示。

7.退汇是指汇款人或收款人某一方，在汇款解付前要求撤销该笔汇款。电汇与信汇方式下的退汇，如果由汇款人提出，应提交书面申请与汇款回单，汇出行凭此通知汇入行停止解付，撤回汇款。如果退汇由收款人提出，汇入行可作为收款人拒收汇款处理，并通知汇出行。票汇的退汇需要由汇款人持原汇票正本办理并背书，由出票行注销原汇票，办理退汇手续。

8.在国际贸易中，汇款业务通常配合预付货款与货到付款两种贸易方式使用。其中，货到付款又分为售定与寄售。

综合训练

4.1　单项选择题

1.伦敦一家银行委托国外代理行向收款人办理汇款解付，头寸调拨为（　　）。

A.主动借记对方账户　　　　B.主动贷记对方账户

C.授权借记对方账户　　　　D.授权贷记对方账户

2.客户要求银行使用电汇方式向国外收款人汇款，则电信费用由（　　）承担。

A.汇出行　　　　　　　　　B.汇入行

C.汇款人　　　　　　　　　D.收款人

3.银行办理业务时，通常无法占用客户资金的汇款方式是（　　）。

A.电汇　　　　　　　　　　　B.票汇

C.信汇　　　　　　　　　　　D.以上都是

4.采用寄售方式出售商品时，（　　　）承担的风险最大。

A.进口商　　　　　　　　　　B.代销商

C.银行　　　　　　　　　　　D.出口商

5.适宜采用电汇结算的债权债务一般是（　　　）。

A.零星的、小额货款　　　　　B.付款时间紧急的大额货款

C.贸易从属费用　　　　　　　D.不紧急的款项

6.代理行向收款人解付电汇款项之前需要（　　　）。

A.核对汇出行授权人签章　　　B.核对汇出行密押

C.核对汇出行电文格式　　　　D.核对汇出行汇票票根

7.不必限定在汇入行取款的汇款方式是（　　　）。

A.电汇　　　　　　　　　　　B.信汇

C.票汇　　　　　　　　　　　D.以上都是

8.对出口商有利的贸易结算汇款方式是（　　　）。

A.先结后出　　　　　　　　　B.赊销

C.延期付款　　　　　　　　　D.售定

9.对进口商不利的贸易结算汇款方式是（　　　）。

A.延期付款　　　　　　　　　B.赊销

C.售定　　　　　　　　　　　D.预付货款

10.（　　　）是我国南方沿海三省对港澳地区出口某些鲜活商品的一种特定结算方式。

A.延期付款　　　　　　　　　B.赊销

C.售定　　　　　　　　　　　D.预付货款

4.2　多项选择题

1.电汇适合以下情况中的（　　　）。

A.金额小、收款急　　　　　　B.金额小、收款不急

C.金额大、收款急　　　　　　D.金额大、收款不急

2.汇款头寸的偿付表现为（　　　）。

A.汇款双方银行有往来账户时，可直接通过账户收付

B.汇款双方银行在同一代理行开有往来账户，可通过代理行转账

C.汇款双方国家如订立有支付协定，则通过清算账户办理

D.汇款双方银行通过各自的代理行办理

E.用汇票偿付汇款头寸

3.汇款不是基于（　　　　）进行的国际结算。

A.国家信用　　　　　　　　　　B.商业信用

C.公司信用　　　　　　　　　　D.银行信用

4.汇款业务中，银行之间会用到的SWIFT报文有（　　　　）。

A.MT103　　　　　　　　　　　B.MT700

C.MT200　　　　　　　　　　　D.MT202

5.下列方式适用于汇款的有（　　　　）。

A.售定　　　　　　　　　　　　B.寄售

C.拍卖　　　　　　　　　　　　D.招标

4.3　思考题

1.汇款业务的当事人有哪些？分别承担怎样的责任？

2.电汇业务的基本程序是怎样的？

3.票汇业务的基本程序是怎样的？

4.汇款业务头寸调拨指什么？有几种调拨方式？

5.国际贸易中，在什么情况下使用汇款方式？

托　收

学习指南

【学习目标】在各种结算业务中，汇款的出现最早，其次是托收，最后是信用证。托收业务的手续简单，费用较低，在国际结算中占有一席之地。通过本章的学习，要了解托收的基本含义，了解托收业务各方当事人的义务与责任；了解实践中的托收主要有哪几种类型；掌握各种类型的托收业务流程，重点辨别它们的区别在哪里；能够分析托收业务中各方当事人的风险及该如何防范；理解托收指示的作用，以及托收业务中的融资。

【关键概念】托收　光票托收　跟单托收　付款交单　承兑交单即期付款交单　远期付款交单　托收指示　信托收据　出口押汇

第 5 章关键概念

引例

买方利用虚假银行信息进行托收诈骗

2015年3月,我国A公司与意大利B公司签订了一份金属原材料出口合同,交易金额约15万美元,约定支付方式为D/P,A公司按照合同出运货物后,委托香港某托收行将全部贸易单证提交到买方B公司提供的代收行Z。

A公司交单后多次催促买方B公司付款赎单,B公司反馈正在安排付款,随后A公司从货运代理公司处获悉货物已被提走。经托收行向代收行Z通过SWIFT发报查证,获悉Z银行从未收到过相关单证。A公司发觉被骗,遂向中国出口信用保险公司(简称中国信保)通报可能损失。

中国信保接受委托并审核材料单证后,委托意大利当地渠道律师介入,经实地走访,获悉买方提供的代收行Z地址与它的真实地址非常接近,但差几个门牌号。快递签收单显示的签收人也并非Z银行工作人员,渠道判断正本单据已被买方蓄意骗取并提走货物。本案处理期间,我国驻意大利使馆经商参赞处于2015年4月7日发布了《关于意大利公司通过付款交单D/P进行贸易欺诈的紧急提示》,提示近期国内多家从事金属硅、镁等金属原材料贸易公司遭受意大利公司诈骗,意方公司通过提供虚假银行地址直接骗取单据,其手法与本案如出一辙。

案例中的付款交单D/P属于托收的一种,代收行是托收的当事人之一。托收也是当今主流结算方式之一。托收的其他当事人有哪些?托收有哪些类型?托收的业务流程是如何的?托收与汇款相比,先进性体现在哪里?本章将进行相应的阐述。

5.1 托收概述

5.1.1 托收的含义

国际上目前使用的关于托收的惯例是国际商会1996年开始实施的第522号出版物《托收统一规则》(Uniform Rules for Collection),也称为 URC522。其第 2 条对托收的定义如下：

托收是指银行按照得到的指示对金融单据和/或商业单据进行处理，以便：

（i）获得付款和/或承兑，或

（ii）凭付款和/或凭承兑交付单据，或

（iii）凭其他条款和条件交付单据。

至于金融单据与商业单据的含义见本书第 3 章。

以上的定义可以理解为：**托收（collection）是指出口商（债权人）开立汇票委托银行向进口商（债务人）收取款项**。具体而言，托收由出口商开出汇票，连同货运单据，委托出口地银行要求进口商付款，进口商在收到商业单据经审单无误后通过进口地银行付款。结算工具的走向与货款的流向是相反的，因此托收属于逆汇。

托收建立在商业信用基础之上，出口商与托收银行之间、托收银行与代收银行之间只是一种代理关系，银行只收取手续费，并不承担付款的责任。

5.1.2　托收的当事人

托收的基本当事人如下：

委托人（principal），是指委托银行办理托收业务的当事人，通常是出口商。委托人的义务包括：根据合同规定发货；提交符合合同规定的单据；正确填写托收申请书，并将汇票及商业单据一并交给托收行；当托收行将托收中发生的一些意外情况通知委托人时，委托人应及时指示，否则因此发生的损失由委托人承担；委托人不但要支付托收行手续费，也应支付为执行托收指示而支出的各项费用；当付款人拒付时，国外代收行费用也应由委托人承担。

托收行（remitting bank），也称为寄单行，是指接受委托人的委托，向付款人收取款项的银行，通常是出口地银行。托收行的义务包括：核验实际收到单据的份数、名称是否与托收申请书填写内容相符，但没有进一步审单的义务；根据托收申请书的内容制作托收指示；将托收指示、汇票和单据寄给代收行，指示其向付款人收款；一旦发生拒付，收到拒付通知后，托收行必须作出处理单据的指示。

代收行（collecting bank），是指托收行的代理行，即接受托收行的委托向付款人收取款项的银行，通常是进口地银行。代收行承担的义务包括：核对单据的份数及名称，如有不符立即通知托收行；执行托收指示，若指示不明确，代收行应及时与托收行联系，并听候下一步指示；收到全部货款或接受承兑后放单；确保汇票承兑形式的完整与正确，但对任何签字的真实性与签署者权威性不负责任；当付款人未履行交单条件时，代收行不能把单据交给付款人，并有义务妥善保管好单据；托收款项扣除手续费及第三方费用后，按托收指示中的条款无延误地支付给托收行；在发出拒付通知后的60天内，仍未接到托收行指示的情况下，代收行可将单据退回托收行，不再承担任何责任。同时，代收行无义务对托收项下货物采取任何行动；若代收行采取了提货、存仓、保险等保护货物的行动，这些行动的费用由委托人承担，而且代收行对这些行动的后果概不负责；不过代收行须将这些行动通知托收行。

付款人（drawee），是指承担付款义务的当事人，通常是进口商。付款人的主要义务是对托收项下的汇票进行付款或者承兑，不得无故延迟付款或者拒付。付款人义务的履行以委托人能够提供符合合同条款的单据为前提。

各方当事人之间的关系如图5-1所示：

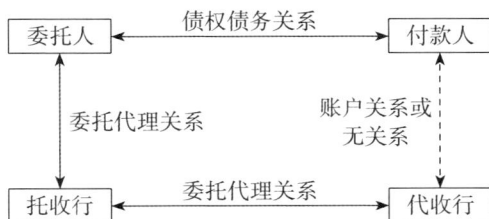

图5-1　托收各方当事人关系

5.1.3　托收的分类

在URC522第2条中，根据委托人签发的汇票是否附带商业单据，托收可以分为光票托收和跟单托收。

光票托收（clean collection）是指不附有商业单据的金融单据项下的托收。 由于不涉及商业单据，银行业务处理较简单。在国际贸易中，光票托收用于收取货款的尾数、佣金、样品费以及其他贸易从属费用等小额款项。

跟单托收（documentary collection）是指附有商业单据的金融单据项下的托收，或者不附有金融单据的商业单据项下的托收。根据 URC522 的定义，跟单托收一定要有商业单据，可以没有金融单据。商业单据主要有提单、保险单、装箱单等。在国际贸易中，货款的收取大多采用跟单托收。在跟单托收的情况下，按照代收行向进口方交单的不同条件，可以分为付款交单和承兑交单。其中，根据付款期限的不同，付款交单又可以分为即期付款交单和远期付款交单。托收的种类可以用图 5-2 来归纳。由于光票托收基本不涉及国际贸易货款的收付，本章只讨论跟单托收。

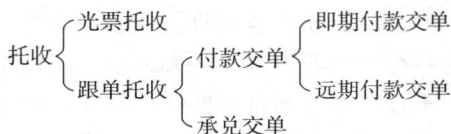

图 5-2　托收的分类

付款交单（document against payment，D/P）的含义是，代收行只有在付款人付清汇票金额后才能把单据交给付款人。从字面上理解，付款交单指"凭付款才交单"，颇有些"一手交钱，一手交货"的意思；只有在交钱的情况下，代收行才交货——尽管代收行不是实际交货，而是象征性交货——将包括代表物权凭证的海运提单在内的全套商业单据交给进口商。

承兑交单（document against acceptance，D/A）的含义是：代收行凭付款人对远期汇票的承兑而交出单据。具体而言，委托人在货物装运后开具远期汇票，连同货运单据通过委托行向进口商托收，进口商承兑汇票后，代收行留下汇票，将全部单据交给进口商，等汇票到期时进口商再支付货款。

5.2　跟单托收的业务流程

5.2.1　即期付款交单

即期付款交单（D/P at sight）就是凭付款人对即期汇票付款而交出

<u>单据</u>。具体而言，即期付款交单指委托人开具即期汇票给托收行转寄代收行，代收行向付款人提示汇票，付款人见票即付后，代收行才交单。下面举一个具体案例详细说明即期付款交单的业务流程：澳大利亚克鲁格曼进出口集团（出口商）与日本樱花进出口公司（进口商）于 2022年 6 月 20 日签订了关于毛衣进出口的外贸合同，总金额 245 000 美元，合同规定货款结算方式为即期付款交单，贸易价格为 CIF。其中，出口商的银行为澳大利亚联邦银行墨尔本分行（托收行），进口商银行为东京三菱银行立川分行（代收行）。出口商于 2022 年 7 月 3 日去托收行提交托收申请书，同时提交汇票 2 份、商业发票 4 份、海运提单 3 份、保险单 2 份、装箱单 2 份、原产地证 4 份、品质证书 4 份。即期付款交单的业务流程如图 5-3 所示。

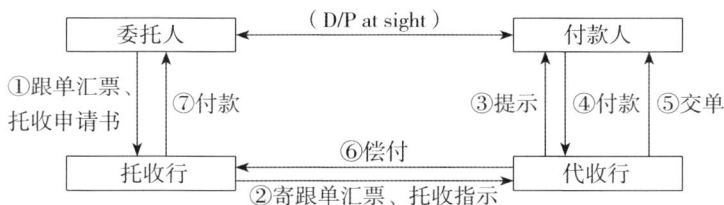

图 5-3　即期付款交单业务流程

① 出口商按合同要求发货后，填写托收申请书，开立即期汇票后连同商业单据，交托收行委托收款。

② 托收行核验出口商提交的单据后，填写托收指示，并将托收指示、汇票、商业单据等邮寄代收行。

③ 代收行向付款人提示汇票。

④ 付款人审单无误后付款。

⑤ 代收行向付款人交单。

⑥ 代收行按托收申请书规定的方式将货款交付托收行。

⑦ 托收行交付货款给出口商。

其中，在本案例中使用的托收申请书与即期汇票如图 5-4 和图 5-5 所示。

托收申请书是委托人与托收银行之间关于该笔托收业务的契约性文件，也是银行处理该笔托收业务的依据。托收申请书的主要内容有：

COLLECTION ORDER

托收行(REMITTING BANK) 澳大利亚联邦银行 维多利亚省墨尔本亚拉格林贝尔 大街9号 61-3-52142568	代收行(COLLECTING BANK) 名称:THE BANK OF TOKYO- MITSUBISHI,LTD 地址: 2-10-22 KAVATO BLDA 4F, AKEBONOCHO TACHIKAWA SHI. TOKYO 0081-45557741
委托人(PRINCIPAL) 克鲁格曼进出口集团 墨尔本中心商务区第五大道25号 033-93838393	付款人(DRAWEE) 名称:JAPAN SAKURA IMPORT & EXPORT CO.,LTD 地址: NO.165 SHANHE ROAD IN OSAKA CITY 电话:0081-90122245
付款交单D/P √ 承兑交单D/A 发票号码:IV0000362 金额: USD245,000	国外费用承担:√付款人 委托人 国内费用承担: 付款人 √委托人

单据 种类	汇票	商业 发票	海运 提单	航空 运单	保险 单	装箱 单	数量 重量 证书	健康 证	植物 检疫 证书	品质 证书	原产 地证	普惠 制产 地证
份数	2	4	3		2	2				4	4	

付款指示:

请将收汇款原币划入我司下列账上:

开户行:澳大利亚联邦银行

联系人姓名:克鲁格曼

账号:6101000689067

电话:033-93838393   传真:033-39747674   公司签章

图5-4　托收申请书

① 托收的交单条件：是 D/P 还是 D/A。

② 委托人、付款人、托收行与代收行的名称与地址。

③ 商业发票号或贸易合同号码，托收总金额。

④ 银行费用如何处理，一般是贸易双方各自负担本国银行的费用。

⑤ 交单的种类与份数。

⑥ 明确在付款交单条件下，遇拒付时，对于货物的处理办法。

⑦ 付款时间的附加规定。这些附加规定包括付款人延迟付款是否加收利息，提前付款是否给予贴息等。

⑧ 关于远期付款交单是否委托国外代收行代为存仓、保险。

⑨ 如果付款人拒绝付款或承兑，是否要做成拒绝证书。

EXCHANGE FOR	USD245,000	MELBOURNE,30TH JUNE 2022

At   Sight   **pay this**   *first*   *Bill of Exchange*
Second of same tenor and date unpaid   *to the Order of*

KRUGMAN IMPORT & EXPORT CO.,LTD,
NO.25 THE FIFTH AVENUE.CBD OF MELBOURNE
    DRAWN UNDER SALES CONTRACT　NO.C000263
US DOLLARS TWO HUNDRED FORTY–FIVE THOUSAND ONLY
Value Received

To   JAPAN SAKURA IMPORT & EXPORT CO.,LTD   KRUGMAN IMPORT &
       NO.165 SHANHE ROAD,OSAKA,JAPAN   EXPORT CO.,LTD

                                    BILL NO: B1234

图 5–5　即期汇票

5.2.2　远期付款交单

远期付款交单（D/P after sight）指代收行凭付款人远期付款向付款人交付单据。 具体而言，委托人发货后开具远期汇票连同商业单据，通过银行向付款人提示，付款人审核无误后即对汇票进行承兑，于汇票到期日付清货款后再领取商业单据。远期付款交单的具体流程如图 5–6 所示：

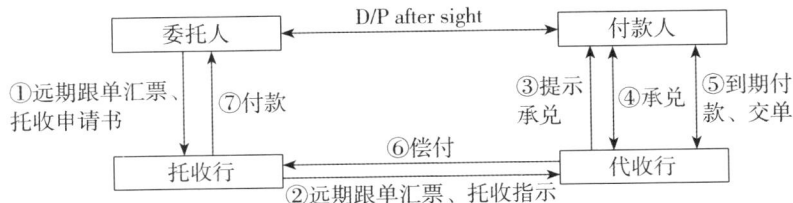

图 5–6　远期付款交单业务流程

在进出口贸易项下，贸易双方签订合同，规定货款结算方式为远期付款交单。其业务流程与即期付款交单相比，在①、③、④、⑤环节存在有明显差异，但其他程序大致相似，这四个环节的内容具体为：

① 出口商装运货物后开立的是远期汇票。

③ 由于是一张远期汇票，代收行向付款人提示承兑。

④ 付款人审单无误后承兑汇票，代收行收回汇票和单据。

⑤ 汇票到期后，代收行向付款人提示付款。付款人支付票款后，代收行向其交单。

5.2.3 承兑交单

承兑交单（D/A）指代收行凭付款人承兑汇票向付款人交付单据。具体而言，委托人发货后开具远期汇票连同商业单据，通过银行向付款人提示，付款人审核无误后承兑汇票，银行凭付款人承兑汇票交付单据，待汇票到期时付款人再将货款支付给银行。D/A 的具体流程如图 5-7 所示：

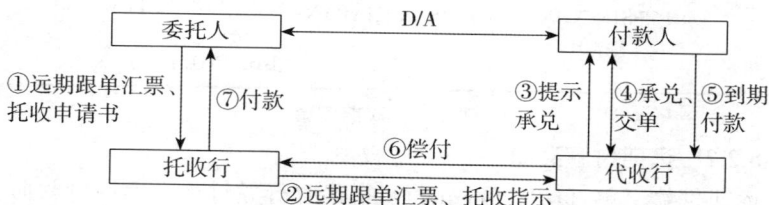

图 5-7　承兑交单业务流程

在进出口贸易项下，贸易双方签订合同，规定货款结算方式为承兑交单。其业务流程与远期付款交单相比，在环节④、⑤存在明显差异，但其他环节大致相似，这两个环节的内容为：环节④ 付款人审单无误后承兑汇票，代收行收回承兑汇票，并将单据交给付款人；环节⑤ 付款人在远期汇票到期时付款给代收行。

从上述图 5-5、图 5-6 与图 5-7 可以看出，跟单托收的三种方式的区别主要是汇票期限不同、代收行向付款人交单的条件不同，由此造成付款人的付款时间与代收行交单不同。下面假设代收行向付款人提示汇票的时间为 8 月 1 日，将 D/P 即期、D/P 30 天、D/A 30 天，三种托收方式下付款人承兑、付款、代收行交单，以及付款人提货的时间一一做比较，见表 5-1。

表 5-1　　　　　　　　D/P 即期、D/P 远期、D/A 各项时间对比

托收类别	汇票付款期限	代收行提示	付款人承兑	付款人付款	代收行交单
D/P 即期	即期	8月1日	无	8月1日	8月1日
D/P 30 天	见票后 30 天	8月1日	8月1日	8月31日	8月31日
D/A 30 天	见票后 30 天	8月1日	8月1日	8月31日	8月1日

5.3　托收的特点

托收与汇款相比，能够较好地将钱与货（单据）衔接起来，起制约作用；银行收取手续费相对也较低，买卖双方办理托收业务的手续也较为简便。然而，托收与汇款也有很大的相似之处——它们都属于商业信用。虽然银行也是托收业务中必不可少的当事人，然而银行仅仅是接受卖方的委托，参与结算并收取手续费，并不承担付款的责任，也不提供银行信用。至于卖方能否按时收到货款，完全取决于买方的信用。

除此之外，托收还有着自身的特点：

托收方式对买方有利，对卖方不利。无论是 D/P 还是 D/A，卖方都是先发货后收款，这实际上是卖方单方面向买方提供信用。哪怕由代收行控制单据，但货已经运到进口国，面临巨大风险。如果买方公司破产丧失付款能力，或者因为市场行情下跌，买方借故拒不付款，此时将对卖方造成较大的损失。因此，对于金额较大的交易、不了解买方资信情况或者买方资信不佳，不宜使用托收。

在跟单托收的三种类型中，相对而言，采用 D/P 即期，出口商在进口商付款之前始终控制着单据，风险较低；可以迅速收回货款，有利于提高资金的使用效率。采用 D/P 远期，出口商收款时间推迟，资金被占用，不利于高效使用资金。采用 D/A，出口商资金被占用时间长，交单后出口商无法用货权约束进口商最终付款，面临钱货两空的风险。因此，对于卖方而言，如果采用托收方式，也要尽量采用 D/P 即期。

托收中的欺诈与防范

某年 10 月，广西某外贸公司（卖方）与港商陈某（买方）在广交会上签订了出口 500 箱工艺品、金额为 25 万港币的合同。但在交易会过后两个月，对方仍未开来信用证，而此时，我方已安排生产。后来，卖方去电询问对方原因，对方在获知我方已生产完毕后，一再解释目前资金短缺，生意难做，要求我方予以照顾，把信用证付款改为 D/A 90 天付款。我方公司考虑到货已备好，若卖给其他客户，一时找不到销路，会造成积压，故不得不迁就对方，经请示上级领导同意，改为 D/A 90 天付款。

于是，我方将货物安排运往中国香港，并提交有关单据委托当地 C 银行（托收行）通过香港 K 银行（代收行）托收货款。货到香港后，陈某凭已承兑汇票的单据，提取了货物。而 90 天期限已过，我方仍未见对方付款。虽经我方银行多次去电催收，但对方总是借故推托，一会儿说商品销路不好卖不出去；一会儿又声称货物质量太差，被客户退货，资金周转困难，无法还款，如此一拖再拖，一直毫无结果。我方公司不仅失去货物，而且货款追收无望，又要承担银行贷款利息损失，赔了夫人又折兵。

另一年 3 月，我国某出口商 A 与中东地区某进口商 B 签订了一批劳保手套的出口合同，付款条件为 D/P 45 天。自 2009 年 5 月至同年 10 月不到半年时间，A 公司先后委托当地 C 银行（托收行）办理托收 10 笔，托收申请书上均指明代收行为中东 M 银行（此为进口商指定），付款人是 B 公司，金额总计 50 万美元。托收行根据委托人（出口公司）指示，在托收指示中列明：DELIVER DOCUMENTS AGAINST PAYMENT，DUE DATE/TENOR 45 DAYS SIGHT（见票 45 天后付款交单），且印就文句：SUBJECT TO ICC322（依据国际商会第 322 号版本）。

但 M 银行收到我方单据后，竟陆续以承兑交单（D/A 45 天）方式将单据放给进口商，而 10 张承兑汇票逾期多天尚未见支付。托收行几次去电催收，并质疑代收行为何擅放单据，代收行最初不予理睬，被催紧了才回电辩解：D/P 远期不合常理，且当地习惯认为 D/P 远期与 D/A

性质相同，故以 D/A 方式放单。以此理由推诿放单责任。此后，出口公司又直接与进口商联系，催其付款，但对方称：目前资金紧张，暂无力支付，要求延迟一段时间，并签订了"还款计划书"。

可是，一晃两个月过去，进口商仍未付款。于是，该出口公司不得不派人亲往中东与进口商交涉。但 B 公司老奸巨猾，一会儿称货物短装，要扣减 10 万美元；一会儿又称货物质量有问题，需索赔 20 万美元，此外还要扣去 10 万美元预付款等，基本上否定了全部欠款。到后来，对方干脆避而不见，寻无踪迹，这 50 万美元货款也就如泥牛入海，杳无消息。

上述两个案例均表明，托收这种结算方法对出口商风险较大，但对进口商颇具吸引力。如果不得不使用托收，出口商应采取以下防范措施：

在交易前，出口商必须委托有关咨询机构调查了解进口商的经营作风和资信情况；并设法弄清对方国家的商业、贸易习惯，防止进口国按"当地习惯"将 D/P 远期处理成 D/A。

在谈判时，出口商应力争采用 CIF 价格成交，由我方投保，以控制货物受损理赔的主动权。必要时，可加投出口信用保险。密切注意货物动向，及时联系催收货款。若对方提出改变付款方式或延期支付，应要求其提供银行担保，并加收利息；假如进口商拒不付款提货，应尽快接洽船务公司或代理人安排货物存仓或转售，不可轻易接受对方的无理要求，以免上当受骗。

即使不得不选择托收，也应优先采用 D/P 即期方式，并指定信誉可靠的代收行（最好是我国银行在进口国的分行或支行），尽量避免采用 D/P 远期或 D/A。此外，亦可要求买方以 T/T 方式预付部分货款，余下货款再用托收。

出口商除了严格按照合同规定按时、按质、按量交货，更要准确制作商业单据，如商业发票、提单、保险单、检验证书、汇票等，单据与单据之间不矛盾，并与合同相一致，以免进口商挑出不符点并以此为借口拖延付款，甚至不付款。

5.4 托收指示

托收指示是托收行向代收行寄送托收单据的面函，是托收行对所有托收事项作出的指令组合。它在 URC 322 之前称为"托收委托（collection advice）"，在 URC 322 时期称为"托收命令（collection order）"，在 URC522 称为"托收指示（collection instruction）"。URC522第4条对托收指示的规定如下：

① 一切托收单据必须附有一项单独的托收指示书，指示书表明以URC522为准则。代收行仅允许依该托收指示书行事。

② 银行将不从审核单据中获取托收指示。

③ 除非托收指示中另有授权，从哪个当事人/银行那里收到托收单据，就遵从该当事人/银行的托收指示，代收行对其他当事人/银行的指令不予理会。

托收指示是托收行根据托收申请书缮制，它是授权代收行单据的完全和准确的条款；它是代收行处理托收业务的唯一标准。托收指示如图5-8所示。

根据URC522第4条，托收指示的主要内容如下：

（1）代收行详情，包括全称、邮政和SWIFT地址、电传、电话、传真号码和编号。

（2）委托人的详情，包括全称、邮政地址或者办理提示的场所以及（如果有的话）电传、电话和传真号码。

（3）付款人的详情，包括全称、邮政地址或者办理提示的场所以及（如果有的话）电传、电话和传真号码。

（4）提示行（如有的话）的详情，包括全称、邮政地址以及（如果有的话）电传和传真号码。

（5）待托收的金额和货币类型，付款期限、汇票出票日期、汇票号。

（6）所附单据清单和每份单据的份数。

COMMONWEALTH BANK OF AUSTRALIA
Collection Instruction

ORIGINAL

TO: THE BANK OF TOKYO-MITSUBISHI
2-10-22 KAVATO BLDA 4F,AKEBONOCHO TACHIKAWA
SHI.TOKYO

Date 5TH JULY 2022
Our Ref No. _____

Dear Sirs,

We send you herewith the under-mentioned item(s)/documents
for collection.

Drawer: KRUGMAN EXPORT&IMPORT CORPORATION	Draft No.:B1234	Due Date/Tenor
	Date: 30TH JUNE 2022	AT SIGHT

Drawee(s): JAPAN SAKURA IMPORT & EXPORT CO.,LTD   Amount: USD245,000

Goods: SWEATERS   From MELBOURNE   To OSAKA
By /Per   On

Documents	Draft	Invoice	B/L	C/P	W/M	C/O	C/Q		
1st	2	4	3	2	2	4	4		
2nd									

Please follow instructions marked "×":

× Deliver documents against payment/~~acceptance~~.

☐ Remit the proceeds by airmail/cable.

× ~~Airmail~~/cable advice of payment/~~acceptance~~.

× Collect charges outside <u>AUSTRALIA</u> from ~~drawer~~/drawee.

× Collect interest for delay in payment <u>7</u> days after sight at <u>5%</u> P.A.

☐ Airmail/cable advice of non-payment/non-acceptance with reasons.

☐ Protest for non-payment/non-acceptance.

× Do not protest in case of dishonor, but advise us of non-payment/~~not-acceptance~~ by
telex/~~airmail~~, giving reasons.

☐ When accepted, please advise us giving due date.

☐ When collected, please credit our account with_____.

☐ Please collect and remit proceeds to_____ Bank for credit of our account with them
under their advice to us.

× Please collect proceeds and authorize us by ~~airmail~~/cable to debit your account with us.

Special Instructions:
This collection is subject to   For COMMONWEALTH THE BANK OF AUSTRALIA
Uniform Rules for Collection
(1995 Revision) ICC Publication No.522   Authorized Signature(s)

图 5-8   托收指示

（7）交单条件，通常从D/P、D/A中选定一种。缮制托收指示的当事人应负责确保清楚无误地说明交付单据的条件，否则，银行对此所产生的任何后果将不承担责任。

（8）待收取的手续费，指明是否可以放弃。

若指明手续费由付款人承担，并且可以放弃时，当付款人拒付手续费，代收行可凭付款、承兑交单，而不再收取手续费。

若指明手续费不得放弃而付款人拒付手续费时，代收行不予交单，并对任何延迟交单造成的后果不负责任。同时，代收行必须不延迟地以电信或其他便捷方式通知托收行。

（9）待收取的利息，如果有，需指明是否可以放弃，包括利率、计息期、适用的计算期基数（如一年按360天还是365天计算）。

若指明利息由付款人承担，并且可以放弃时，当付款人拒付利息，代收行可凭付款、承兑交单，而不再收取利息。

若指明利息不得放弃而付款人拒付利息时，代收行不予交单，并对任何延迟交单造成的后果不负责任。同时，代收行必须不延迟地以电信或其他便捷方式通知托收行。

（10）发生拒绝付款、拒绝承兑及/或与其他指示不相符的情况时应给出的指示。

托收指示中应指明是否做成拒绝证书（protest）。当即期汇票提示后未付款，或当远期汇票提示后未承兑或到期不付款，代收行可以根据指示来确定是否做成拒绝证书。汇票拒绝证书是法庭可以接受的退票的法律依据，并由公证处公证生效。如果出口商打算为退票起诉进口商，则拒绝证书是一个好的法律依据，当然其费用由出口商承担。

（11）付款方法和付款通知的形式。

图5-8所示的托收指示下半页罗列了一系列的指示（instructions），其中，最后三项是对付款方法的指示。收款指示是托收指示的一项重要内容，托收行根据它与代收行之间的账户关系，对代收行如何汇交托收款项作出指示。根据托收行与代收行之间的账户关系，收款指示分为三种情况：

①代收行是托收行的账户行。

如果代收行是托收行的账户行，则收款指示为：

When collected please credit our account with you under your cable/telex/SWIFT/airmail advice to us.（收妥款项时，请贷记我行在贵行的账户，并以电报/电传/SWIFT/航邮通知我行。）

代收行贷记托收行账户，并发出贷记报单。代收行向托收行汇交款项的流程如图5-9所示。

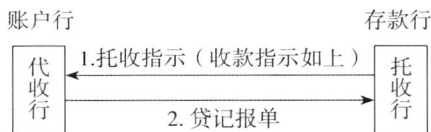

图5-9　代收行是托收行的账户行的汇交流程

②托收行是代收行的账户行。

如果托收行是代收行的账户行，收款指示为：

Please collect the proceeds and authorize us by cable/telex/SWIFT/airmail to debit your account with us.（请代收款项并以电报/电传/SWIFT/航邮授权我行借记贵行在我行的账户。）

代收行发出支付委托书（payment order），授权托收行借记自己的账户。托收行完成借记后，向代收行发出借记报单。代收行向托收行汇交款项的流程如图5-10所示。

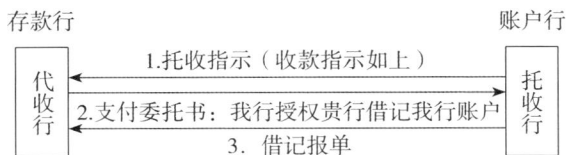

图5-10　托收行是代收行的账户行的汇交流程

③托收行与代收行彼此不是账户行。

如果托收行与代收行彼此不是账户行，托收行以第三家银行 C 为账户行，托收行向代收行发出的收款指示为：

Please collect and remit the proceeds to C for credit of our account with them under their cable/ telex/SWIFT /airmail advice to us.（请代收款项并将款项汇至 C 行贷记我行在 C 行的账户，并请该行以电报/电传/SWIFT/航邮通知我行。）

代收行收妥款项后，将款项汇至C行，并要求C行贷记托收行账户。代收行向托收行汇交款项的流程如图5-11所示。

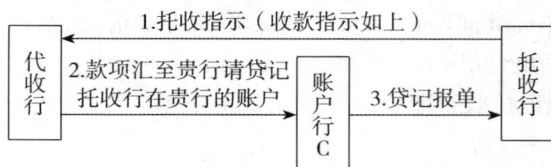

1.托收指示（收款指示如上）

代收行 — 2.款项汇至贵行请贷记托收行在贵行的账户 → 账户行C — 3.贷记报单 → 托收行

图5-11　托收行与代收行彼此不是账户行的汇交流程

5.5　托收中的融资

5.5.1　对进口商的融资

在远期付款交单方式中，在承兑汇票之后付款到期之前，是进口商寻求融资的时间。银行允许进口商在付款前开立信托收据交给代收行，凭以借出提单先行提货，待售出货物后将货款还给代收行，收回信托收据。这种做法是D/P远期的变通，又称D/P远期凭信托收据借单。

具体来说，信托收据（trust receipt）是进口商向代收行借单时所出具的一种书面信用担保文件，用来表示愿意以代收行身份代为提货、报关、存仓、保险或出售，并承认货物所有权仍属代收行。进口商借得单据后，处理货物，回笼资金，在承兑汇票到期时支付足额货款，收回汇票，赎回信托收据，该项业务即告结束。若进口商到期拒付，损失由出口商自己承担。图5-12是一份信托收据的具体内容。

进口商（被信托人）的义务包括：将信托收据项下货物和其他货物分开存仓、分开保险，其物权属代收行；货物售出后，货款应属代收行；进口商不能将货物抵押他人。

代收行（信托人）的权利包括：可以随时取消信托，收回借出的商品；如商品已被售出，可以随时收回货款；如进口商倒闭清理，信托人对货物或货款有优先权。

D/P·T/R、D/A、D/P即期/远期的区别见表5-2。

```
                        TRUST  RECEIPT
TO:  BANK ×××                    _____, Oct 9th, 2022
Received from the Said Bank （a full set of shipping documents evidencing） the
merchandise having an invoice value of_____ say _____ as follows:
```

MARKS AND NUMBERS	QUANTITY	DESCRIPTION OF MERCHANDISE	STEAMER

and in consideration of such delivery in trust，the undersigned hereby undertakes to land，pay customs duty and/or other charges or expenses，store，hold and sell and deliver to purchasers the merchandise specified herein，and to receive the proceeds as Trustee for the Said Bank，and the undersigned promises and agrees not to sell the said merchandise or any part thereof on credit，but only for cash and for a total amount not less than the invoice value specified above unless otherwise authorized by the Said Bank in writing.

The undersigned also undertakes to ···

···

The guarantor，as another undersigned，guarantees to the Said Bank the faith and proper fulfillment of the terms and conditions of this Trust Receipt.

Guaranteed by: Signed by:

_____   _____

图 5-12　信托收据

表 5-2　　　　　　　　D/P·T/R、D/A、D/P 即期/远期对比

项目	D/P·T/R	D/A	D/P 即期/远期
交单条件	开立信托收据 + 承兑	承兑	付款
提货时间	即期	即期	即期/远期
付款期限	远期	远期	即期/远期
货物所有权	代收行	进口商	进口商
出口商风险	中	大	小

5.5.2　对出口商的融资

出口押汇（outward bills 或 collection bill purchased），也称议付，是指托收行买入出口商开立的跟单汇票以及货运单据的行为。具体做法是：出口商在委托托收行向进口商收取款项的同时，把代表货权的货运单据和其他单据抵押给银行；银行如果认为这笔交易的销售情况良好，进口商及出口商信用可靠，则在货款中扣除利息和费用后将余额垫付给

出口商，并对这笔钱有追索权。

出口押汇的直接目的是融资，有利于出口商资金周转和扩大业务，也可以增加银行利息收入和手续费收入。银行在融出资金时，要根据贸易合同严格审查货运单据与合同、单据与单据之间的一致性，以减少进口商拒付的风险；需要审查相关当事人的资信；考虑出口商品、出口保险等情况。

5.6 跟单托收中的 SWIFT 报文

跟单托收中使用的 SWIFT 报文见表 5-3。

表 5-3 　　　　　　　　跟单托收中 SWIFT 报文的名称和用途

SWIFT 报文	用途
MT400 Advice of Payment MT400 付款通知	通知托收款项下的付款或部分付款以及该托收款项的结算
MT410 Acknowledgement MT410 确认	确认收到托收申请书
MT412 Advice of Acceptance MT412 承兑通知	通知收报行某托收申请书项下的一笔或多笔汇票已承兑
MT416 Advice of Non-payment /Non-Acceptance MT416 拒绝付款或拒绝承兑通知	通知一笔跟单托收业务被付款人拒绝付款或拒绝承兑
MT420 Tracer MT420 查询	查询托收项下寄出的单据
MT422 Advice of Fate and Request for Instruction MT422 通知单据情况并要求给予指示	通知收报行关于代收行所收到的单据的情况
MT430 Amendment of Instruction MT430 修改托收指示	对托收指示进行修改

下面结合本章第 2 节中的实例谈谈托收业务中银行往来的 SWIFT 报文。

澳大利亚克鲁格曼进出口公司（出口商）委澳大利亚联邦银行墨尔本分行（托收行）办理一笔出口跟单托收业务，方式为 D/P at sight，金额为 245 000 美元，共提交汇票 2 份、商业发票 4 份、海运提单 3 份、保险单 2 份、装箱单 2 份、原产地证 4 份和品质证书 4 份。代收行为东京三菱银行立川分行。出口商于 2022 年 7 月 3 日去托收行提交托收申请书，托收行于7月5日向代收行寄出托收指示（如图5-8所示），并于7月12日收到代收行发来的SWIFT报文MT410，通知已收到托收指示及单据。进口商于7月20日对汇票付款，代收行发送SWIFT报文MT400至托收行，通知付款。在此托收流程中，MT410与MT400的具体内容如图5-13和图5-14所示。

```
Swift Output: Fin 410 Acknowledgement
Sender: BOTKJPJT002
Receiver: CTBAAU2S003
20: Sending Bank's TRN
    DP1234
21: Related Reference
    2022000120
32k: Amount Acknowledged
    D000ST
    Currency: USD(Us Dollar)
    Amount: #245000#
```

图5-13　MT410报文

```
SWIFT Output: FIN 400 Acknowledgement
Sender: BOTKJPJT002
Receiver: CTBAAU2S003
20: Sending Bank's TRN
    DP1234
21: Related Reference
    2022000120
32B: Amount Collected
    Currency: USD(US DOLLAR)
    Amount: #245000#
33A: Proceeds Remitted
    Date: 20 July 2022
    Currency: USD(US DOLLAR)
    Amount: #244950#
71B: Details Of Charges
    CLAIM USD 245000/CHARGS USD 50
```

图5-14　MT400报文

国际托收当事人间关系及责任的法律基础

思政元素：法治思维；规则思维

依据 1996 年起施行的国际商会第 522 号出版物《托收统一规则》（Uniform Rules for Collections，以下简称 URC522），"托收"系指银行根据所收到的指示，处理有关的单据，其目的为：取得付款和/或承兑、凭付款和/或承兑交单、按其他条款及条件交单。简言之，托收是银行接受委托人的指示，以付款人支付款项或者对汇票进行承兑为条件，并向付款人交付有关货物装运单据的交易。

托收业务通常涉及四方当事人：委托人（出口合同之卖方）、托收行（出口地银行）、代收行（进口地银行）和付款人（买卖合同之买方）。在传统上，我国法学界一般认为：委托人与托收行之间是委托代理关系，托收行是委托人的代理人。委托人通过"托收委托书"（Remittance Letter）与托收行建立了委托代理关系。托收行与代收行之间亦是委托代理关系，托收行通过"托收指示书"（Collection Instruction）与代收行建立起委托代理关系，而该"托收指示书"构成了两者之间的委托代理合同。委托人与代收行之间不存在直接的合同关系，因为托收行是委托人的代理人，代收行是托收行的代理人，在委托人与代收行之间并没有合同关系。

笔者认为，在考察托收关系当事人之间的关系时，应当理解 URC522 是一项成文的国际惯例，而不是一项国际条约；国际商会从未试图（也不可能）在 URC522 中以代理法原理来阐明托收当事人之间的法律关系，并且赋予有关托收文件以"合同"的性质。一旦因银行违反 URC522 基本义务导致委托人的损失时，法院或者仲裁庭就无法直接从 URC522 本身找到银行应承担的法律责任，为此而不得不求助于相关的国内法。

其次，在考察银行办理国际托收业务时的义务和责任时，必须面对 URC522 所规定的诸多免责事项。从国际托收业务的特点分析这些免责事项，可知其大部分是合理的：例如"对单据有效性的免责"，银行既不是货物买卖当事人，也不是单据鉴定机构，它无能力鉴定委托人交付的单据的真伪以及买卖合同当事人履行合同义务的实际状况；"对寄送途中的延误、丢失及翻译的免责"，因为这些失误并非银行所能控制，银行不可能对其无法控制的事项承担责任。

然而值得一提的是，银行主张对其行为的免责必须以其行为符合URC522第9条所规定的"银行办理业务应遵守善意和合理谨慎"（good faith and reasonable care）的义务。在委托人与银行之间因托收而引发争议，确定银行接受委托办理托收业务时是否违反义务时，其判断标准是URC522；若银行主张对当事人的损失享受免责时，必须以其行为符合"善意和合理谨慎"义务为条件。

资料来源：陈治东. 国际托收业务中银行责任之法律分析［J］. 武大国际法评论，2004（1）：19.

本章小结

1.托收是指出口商（债权人）开立汇票委托银行向进口商（债务人）收取款项。托收建立在商业信用基础之上，出口商与托收银行之间、托收银行与代收银行之间只是一种代理关系，银行只收取手续费，并不承担付款的责任。

2.托收的基本当事人有委托人、托收行、代收行与付款人。委托人是指委托银行办理托收业务的当事人，通常是出口商。托收行是指接受委托人的委托，向付款人收取款项的银行，通常是出口地银行。代收行是托收行的代理行，即接受托收行的委托向付款人收取款项的银行，通常是进口地银行。付款人是指承担付款义务的当事人，通常是进口商。

3.托收可以分为光票托收和跟单托收。光票托收是指不附有商业单据的金融单据项下的托收。由于不涉及商业单据，银行业务处理较简单。在国际贸易中，光票托收用于收取货款的尾数、佣金、样品费以及其他贸易从属费用等小额款项。跟单托收是指附有商业单据的金融单据项下的托收，或者不附有金融单据的商业单据项下的托收。跟单托收又可以分为付款交单与承兑交单，付款交单有即期与远期之分。

4.托收属于商业信用。银行只是接受卖方的委托，参与结算并收取手续费，并不承担付款的责任，也不提供银行信用。至于卖方能否按时收到货款，完全取决于买方的信用。托收方式对买方有利，对卖方不利。

5.一切托收单据必须附有一项单独的托收指示书。托收指示是托收行向代收行寄送托收单据的面函，是托收行对所有托收事项作出的指令组合。托收指示是托收行根据托收申请书缮制，它是授权代收行单据的完全和准确的条款；它是代收行处理托收业务的唯一标准。

6.银行允许进口商在付款前开立信托收据交给代收行，凭以借出提单先行提货，待售出货物后将货款还给代收行，换回信托收据。这种做法是D/P远期的变通，又称D/P远期凭信托收据借单。信托收据是进口人向代收行借单时所出具的一种书面信用担保文件，用来表示愿意以托收行的委托人身份代为提货、报关、存仓、保险或出售，并承认货物所有权仍属代收行。

综合训练

5.1　单项选择题

1.按承兑交单托收货款时，出口方开立的汇票不可能是（　　　）。

A.光票　　　　　　　　　　B.跟单汇票

C.即期汇票　　　　　　　　D.远期汇票

2.在国际结算中，出口商发货后，取得货运单据，连同汇票和其他商业票据交托收行，并指示必须在付款人（进口商）付清货款后，代收行才能将代表货权的货运单据交给付款人，这种跟单托收的交单方式是（　　　）。

A.委托付款　　　　　　　　B.付款交单

C.承兑交单　　　　　　　　D.即期交单

3.下列业务不属于托收行责任的是（　　　）。

A.按委托人指示办事

B.对邮寄单据遗失负责

C.在委托人未指定代收行时选定一家代收行

D.以应有的勤勉和谨慎处理业务

4.以下关于托收指示说法错误的是，（　　　）。

A.托收指示是根据托收申请书缮制的

B.托收指示是代收行进行托收业务的依据

C.托收指示是托收行制作的

D.托收指示是托收行进行托收业务的依据

5.在跟单托收业务中，即期 D/P、远期 D/P、D/A 的做法和步骤差异主要表现在 (　　) 之间。

A.委托人与托收行　　　　　　　B.委托人与代收行

C.托收行与代收行　　　　　　　D.代收行与付款人

6.未经委托人指示，代收行同意付款人的请求，以 T/R 条件借得提单提货，但到期却未能付款，则应由 (　　) 负责。

A.委托人　　　　　　　　　　　B.托收行

C.代收行　　　　　　　　　　　D.付款人

7.在托收业务中，原定的进口商拒绝付款赎单后，代收行的首要职责是 (　　)。

A.主动将单据及时退回给委托行

B.代委托人提货存仓

C.保管好单据，听候委托人的处理意见

D.委托承运人将货物运回

8.在托收业务中，委托人与托收行之间的关系是 (　　)。

A.债权债务关系　　　　　　　　B.委托代理关系

C.账户关系　　　　　　　　　　D.没有关系

9.在托收业务中，不涉及的单据是 (　　)。

A.BP 通知书　　　　　　　　　　B.提单

C.商业发票　　　　　　　　　　D.托收指示

10.在托收业务中，(　　) 是交单方式的决定人。

A.委托人　　　　　　　　　　　B.托收行

C.代收行　　　　　　　　　　　D.付款人

5.2　多项选择题

1.托收方式涉及的基本当事人有：(　　)。

A.委托人　　　　　　　　　　　B.托收行

C.付款人　　　　　　　　　　　D.代收行

2.关于国际贸易使用的托收方式结算，下列陈述不正确的有：(　　)。

A.国际贸易中使用的托收方式是跟单托收

B.卖方不会有银货两空的风险

C.是一种依靠银行信用的结算方式

D.可以使用汇票，也可以不要汇票

3.托收行在接受委托人的委托后，它的责任主要有：（　　　）。

A.审核单据内容　　　　　　　B.选定国外代收行

C.必须善意而谨慎行事　　　　D.执行委托人的指示

4.按承兑交单托收货款时，出口方开立的汇票不可能是：（　　　）。

A.光票　　　　　　　　　　　B.跟单汇票

C.即期汇票　　　　　　　　　D.远期汇票

5.托收业务中D/P与D/A的主要区别有：（　　　）。

A.D/P属于跟单托收，D/A属于光票托收

B.D/P是付款后交单，D/A是承兑后交单

C.D/P是即期付款，D/A是远期付款

D.D/P是远期付款，D/A是即期付款

6.托收的含义包括：（　　　）。

A.债权人通过银行向债务人收取款项

B.债务人通过银行汇款给债权人

C.托收是由债权人作为出票人

D.托收属于无证结算方式

7.托收业务的特点有：（　　　）。

A.由于银行帮助托收故是银行信用

B.银行对能否收回款项不负责任

C.银行在托收业务中的责任、义务是无限的

D.托收业务的风险主要集中在出口商一边

8.托收的特点有：（　　　）。

A.托收属顺汇　　　　　　　　B.托收属商业信用

C.卖方资金压力和风险较大　　D.对买方有利

9.信托收据的特点包括：（　　　）。

A.是进口地的银行给予进口商的资金融通

B.是出口地的银行给予出口商的资金融通

C.代收行对T/R项下的货物和货款享有所有权

D.进口商凭 T/R 可以从代收行借出商业单据提货

10.出口商防范托收风险的措施有：（　　　）。

A.对进口商进行资信调查

B.尽量使用承兑交单方式结算

C.尽量使用付款交单方式结算

D.争取以 CIF 价格成交，并办理好货物运输保险和出口信用保险

5.3　思考题

1.D/P 远期与 D/A 的相同点与不同点有哪些？

2.A 公司出口一笔货物，提单日期为 5 月 21 日，通过中国银行办理 D/A 30 天支付方式的托收手续。6 月 1 日单到国外代收行，代收行当天即向付款人提示汇票。付款人应于何日付款？何日取得单据（不计节假日）？

3.谈谈信托收据产生的原因。

4.在托收指示中关于付款方法的指示存在哪几种情况？

5.托收适用于哪些外贸场合？

第6章

信用证

【**学习目标**】信用证业务相对而言出现较晚，其程序烦琐，是银行收取手续费较高的一种结算方式，但在国际结算中，尤其是在我国进口贸易中，信用证占有非常重要的地位。通过本章的学习，我们要了解信用证适用的国际惯例，掌握信用证的含义与特点，熟悉信用证业务流程与信用证基本内容，了解信用证的种类与它们各自的应用场合；了解银行审单的步骤、原则与标准；了解银行对信用证当事人可以提供哪些融资；最后，思考信用证业务给各方当事人带来的风险以及该如何防范这些风险。

【**关键概念**】信用证　跟单信用证　保兑信用证　承兑信用证　可转让信用证　背对背信用证　出口押汇　议付　保理　提货担保　相符交单

第6章关键概念

中国银行成功防范已承兑信用证欺诈

2011年3月30日，中国银行为进口商A公司开立装运日后90天远期不可撤销信用证，限制在通知行B议付，金额为USD630 000.00。通知行B于2011年5月9日和5月12日交单，单据金额分别为USD144 900.00和USD246 468.60。中国银行对该两套单据进行了审核，均未发现不符点，遂于2011年5月13日和5月17日分别对此两套单证项下款项进行了承兑，到期支付日分别为2011年7月18日和2011年7月25日。中国银行于2011年5月26日收到通知行B交来的第三批货物项下单据，金额USD235 977.84。A公司在收到前两批单证后，分别与提单上显示的船运公司海南泛洋航运有限公司和上述三套单证中的CCIC证书的出具人新西兰CCIC公司进行了跟踪联系，该两家公司均表示上述单据系伪造单据，并出具了证明函。

中国银行于2011年5月27日接到A公司通知后迅速向通知行兼交单行B发报声明：根据申请人提供的上述信息，上述三笔到单均系伪造单据，并请交单行B回复。交单行B先是回复称，该行已于2011年5月4日、5月11日和5月24日分别对上述三笔单据进行了议付，并已将上述情况转告给了受益人；此后则多次来电催承兑项下付款，但却始终未提供其已叙做议付的有效证据。之后一段时间，开证行和交单行B之间就申请人在我国法院和澳大利亚新南威尔士州最高法院提起相关诉讼多次进行交涉。

2012年8月9日，交单行B来电回复称，受益人目前正在停业清理，请将单据寄至交单行B指定柜台地址，由交单行B将收到的单据转寄给受益人，用于停业清理。2013年4月9日，中国银行按照交单行指示通过DHL退单给交单行B。为防止交单行B依据《票据法》以开证行已承兑的汇票向开证行提出索款要求，中国银行在退单时并未将已承兑的汇票退还交单行B。2013年4月15日，交单行B来电称其已收到开证行退还的单据。2013年6月4日和6月13日，交单行B发来电报称，已收到广州某区人民法院要求其参加关于上述信用证业务诉讼案件的传唤通知。

2013年9月30日，广州市某区人民法院民事判决书对上述案件的最终判决如下：该信用证项下已承兑的USD391 368.60货款应当停止支付，其余USD238 631.40货款亦应停止承兑和支付。相关诉讼费用由申请人承担。

　　资料来源：廖起平. 已承兑信用证涉嫌欺诈案启示［EB/OL］. ［2014-01-09］. http：//m.sohu.com/a/287817593_522926.

6.1　信用证概述

6.1.1　信用证惯例的沿革

　　国际上关于信用证的国际通用惯例叫作《跟单信用证统一惯例》（Uniform customs and Practice for Documentary Credits，UCP），它是在长期的贸易实践中发展起来，由国际商会（International Chamber of Commerce，ICC）加以成文化，旨在确保在世界范围内将信用证作为可靠支付工具的一套国际惯例。

　　1933年5月，ICC在维也纳举行的第七次年会上通过了关于采用《商业跟单信用证统一惯例》的决定。1951年1月，ICC在里斯本举行的第十三次年会上对UCP进行了第一次修订。1962年4月，在墨西哥城举办的第十九次年会上，ICC通过了新版UCP。1974年，ICC再次对UCP进行了修订，以ICC第290号出版物公布（即UCP290）。1983年，ICC再度进行了修订，后以ICC第400号出版物公布（即UCP400）。1993年3月10日，ICC第500号出版物公布（即UCP500），并于1994年1月1日起生效。2007年7月1日，ICC正式启用了UCP600，对UCP500的49个条款进行了大幅度的调整及增删，变成现在的39条。第1~5条为总则部分，包括UCP的适用范围、定义条款、解释规则、信用证的独立性等；第6~13条明确了有关信用证的开立、修改、各当事人的关系与责任等问题；第14~16条是关于单据的审核标准、单证相符或不符的处理规定；第17~28条属单据条款，包括商业发票、运输单据、保险单据等；第29~32条规定了有关款项支取的问题；第33~37条属银行的免责条款；第 38 条是关于可转让信用证的规定；第 39 条是关于款项让渡的规定。

除了 UCP，关于国际结算的惯例还有《关于审核跟单信用证项下单据的国际标准银行实务》（International Standard Banking Practice for the Examination of Documents under Documentary Credits，ISBP）。ISBP 是国际商会继 UCP500 之后在信用证领域编纂的最新的国际惯例，它提供了一套审核适用 UCP 的信用证项下的单据的国际惯例，它对于各国正确理解和使用 UCP、统一和规范各国信用证审单实务、减少拒付争议的发生具有重要的意义。如今，ISBP 不仅是各国银行、进出口公司信用证业务单据处理人员在工作中的必备工具，也是法院、仲裁机构、律师在处理信用证纠纷案件时的重要依据。

ISBP 共有 3 个版本：ISBP645、ISBP681 与 ISBP745。UCP500 第 13 条规定：银行应依据"国际标准银行实务"审核单据。然而 UCP500 并没有明确指出何为"国际标准银行实务"。由于没有统一的国际标准和各国对 UCP500 的理解不一致，导致信用证在第一次交单时被认为存在不符点而遭到拒付的比例曾经达到 70%，不仅引发大量争议，也严重影响了国际贸易的正常发展。有鉴于此，国际商会银行委员会于 2000 年 5 月成立了一个专门工作组对世界主要国家审单惯例加以统一编纂和解释。专门工作组以美国国际金融服务协会制定的惯例为基础，收集了世界上有代表性的 50 多个国家的银行审单标准，结合国际商会汇编出版的近 300 份意见，并邀请了 13 个国家的贸易融资业务专家和法律专家于 2002 年 4 月份完成了 ISBP 的初稿并向全世界的银行征询意见。2003 年 1 月，ISBP 作为国际商会第 645 号出版物正式出版，即 ISBP645。

ISBP681 是对 ISBP645 的简单调整，并于 2007 年 7 月 1 日，随同 UCP600 的实施而实施。ISBP681 的调整是与 UCP600 的大工作量修订同时展开的，由于起草组的工作重心放在了后者，所以，ISBP681 的调整显得比较粗糙。为此，国际商会在 UCP600 实施一年多后于 2008 年年底正式发起动议，修订起草新版 ISBP，以反映不断发展中的信用证审单实务。2013 年 4 月份，ISBP745 在国际商会银行委员会春季年会上表决通过，并立即实施。ISBP745 是 UCP600 的补充，是对 UCP600 所反映的信用证审单实务的最佳解释。

6.1.2 信用证的含义

UCP600第2条是对信用证的定义：Credit means any arrangement, however named or described, that is irrevocable and thereby constitutes a definite undertaking of the issuing bank to honour a complying presentation.

信用证意指一项约定，无论其如何命名或描述，该约定不可撤销并因此构成开证行对于相符提示予以兑付的确定承诺。

信用证的英文表述是letter of credit，结算术语为L/C。**简单地说，信用证是银行有条件的付款承诺。具体地说，它是开证行根据开证申请人的要求，向受益人开立的，在一定期限内凭符合信用证条款的单据，即期或在一个可以确定的将来日期承付一定金额的书面承诺。**

从定义中可知，信用证是有条件的付款承诺，是由开证行发出的、不可撤销的、以相符交单为条件的付款承诺。根据这一定义，一项约定如果具备了以下三个要素就是信用证：

第一，信用证应当是开证行开出的确定承诺文件。信用证的开证机构为银行，代表着银行信用。

第二，开证行承付的前提条件是相符交单。在受益人相符交单的情况下，开证行必须履行付款承诺。

第三，开证行的承付承诺不可撤销。信用证自开立起，开证行就承担了不可撤销的承付责任。

6.1.3 信用证当事人

信用证业务基本当事人有四个：开证申请人、开证行、受益人和通知行。在不同的情况下，还可能出现议付行、保兑行、付款行、承兑行、偿付行等。

1.开证申请人

开证申请人（applicant）是指向银行提出申请开立信用证并最终承担付款义务的人，即进口商。申请人的权利和义务有：

① 开立信用证的义务。申请人必须根据合同内容，在合理时间内开证。若受益人提出修改信用证，申请人有义务对其进行修改。

② 付款责任。当受益人相符交单后，申请人应偿付开证行代付的货款。即使银行因种种原因无法付款，申请人仍有偿付受益人货款的责任。

③ 得到合格单据的权利。在国际贸易中，单据往往代表货权，因此买方有得到符合合同规定的货物的权利。如果受益人提供的单据不符合信用证规定，申请人有权拒付。

④ 对于受益人利用信用证的欺诈行为，开证申请人也有权请求银行拒付，或请求法院通过止付令强制银行停止对信用证的支付。在国际贸易实践中，即使受益人相符交单，也不代表其实际发货符合合同条款。在这种情况下，只要申请人有确凿证据证明受益人的欺诈行为，就可以请求法院颁发"止付令"。这就是信用证的"欺诈例外原则"。

2. 开证行

开证行（issuing bank/opening bank）是接受申请开出信用证并对信用证承担付款责任的银行。其主要权利和义务如下：

① 根据开证申请人的指示开证。开证行必须严格按照开证申请书的指示开立信用证。倘若内容背离，由此产生的一切后果由开证行承担。同时，开证行还应按照UCP600的要求开立信用证。

② 承担第一性的付款责任。开证行自开立信用证起就不可撤销地承担付款责任；在有指定银行的信用证中，开证行不得以没有收到单据为由拒绝付款。

③ 相符付款时，开证行有权从开证申请人处获得偿付。

④ 审核单据和保管单据的义务。开证行要审核受益人所提交的单据是否符合信用证的条件。银行审单应严格遵循UCP600的相关要求。在开证行占有单据的这段时间内，开证行必须对单据的残缺、改动或损坏等负责，另外不得擅自处置单据。

⑤ 有权向申请人收取手续费和押金，有权拒绝受益人或议付行的不符单据并拒绝偿付。若付款后开证申请人无力付款赎单，开证行可随时可处理单、货，当货款不足以偿付时，可向申请人追索余额。

3. 受益人

受益人（beneficiary）是指有权享受信用证上收款权利和使用信用证的人，即出口商。其权利和义务如下：

① 受益人有要求改证的权利。受益人在收到信用证后，应仔细审查，如发现信用证与合同不符，有权要求修改。若修改后仍不符且不能

接受，有权拒绝接收信用证，甚至单方撤销合同，并提出索赔。

② 受益人所提交的单据，必须做到单单一致、单证一致，必须符合 UCP 和 ISBP 的规定，受益人权利的兑现以提交相符单据为前提。受益人交单后，如果交单不符，可在交单截止期前及时更改单据；如果开证行与申请人同时倒闭，有权行使留置权、扣货并行使停运权。

4.通知行

通知行（advising bank/notifying bank）是指按开证行的授权将信用证转递给受益人的银行。一般为出口人所在地的银行，仅承担通知收件人和鉴别信用证表面真实性的义务。其具体责任如下：

① 验明信用证的真实性。通知行通知信用证或修改的行为表示其已确信信用证或修改的表面真实性。如果通知行不能确定信用证的表面真实性，即无法核对信用证的签署或密押，则应毫不延误地告知从其收到指示的银行，说明其不能确定信用证的真实性。如果通知行仍决定通知该信用证，则必须告知受益人，它不能确定信用证的真实性。通知行对信用证内容不承担责任。

② 通知信用证给受益人。即使出现了信用证中印鉴、密押不符的情况，通知行也可以在信用证上注明"信用证密押、印鉴待核，仅供参考"，再将信用证转交给受益人。

5.付款行

付款行（paying bank）又称受票银行，是指信用证中对受益人承担付款责任的银行。付款行可以是开证行，也可以是在信用证中由开证行所指定的一家银行。付款行在向受益人无追索权付款后，可从开证行那里得到偿付。如果开证行资信不佳，付款行有权拒绝代为付款。但是，付款行一旦付款，即不得向受益人追索，而只能向开证行索偿。

6.议付行

议付行（negotiating bank）又称押汇银行、购票银行或贴现银行，是指准备向受益人购买信用证项下单据的银行。议付行可以是通知行或其他被指定的愿意议付该信用证的银行。议付行的议付是建立在开证行保证偿付的基础上的，议付后可处理（货运）单据。如果开证行倒闭或者拒付，议付行有权向受益人追索。议付行的责任包括：严格审单、垫付或贴现跟单汇票。

7.保兑行

保兑行（confirming bank）是应开证行的要求在信用证上加具保兑的银行，通常由通知行兼任，承担必须付款或议付的责任。保兑行的责任和义务如下：

① 如果规定的单据被提交至保兑行或者任何其他被指定银行并构成相符交单，保兑行必须根据信用证的种类予以承付。

② 自从为信用证加具保兑之时起，保兑行即不可撤销地受到承付或者议付责任的约束。

③ 保兑行偿付另一家银行的承诺独立于保兑行对于受益人的承诺。

8.偿付行

偿付行（reimbursing bank）是开证行指定的代其向议付行、付款行等偿还垫款的银行。清算中心是国际清算中货币发行国对该货币进行最终清算的所在地。例如，美元的清算中心在纽约，英镑的清算中心在伦敦，日元的清算中心在东京，人民币的清算中心在北京。党的二十大报告指出，有序推进人民币国际化。这为我国国际清算事业指明了发展方向。

偿付行一般是信用证结算货币清算中心的联行或者代理行，主要是为了头寸调拨的便利。在指定偿付行的情况下，索偿行一方面向偿付行邮寄索偿书，另一方面向开证行寄单，开证行若收到与信用证不符的单据，有权向索偿行追回已经偿付的款项，但开证行不得向偿付行追索。

9.承兑行

当使用远期信用证时，承兑行（accepting bank）是对受益人签发的远期汇票予以承兑，并承担到期付款责任的银行。如果承兑行不是开证行，承兑后最后不能履行付款，开证行应负最后付款的责任。若单证相符，而承兑行不承兑汇票，开证行可指示受益人另外开具以开证行为受票人的远期汇票，由开证行承兑并到期付款。承兑行付款后向开证行要求偿付。

表6-1比较了部分当事人的权利。

表6-1　　　　　　信用证业务部分当事人的权利比较

当事人	所付货币	终局性	对受益人的追索权	对进口商的索偿权
开证行	进口地	是	没有	有
议付行	出口地	否	有	有
保兑行	出口地	是	没有	有
代付行	出口地	是	没有	有
偿付行	第三国	是	没有	有

6.1.4　信用证三方契约关系

在信用证业务中，申请人、受益人和开证行之间存在着一种三角契约安排，这三方面契约都是独立的，如图6-1所示。

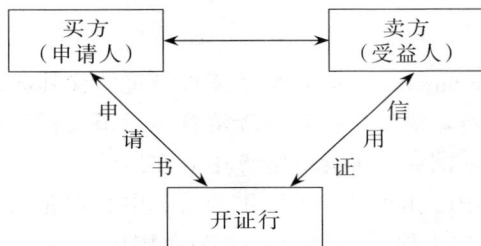

图6-1　信用证当事人之间的三角契约

申请人和受益人之间的法律关系表现为双方签订的，规定采用信用证方式支付的买卖合同。买方和卖方受到合同的约束，要履行合同的义务和责任。申请人的主要义务是向银行提出开立信用证申请，最后向银行付款。受益人的主要义务是按合同规定交货。

开证申请人与开证行之间受到开证申请书的约束。申请人与开证行之间的法律关系表现为以开证申请书形式建立起来的合同关系。申请人提交开证申请书，开证行如果接受此申请，即按此对受益人开出信用证，承担按照申请人在申请书中所提出的指示而作为的义务。开证行同意为其开立信用证不是无条件的，而是有条件的。

开证行与受益人之间的法律关系表现为信用证。在信用证实务中，开证行与受益人之间的约束力完全以信用证本身为依据，开证行承诺对受益人付款，但付款是有条件的，受益人必须按信用证规定向开证行提交单据以取得信用证项下的款项。

6.1.5 信用证的基本内容

根据信用证开立的方式，有信开与电开之分。

1.信开信用证

信开信用证（to open by airmail）一般由开证行先用纸张打印出来，签字盖章以后，用邮寄的方式送达通知行。图6-2是一份用信函开立的信用证。

REGISTERED AIR MAIL

SWIFT CON   FIRMATION 11335   P.O.BOX:5389 Germany

BURGAN BANK Fax : 2461148 Telex: 22730 SWIFT: BRGN GY

DOCUMENTARY CREDIT IRREVOCABLE	L/C NUMBER 97200314234-2536	PLACE AND DATE OF ISSUE GERMANY MAY 9,2022
Advising/Nominated Bank: BANK OF CHINA 50 ZHONGSHAN RD. WUHAN,CHINA		Beneficiary: HUBEI JINDA IMPORT & EXPORT COMPANY NO.5886 ZHONGSHAN ROAD,HAN KOU, WUHAN,CHINA
Applicant: SPORTARTIKELFABRIK RARL UHL GMBH GRUNEWALDSTRABEL,P.O.BOX1920, D-7460 BALINGEN,GERMANY		Amount: USD79328.42 US DOLLARS SEVENTY NINE THOUSAND THREE HUNDRED AND TWENTY EIGHT AND CENTS FORTY TWO ONLY
Place for Presentation of Documents: CHINA		Expiry Date: JUNE 30,2022
Partial shipment allowed Transshipment allowed Shipment by STEAMER not later than MAY 30,2022 from CHINA to HAMBURG		Credit available with the advising bank by Negotiation against your draft(s) drawn on us at sight accompanied by the following documents
1.Signed invoices in triplicate Invoices must show the following: (a) Name of carrying vessel if shipment is made by sea. (b) Separately the price and net weight (expressed in Kilos) of each type of goods. 2.Packing list in triplicate 3. Certificate of Origin in duplicate 4. Insurance Policy or Certificate ,covered by the seller for 110% of total invoice value against all risks and war risks as per the relevant ocean marine cargo clauses of the People's Insurance Company of China dated 1/1/1981. 5. Complete set of not less than two clean on board liner term Ocean bill of lading marked Freight Paid made out to the order of Burgan Bank indicating buyers as party to be notified.		
SHIPMENT TO BE EFFECTED FROM CHINA TO HUMBERG CERTIFICATE OF ORIGIN ISSUED BY C.C.P.I.T IS ACCEPTABLE. Covering: CIF value of the following goods: 3400 pcs Steel Dumbbells E5215 (4.5kg) USD6.27 CIF Hamburg; 2124 pcs Steel Dumbbells E5215 (7.5kg) USD9.17 CIF Hamburg; 1700 sets Chrome Set G6610 (9.5kg) USD11.35 CIF Hamburg; 1133 sets Enamel set G6615 (14.5kg) USD16.98 CIF Hamburg.		
SHIPING MARKS: SLKUG/HAMBURG/NO.1-5595 SHIPMENT TO BE EFFECTED IN CONTAINER AND B/L MUST EVIDENCE TO THIS EFFECT.		
Documents to be presented within 15 days after the date of shipment but within the validity of the credit. All documents are to be prepared in either English or . Arabic Documents which are incomplete an/or contain irregularities should not be negotiated unless our prior approval is obtained.		INSTRUCTIONS FOR THE ADVISING/NEGOTIATING BANK: Original and duplicate documents to be dispatched separately by Regd. Airmail in reimbursement of drawing within the credit terms please draw on: BANK OF NEW YORK 48 WALL STR.NEW YORK NY10286 NEW YORK,UNITED STATES OF AMERICA
We hereby issue our irrevocable documentary credit in your favour. It is (unless otherwise stated in the credit) subjected to the Uniform Customs & Practice for Documentary Credits (1993 Revision). ICC Publication No. 500. The number and the date of the credit and the name of our bank must be quoted on all drafts and documents.		All bank charges (including teles,postage, reimbursement) outside Germany are for account of Beneficiary *Badria A.Al - Saln* *for BURGAN BANK*

图6-2 信开信用证

2.电开信用证

电开信用证（to open by cable，telex，or SWIFT）主要通过电传或电信两种方式，由开证行发送给通知行。其中，最开始信用证是用电报（cable）开立，进入20世纪90年代以后，电报基本上退出国际结算，信用证业务主要采用电传（telex）和电信（SWIFT）方式开立。图6-3是一份用电传开立的信用证。

```
34127 B BOC5H CN
6229
1705 03125 04803089 TCH0063
0325004658
ZCZC
FROM：CHEMICAL BANK NEW YORK
OUR REF：NY980520004658001T01
TO：BANK OF CHINA
HUBEI BRANCH
NO.588 HUANGSHI ROAD，
WUHAN，P.R.OF CHINA
TEST：FOR USD/188，256.00 ON DATE May 9，2022 PLEASE ADVISE BENEFICIARY OF THE FOLLOWING L/C ISSUED BY US IN
THEIR FAVOR SUBJECT TO UCP600：
DOCUMENTAY CREDIT NUMBER：DRG-LDLCA01
DATE AND PLACE OF EXPIRY：JUNE 30，2022. IN U.S.A.
APPLICANT：DRAGON TOY CO.，LTD，1180 CHURCH ROAD NEW YORK，PA 19446，U.S.A.
BENEFICIARY：WUHAN HUATON IMPORT & EXPORT COMPANY，NO. 114 MIN ZHU ROAD，WUCHANG，CHINA.
AMOUNT：USD188，256.00
SAY UNITED STATES DOLLARS ONE HUNDRED AND EIGHTY EIGHT THOUSAND TWO HUNDRED AND FIFTY SIX ONLY.
AVAILIABLE WITH：ANY BANK
BY NEGOTIATION OF BENEFICIARY'S DRAFT（S）AT 30 DAYS' SIGHT. DRAWN ON CHEMICAL BANK，NEW YORK.
ACCOMPANED BY THE DOCUMENTS INDICATED HEREIN.
COVERING SHIPMENT OF：
COMMODITY                    ART NO.       QUANTITY
TELECONTROL RACING CAR       18812         2000 PCS
18814                                      2000 PCS
18817                                      2000 PCS
18818                                      2000 PCS
SHIPPING MARK：LD-DRGSC10/DRAGON TOY/NEW YORK/NO.1-UP
DOCUMENTS REQUIRED：
1. 3 COPIES OF COMMERCIAL INVOICE SHOWING VALUE IN U.S.DOLLARS AND INDICATING L/C NO. AND CONTRACT NO.
2. 2 COPIES OF PACKING LIST SHOWING GROSS/NET WEIGHT AND MEASUREMENT OF EACH CARTON.
3. CERTIFICATE OF ORIGIN IN TRIPLICATE ISSUED BY CHINA CHAMER OF INTERNATIONAL COMMERCE.
4. 2 COPIES OF INSURANCE POLICY OR CERTIFICATE ENDORSED IN BLANK. FOR THE INVOICE VALUE OF THE GOODS PLUS
110% COVERING ALL RISKS AND WAR RISK AS PER AND SUBJECT TO OCEAN MARINE CARGO CLAUSES OF THE PEOPLE' S
INSURANCE COMPANY OF CHINA DATED 1/1/1981.
5. 3/3 SET AND ONE COPY OF CLEAN ON BOARD OCEAN BILLS OF LADING MADE OUT TO ORDER AND BLANK ENDORSED
MARKED FREIGHT PREPAID. AND NOTIFY APPLICANT.
PARTIAL SHIPMENTS：PERMITTED
TRANSSHIPMENTS：PERMITTED
SHIPMENT FROM：CHINA TO：NEW YORK
NOT LATER THAN：MAY 30，2022
DOCUMENTS MUST BE PRESENTED WITHIN 15 DAYS AFTER SHIPMENT，BUT WITHIN VALIDITY OF THE LETTER OF CREDIT.
INSRUCTIONS TO THE PAYING/ACCEPTING/NEGOTIATING BANK .NEGOTIATING BANK IS TO FORWARD ALL DOCUMENTS IN
ONE AIRMAIL TO CHEMICAL BANK NEW YORK，55 WATER STREET，ROOM 1702，NEW YORK 10041.
ATTN：LETTER OF CREDIT DEPARTMENT
END OF MESSAGE
NN/
62814 CBC VW
34127 8B BOCSG CN
NNNN
```

图6-3　电开信用证

凡参加SWIFT组织的成员银行，均可使用SWIFT办理信用证业务，其安全性较普通电信方式高。SWIFT信用证报文（text）由一些项目（field）组成，每一种报文格式（message type，MT）规定由哪些项目组成，每一个项目又严格规定由多少字母、多少数组或多少字符组成。因而SWIFT具有标准化、固定化和格式统一的特性，且传递速度快捷，成本也较低。信用证中的SWIFT报文名称和用途归纳见表6-2。

表6-2　　　　　　　　　信用证中的SWIFT报文名称和用途

SWIFT报文	用途
MT700/701 issue of documentary credit 开立跟单信用证	列明开证行开立的跟单信用证条款。当信用证内容超过MT700报文格式的容量时，可以使用最多三份MT701传送有关跟单信用证的条款
MT705 pre-advice of a documentary credit 跟单信用证的预先通知	简要通知跟单信用证的内容
MT707 amendment of a documentary credit 跟单信用证的修改	对跟单信用证进行修改
MT710/711 advice of a third bank's documentary credit 通知由第三家银行开立的跟单信用证	通知另一家开证行开立的跟单信用证条款。当信用证内容超过MT710报文格式的容量时，可以使用最多三份MT711传送有关跟单信用证的条款
MT720/721 transfer of a documentary credit 转让跟单信用证	通知所转让的跟单信用证的条款。当信用证内容超过MT720报文格式的容量时，可以使用最多三份MT721传送有关跟单信用证的条款
MT730 acknowledgement 确认	确认收到跟单信用证
MT732 advice of a discharge 单据已被接受的通知	通知收到的有不符点的单据已被接受
MT734 advice of refusal 拒付通知	发报行认为单据表面上与信用证条款不符，故以不符点为由而拒绝接受单据
MT750 advice of discrepancy 不符点通知	通知收报行有关提交的单据与信用证的不符点
MT752 authorization to pay, accept or negotiate授权付款、承兑或议付	答复用MT750或其他格式的报文发送的授权付款/承兑/议付的请求，通知收报行对于所提交的单据除先前列明的不符点以外再没有其他不符点的情况下，可以对受益人进行付款/承兑/议付

在一份SWIFT信用证报文中，有些规定项目是必不可少的，称为必选项目（mandatory field，M）；有些规定项目可以由操作员根据业务需要确定是否选用，这些项目称为可选项目（optional field，O）。现将SWIFT信用证MT700报文格式各项栏目名称及其Tag代号和相关说明列在表6-3中。

表6-3 　　　　　　　　　SWIFT信用证MT700报文格式

M/O	Tag代号	field name栏目名称		说明
M	27	sequence of total	报文页次	如"1/2"表明"改证共有2页，这是其中的第1页"
M	40A	form of credit	跟单信用证形式	一般为不可撤销跟单信用证
M	20	documentary credit number	跟单信用证号码	
O	23	reference to pre-advice	预先通知编号	
O	31C	date of issue	开证日期	
M	40E	applicable rules	适用规则	跟单信用证遵循的规则
M	31D	date and place of expiry	信用证的到期日及到期地点	事实上就是受益人的最迟交单日期和交单地点
O	51a	applicant bank	开证申请人的银行	当开证行和开证申请人的银行不是同一家银行时，该项目要列明
M	50	applicant	开证申请人名称及地址	
M	59	beneficiary	受益人的名称及地址	
M	32B	currency code, amount	信用证的币种代码及金额	
O	39A	percentage credit amount tolerance	信用证金额上下浮动最大允许范围	如"05/05"表示"允许上下浮动5%"

M/O	Tag代号	field name 栏目名称		说明
O	39B	maximum credit amount	信用证金额最高限额	
O	39C	additional amounts covered	信用证涉及的附加金额	
M	41A/D	available with…by…	兑付银行及信用证兑付方式	"available with…… Bank"或 "any bank"；by后面接付款方式，如 "即期付款" "延期付款" "承兑" 或 "议付" 等
O	42C	drafts at…	汇票的付款期限	
O	42A/D	drawee	汇票的付款人	
O	42M	mixed payment details	混合付款细节	
O	42P	deferred payment details	迟期付款细节	
O	43P	partial shipments	分批装运条款	
O	43T	transshipment	转运条款	
O	44A	place of taking in charge/dispatch from …/place of receipt	接管地/发运地/收货地	
O	44E	port of loading/airport of departure	装货港口/起飞航空港	
O	44F	port of discharge/ airport of destination	卸货港/目的地航空港	
O	44B	place of final destination/ for transportation to …/place of delivery	货物发运最终目的地/转运至…/交货地	

M/O	Tag代号	field name栏目名称		说明
O	44C	latest date of shipment	最迟装运日期	
O	44D	shipment period	装运期	
O	45A	description of goods and/or services	信用证项下的货物或服务的描述	
O	46A	documents required	信用证所需单据	
O	47A	additional condition	附加条款	通常是对受益人的补充要求
O	71B	charges	需由受益人承担的费用	如无此项，就表示除议付费和转让费外，其余概由开证申请人承担
O	48	period of presentation	交单期限	受益人向银行提交单据的时限
M	49	confirmation instruction	保兑指示	
O	53A/D	reimbursing bank	偿付行	
O	78	instruction to the paying/ accepting/ negotiating bank	开证行对付款行、承兑行或议付行的指示	
O	57A/B/D	advise through…bank	通知行	此证将通过收报以外的其他银行通知给受益人
O	72	sender to receiver information	附言	

图 6-4 是一份 SWIFT 信用证。

: 27: SEQUENCE OF TOTAL

1/1

: 40A: FORM OF DOCUMENTARY CREDIT

IRREVOCABLE

: 20: DOCUMENTARY CREDIT NUMBER

002/0000018

: 31C: DATE OF ISSUE

180607

: 40E: APPLICABLE RULES

UCP LATEST VERSION

: 31D: DATE AND PLACE OF EXPIRY

20220716 SOUTH AFRICA

: 51A: APPLICANT BANK

STANDARD BANK OF SOUTH AFRUCA LTD

16HEERENGRACHT, SUITE 801 PIER HOUSE CAPE TOWN

8001 WESTERN CAPE, SOUTH AFRICA

: 50: APPLICANT

COSCO INTERNATIONAL TRADE COMPANY CO.LTD

XINHUA STREET AND GANTIAN ROAD 769 NUMBER

: 59: BENEFICIARY

KRUGMAN EXPORT&IMPORT CORPORATION

NO.25.THE FIFTH AVENUE, CBD OF MELBOURNE

: 32B: CURRENCY CODE.AMOUNT

USD 297, 500.00

: 41D: AVAILABLE WITH BY

COMMONWEALTH BANK OF AUSTRALIA BY NEGOTIATION

: 42C: DRAFTS AT

SIGHT

: 42A: DRAWEE

ISSUING BANK

: 43P: PARTIAL SHIPMENTS

ALLOWED

: 43T: TRANSHIPMENT

ALLOWED

: 44E: PORT OF LOANDING/AIRPORT OF DEPARTURE

MEIBOURNE, AUSTRALIA

: 44F: PORT OF DISCHARGE/AIRPORT OF DESTIANTION

CAPETOWN, SOUTH AFRICA

: 44C: LATEST DATE OF SHIPMENT

20220625

: 45A: DESCRIPTION OF GOODS AND/OR SERVICES

STEERING COLUMN

MODEL02023-1171.PACKING.10PCS PER CARTON

QUANTITY: 8500PCS

PRICE: USD35

CIF CAPETOWN, SOUTH AFRICA

: 46A: DOCUMENTS REQUIRED

+SIGNED COMMERCIAL INVOICE IN 1 ORAGINAL (S) AND 3 COPY (COPIES) INDICATING L/C NO.AND CONTRACT NO.YJX1054

+FULL SET OF CLEAN ON BOARD BILLS OF LADING MADE OUT TO ORDER AND BLANK ENDORSED, MARKED "FREIGH PREPAID" NOTIFYING THE APPLICANT.

+INSURANCE POLICY/CERTICATE IN 1 ORAGINAL (S) AND3COPY (COPIES) FOR 110% OF THE INVOICE VALUE SHOWING CLAIMS PAYABLE IN SOUTH AFICA IN CURRENCY OF THE DRAFT, BLANK ENDORSED, COVERING ALL RISKS, WAR RISKS, STRIKES

+PACKING LIST MEMO IN 1 ORAGINAL (S) AND 3 COPY (COPIES) INDICANTING QUANTITY, GROSS AND NET WIGHTS OF EACH PACKAGE

+CERTIFICATE OF ORIGIN IN 1 ORAGINAL (S) AND 3 COPY (COPIES)

: 71B: CHARGES

ALL BANKING CHARGES OUTSIDE THE OPENING BANK ARE FOR BENEFICIARY'S ACCOUNT.

: 48: PERIOD FOR PRESENTATION

DOCUMENTS MUST BE PRESENTED WITHIN 15 DAYS AFTER DATE OF ISSUANCE OF THE TRANSPORT DOCUMENTS BUT WITHIN THE VALIDITY OF THIS CREDIT

: 49: CONFIRMATION INSTRUCTIONS

WITHOUT

: 78 INSTRUCTIONS TO PAY/ACC/NEG BK

ALL DOCUMENTS MUST BE FORWARDED TO THE ISSUING BANK IN ONE COVER UPON RECEIPT OF DOCUMENTS DRAWN IN COMPLIANCE WITH TERMS AND CONDITIONS OF THE CREDIT, WE SHALL REIMBURSE YOU BY T/T ACCORDING TO YOUR INSTRUCTIONS.

: 57D: ADVISE THROUGH BANK

COMMONWEALTH BANK OF AUSTRALLA 9 BELL STREET, YARRA GLEN, ELBOURNE, VICTORIA

47A: ADDITIONAL CONDITIONS

+A FEE OF USD30.00 (OR EQUIVALENT IN OTHER CURRENCY) WILL BE DEDUCTED FROM THE PROCEEDS OF DRAWING FOR EACH SET OF DOCS PRESENTED WITH DISCRIPANCY (IES).

+DOCUMENTS ISSUED EARLIER THAN L/C ISSUING DATE ARE NOT ACCEPTABLE.

图6-4 SWIFT信用证

不同方式开立的信用证，其形式和格式有所不同，但都包含以下基本内容：

①对信用证本身的说明。

信用证的当事人，包括开证申请人、开证行、受益人、通知行等名称和地址，有的信用证还指定议付行、付款行、偿付行、保兑行等。

信用证种类性质和编号，包括是即期付款、延期付款、承兑，还是议付信用证，以及可否撤销、可否转让、是否经另一银行保兑等。

信用证金额：规定信用证应支付的最高金额及货币品种。

信用证开证日期、到期日和到期地点、交单期限。

信用证所适用的国际惯例、开证行签字和密押等。

②货物条款。

货物条款包括货物的名称、规格、数量、包装、价格等。

③装运和保险条款。

装运和保险条款包括：装运港或起运地、卸货港或目的地、装运期限、可否分批装运、可否转运等，CIF 或 CIP 条件下的投保金额和险别等。

④单据条款。

通常要求提交的商业单据包括：商业发票、装箱单、重量单、产地证、检验证书、海运提单、联合运输提单、简式运输单据、空运单、保险单、装船通知等。

⑤汇票条款。

汇票条款包括汇票的种类、出票人、受票人、付款期限、出票条款及出票日期等。

⑥特殊条款。

特殊条款视具体交易的需要各异。例如，要求通知行加保兑，限制由某银行议付，限装某船或不许装某船，不准在某港停靠或不准采取某条航线，具备某条件后信用证方始生效。

信用证的起源

在汇款方式中，出口商向进口商交单（即交货）与进口商向出口商付款互不制约。托收克服了这一缺陷，它使代收行向进口商交单与进口商付款/承兑相互制约。但是，对出口商而言，托收的信用基础仍是商业信用。为确保能收到货款，出口商不得不寻求新的结算方式，使得付款责任由进口商承担转变为由信用等级更高的银行来承担。

以银行信用代替商业信用的信用证是由银行家和商人共同创造的。信用证的起源可追溯到 14 世纪，意大利的威尼斯、热那亚和佛罗伦萨等欧洲城市中的旅行信用证。旅行信用证的特点是信用证的开证申请人和受益人与旅行者是同一个人。历史上把这种信用证称为原始信用证。

19 世纪中叶，提单出现，使货物单据化；保险、公证、检验等机构的发展，丰富了货物单据化的内容，并由此形成了商业跟单信用证，这是现代信用证的雏形。两次世界大战前后，信用证业务蓬勃发展。20 世纪 80 年代以来，广大发展中国家纷纷利用信用证机制开展对外贸易。

信用证结算方式实现了由银行取代进口商承担付款责任的历史性转变，能保证出口商安全迅速地收到货款，进口商按时收到货运单据。因此，信用证机制进一步提升了付款人的信用等级，同时也为进出口双方提供了资金融通的便利。所以，自信用证出现以来，这种结算方式发展迅速，并在国际贸易中得到广泛应用。现在，信用证已成为国际贸易中一种重要的结算方式。

6.2　信用证的业务流程

下面举个实例描述信用证业务的具体流程。澳大利亚克鲁格曼进出口集团（出口商）与南非 COSCO 国际贸易有限公司（进口商）于 2022 年 6 月 1 日签订外贸合同，出口驾驶杆 8 500 件，共计 297 500 美元。双方在合同中约定用议付信用证方式结算，开证行于 2022 年 6 月 7 日开立信用证。该信用证业务的步骤如图 6-5 所示：

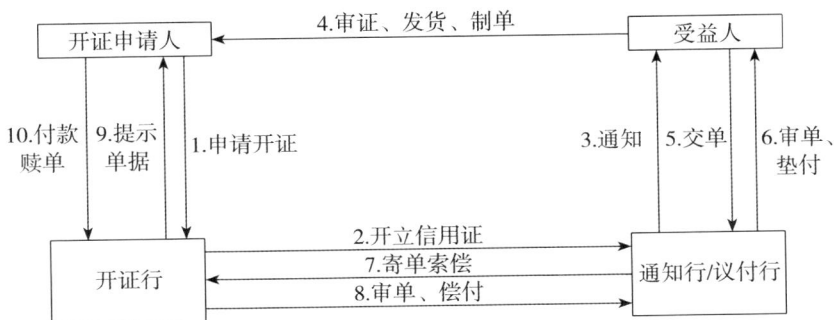

图6-5　议付信用证的业务流程图

1.申请开证

COSCO国际贸易有限公司（申请人）根据合同内容，向南非标准银行开普敦分行（开证行）申请开证并填写开证申请书。开证申请书是申请人和开证行之间的法律文件，也是开立信用证的依据，其内容的完整性、明确性非常重要。

开证申请书一般包括两部分内容：正面是信用证相关内容；背面规定了申请人和开证行权责。开证申请书背面的主要内容包括：申请人有及时偿还开证行的义务；同意开证行根据UCP600的免责条款免除义务；申请人同意在付款前将货物的所有权转让给开证行；申请人承诺支付信用证项下的各项费用；申请人明确遵循UCP600的开证要求。为了减少风险，大多数开证行都要求申请人交纳开证保证金。图6-6显示了该案例中的开证申请书的正面。

2.开立信用证

开证行（南非标准银行开普敦分行）向通知行（澳大利亚联邦银行墨尔本分行）开立信用证。原则上信用证是向受益人开立的，然而受益人没有鉴别信用证真伪的能力，所以在实践中，信用证开给位于出口地的通知行。本案例中使用的信用证用SWIFT开立，是一份MT700报文，具体内容如前图6-4所示。

3.通知行通知受益人

通知行接到信用证后，先行验证信用证真伪，再选择以下做法。

① 通知信用证给受益人，并带有免责声明：我行不承担任何责任地通知已收到下列经证实的SWIFT电文。

IRREVOCABLE DOCUMENTARY CREDIT APPLCATION

TO: STANDARD BANK OF SOUTH AFRICA LTD.   **DATE: 2022-06-06**

×Issue by airmail □with brief advice by teletransmission □ Issue by express delivery □ Issue by teletransmission(which shall be the operative instrument)	Credit NO. 002/0000018 Date and place of expiry 20220716 South Africa
Applicant COSCO INTERANTIONAL TRADE COMPANY CO. LTD. XINHUA STREET AND GANGTIAN ROAD 769 NUMBER	Beneficiary (Full name and address) KRUGMAN EXPORT&IMPORT CORPORATION NO.25,THE FIFTH AVENUE,CBD OF MEIBOURNE
Advising Bank COMMONWEALTH BANK OF AUSTRALIA 9 BELL STREET, YARRA GLEN, MELBOURNE, VICTORIA	Amount USD 297,500.00 US DOLLARS TWO HUNDRED NINETY SEVEN THOUSAND AND FIVE HUNDRED ONLY
Partial shipments ×allowed □not allowed	Transshipment □allowed □not allowed	Credit available with COMMONWEAL BANK OF AUSTRALIA

Loading on board/dispatch/taking in charge at/from MELBOURNE,AUSTRALIA Not later than 20220625 For transportation to. CAPETOWN,SOUTH AFRICA □FOB □CFR ×CIF □Or other terms	BY □sight payment □acceptance ×negotiation □Deferred payment at Against the documents detailed herein ×and beneficiary s draft(s)for 100% of invoice value At sight Drawn on ISSUING BANK

Documents required:(marked with ×)
1.(×)Signed commercial invoice in 1 original(s)and 3 copy(copies)indicating L/C NO. and Contract NO. YJX 1054
2.(×)Full set of clean on board Bills of Lading made out to order and blank endorsed ,marked freight □to collect/× prepaid
showing freight amount notifying   THE APPLICANT
(   )Clean Air waybill consigned to _____ ,marked "freight□to collect/×prepaid" notifying
3.(×)insurance Policy/Certificate in 1 original(s)and 3 copy (copies)for 110% of the invoice value showing claims payable in SOUTH AFRICA ,in currency of the draft ,blank endorsed,covering   ALL RISKS,WAR RISK, STRIKES
4.(×)Packing list Memo in 1 original(s)and 3 copy (copies)indicating quantity ,gross weights of each package
5.(   )Certificate of Quantity/weight in____original(s)and____copy(copies)
6.(   )Certificate of Quantity in____original(s)and____copy(copies)
7.(   )Certificate of Quantity in____original(s)and____copy(copies)
Other documents,if any
1.(   )Certificate of phytosanitary in____original(s)and____copy(copies)
2.(   )Health Certificate in____original(s)and____copy(copies)
3.(×)Certificate of Origin Form A in 1 original(s) and 3 copy (copies)
Description of good:
28002
STEERING COLUMN
MODEL:02023-1171,PACKING:10PCS CARTON
QUANTITU: 850PCS
PRICE: USD35

Additional instructions :
1. (×) All banking chaiges outside the opening bank are for beneficiary account
2. (×) Documents must presented within 15 days after dates of issuance on the Transport documents but within the validity of this credit.
3. (   ) Third party as shipper are not acceptable. Short Form/Blank B/L is not acceptable.
4. (   ) Both quantity and credit amount____% more or less are allowed ,
5. (   ) All documents must be forwarded in _____ ,
(   ) Other terms , if any

图6-6   开证申请书

② 如果通知行不能核验信用证的表面真实性，必须毫不延迟地告知开证行，并在通知信用证中告知受益人：它不能核验该证。

③ 不通知信用证时，通知行必须毫不延迟地告知开证行，不必说明拒绝通知的理由。

通知行在通知信用证时，同时将信用证通知书一并转交受益人。该案例中使用的信用证通知书具体内容如图6-7所示。

COMMONWEALTH BANK OF AUSTRALIA

9Bell street，Yarra Glen，Melbourne，Victoria

FAX：61-3-52142969

NOTIFICATION OF DOCUMENTARY CREDIT

TO： KRUGMAN EXPORT & IMPORT CORPORATION NO.25，THE FIFITH AVENUE，CBD OF MELBOURNE		WHEN CORRERSPOND NG PLEASE QUOTE OUT REF NO	AD94001A40576
ISSUING BANK STANDARD BANK OF SOUTH AFRICA LTD.		TRANSMIT TO US THROUGH REF NO	
L/C NO. 002/0000018	ISSUING DATED 20220625	AMOUNT USD 297，500.00	EXPIRY PLACE SOUTH AFRICA
EXPIRY DATE 20220716	TENOR AT SIGHT	CHARGE	CHARGE BY BENE
RECEIVED VIA SWIFT	AVAILABLE VALID	TEST/SIGN YES	CONFIRM NO

DEAR SIRS：

WE HAVE PLEASURE IN ADVISING YOU THAT WE HAVE RECEIVED FROM THE A/M BANK

A（N）LETTER OF CREDIT，CONTENTS OF WHICH ARE AS PER ATTACHED SHEET（S）. THIS ADVICE AND THE ATTARCHED SHEET（S）MUST ACCOMPANY THE RELATIVE DOCUMENTS WHEN

PRESENTED FOR NEGOTIATION.

REMARK：

PLEASE NOTE THAT THIS ADVICE DOES NOT CONSTITUTE OUR CONFIRMATION OF THE ABOVE L/C NOR DOES IT CONVEY ANY ENGAGEMENT OR OBLIGATION ON OUT PART

THIS L/C CONSISTS OF 2 SHEET（S）. INCLUDING THE COVERING LETTER AND ATTACHMENT（S）.

IF YOU FIND ANY TERMS AND CONDITIONS IN THE L/C WHICH YOU ARE UNABLE TO COMPLY WITH AND OR ANY ERROR（S）. IT IS SUGGESTED THAT YOU CONTACT APPLICANT DIRECTLY FOR NECESSARY

AMENDMENT（S）SO AS TO AVOID AND DIFFICULTIES WHICH MAY ARISE WHEN DOCUMENTS ARE PRESENTED.

THIS L/C IS ADVISED SUBJECT TO ICC UCP PUBLICATION NO.600.

YOURS FAITHFULL

FOR COMMINWEALTH BANK OF AUSTRALIA

图6-7 信用证通知书

4.受益人审证、发货、制单

受益人在收到信用证时，应该严格根据合同内容审证，确保自己有能力履行信用证，消除信用证交单时的潜在风险。审核的项目一般包括如下方面：

① 信用证是否属通知行正式通知的有效信用证。

② 审核信用证的种类。

③ 审核信用证是否加具保兑。

④ 审核开证申请人和受益人。

⑤ 审核信用证的支付货币和金额。

⑥ 审核付款期限和有关货物的内容描述。

⑦ 审核信用证的到期地点、到期日、交单期限。

⑧ 审核装运期、转船、分批装运条款。

⑨ 审核信用证付款方式和提交的单据。

⑩ 审核信用证上印就的其他条款和特殊条款。

审核无误后，受益人联系运输公司发货，获得海运提单，再按照信用证条款制作其他单据。

5.受益人交单

在实践中，根据信用证种类，受益人的单据可以交给被指定银行，也可以直接寄交开证行。在本案例中，被指定行为议付行，亦由通知行（澳大利亚联邦银行墨尔本分行）担任。克鲁格曼进出口集团根据信用证内容，需要提交的单据有5种：商业发票、海运提单、保险单、装箱单、原产地证。这5种单据的具体内容在本书第3章中已提及，请参考图3-2、图3-5、图3-6、图3-8和图3-9。此外，受益人另外制作一份以付款人为开证行的商业汇票，与商业单据一并交至议付行，该汇票内容见本书第2章图2-7。

受益人交单给被指定银行有以下优点：

① 有效地点在被指定银行，受益人可以充分利用有效日期，即使在有效期最后一天交单给被指定银行也不会过期；

② 被指定银行寄单给开证行在路途中可能遗失，开证行仍应承担付款责任，不能让受益人承担单据遗失的风险；

③ 被指定银行审单发现不符点，受益人就近修改单据很方便；

④ 被指定银行审单，如单证相符，向受益人办理各种结算方式使受益人尽早得到资金融通便利。

受益人也可直接交单给开证行，但会有如下缺点：

① 开证行必须在有效期内收到单据，为了防止过期，受益人必须提早寄单；

② 从受益人所在地寄单给开证行，若单据在路途中丢失，风险由受益人承担；

③ 开证行审单发现不符点，受益人要去修改单据，很不方便。

6.议付行审单、垫付

议付行按照信用证，遵循 UCP600 与 ISBP745，谨慎审单，以确定单据是否表面符合信用证条款。若单据存在不符点，银行可以要求受益人修改单据。若没有不符点，议付行向受益人垫付货款。议付行对受益人的垫付保留追索权，若开证行拒付，议付行可以向受益人追回货款。

7.议付行向开证行寄单索偿

寄单（dispatching/forwarding/sending documents）通常是指议付行在向受益人付款后，再向开证行寄送单据的行为。索偿（reimbursement claim），通常是指议付行寄单的同时要求开证行或偿付行偿付垫款的行为。

议付行在议付单据后向开证行寄送单据，随附 BP 通知书（outward documentary bills purchased advice），其也称出口押汇通知书或寄单面函（covering letter/documentary remittance），以说明单据份数、索偿金额、费用，以及指示开证行或偿付行如何付款，向它凭单索汇。寄单和索偿是出口信用证的最后一道工序，正确制作 BP 通知书是维护安全、及时收汇的一项重要工作。图6-8显示了本案例中使用的 BP 通知书。

通常，议付行向开证行寄单，向开证行索偿。但如果开证行不在信用证货币的结算中心，则开证行必须借助于处在信用证货币结算中心的往来银行来担当偿付行。这就导致向开证行寄单、向偿付行索偿的情况。例如，本案例中，信用证结算货币为美元，偿付行就是位于美元清算中心纽约的某家银行——南非标准银行纽约分行（在图6-5中隐去）。这两种情况的寄单索偿路线如图6-9和图6-10所示。

COMMONWEALTH BANK OF AUSTRALIA
MELBOURNE AUSTRALIA

DATE 7TH JULY,2022

	Please always quote our BP No. 400EB081585
TO: Issuing Bank STANDARD BANK OF SOUTH AFRICA LTD. 16 HEERENGRCHT,SUITE 801 PIER HOUSE CAPETOWN 8001 WESTERN CAPE,SOUTH AFRICA	TO: Reimbursing Bank STANDARD BANK OF SOUTH AFRICA LTD. 100 ROADWAY NEW YORK NY 10005 USA

Dear Sirs:

We enclose herewith the draft(s) and following documents for your payment/acceptance pertaining to the credits and certify that all terms and conditions of the credit have been complied with unless otherwise specified below.

Credit No. 002/0000018

Draft/Inv No.	Tenor	Amount	Our charges	Total Amount
S0000065	At sight	USD297,500		USD297,500

The relative documents are disposed as follows   (TO DRAWEE BANK)

B/L C/R AWB	Invoice	Pack./wt Spce/Meas. List	Origin Cert.	Quality/ Quantity/ Anal.Cert	I/P			Draft	Forwarded by Air Mail
3/3	4	4	4		4			2	1ST
Remaining documents									2ND

TO DRAWEE BANK:

(×)Please pay VIA CHIPS the above amount to CITIBANK,NEW YORK (ABA008) A/C 6000890 at sight under telex advice to us quoting our above BP number.

for COMMONWEALTH BANK OF AUSTRALIA

Authorized signature

图6-8　BP通知书

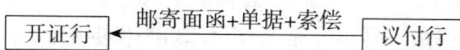

开证行 ←邮寄面函+单据+索偿— 议付行

图6-9　向开证行寄单索偿路线图

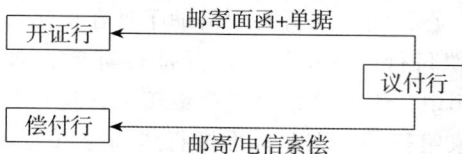

开证行 ←邮寄面函+单据— 议付行
偿付行 ←邮寄/电信索偿—

图6-10　向开证行寄单、向偿付行索偿路线图

议付行需要仔细阅读信用证上的寄单指示和偿付条款，明确寄单索偿路线。议付行还需要充分了解本行与开证行/偿付行的账户行关系，若一方是另一方的账户行，则偿付时不必经过第三家银行的账户；反之则需要。然后缮制BP通知书，寄单、索偿。

8.开证行审单、偿付

开证行收到单据，在最多5个银行工作日内审单完毕，确定单证相符后，就向指定银行偿付。如果信用证另有偿付行，开证行不办理偿付，而只接受单据。根据议付行与开户行之间不同的账户关系，开证行向议付行偿付有五种程序：

（1）议付行是开证行的账户行（议付行主动借记）。

信用证的偿付条款是：In reimbursement of your negotiation under this credit, we hereby authorize you to debit our account with you under your advice to us。在本信用证项下对贵行议付的偿付中，我行谨此授权贵行借记我行在贵行账户并提供报单给我行。

BP通知书的索偿条款是：We have debited your account with us。偿付程序如图6-11所示。需要注意的是，议付行并不是直接从开证行得到信用证，而是从受益人"买入"信用证，下同。

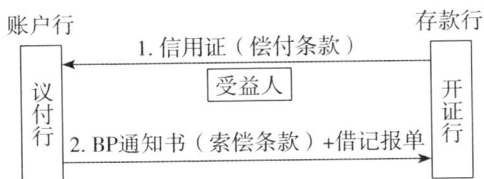

图6-11　议付行主动借记的偿付程序

（2）议付行是开证行的账户行（议付行被动借记）。

信用证的偿付条款是：Upon receipt of your negotiation advice stating that documents have been complied with, we shall authorize you to debit our account with you under your advice to us。收到贵行的议付通知，表明单证相符，我行将授权贵行借记我行在贵行的账户并提供报单给我行。

BP通知书的索偿条款是：Please authorize us by cable/airmail to debit your account with us。偿付程序如图6-12所示。

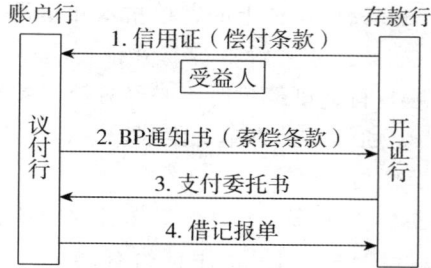

图6-12 议付行被动借记的偿付程序

（3）开证行是议付行的账户行。

信用证的偿付条款是：In reimbursement of your payment made under this L/C，we shall credit your account with us under our telex advice to you。在偿付贵行在本信用证项下的付款时，我行将贷记贵行在我行的账户并将报单电传贵行。

BP通知书的索偿条款是：Please credit our account with you。偿付程序如图6-13所示。

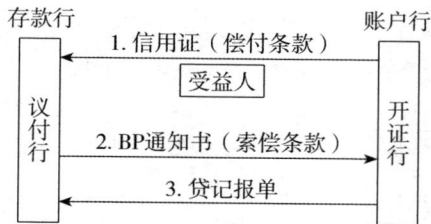

图6-13 开证行是议付行的账户行的偿付程序

（4）开证行与议付行无账户关系。

信用证的偿付条款是：Upon receipt of your negotiation advice stating that documents have been complied with， we shall remit cover by cable/airmail to your correspondent as designated by you for credit of your account with them。收到贵行的议付通知，表明单证相符，我行用电报/航邮将款项汇至贵行指定的账户行，贷记贵行在该行的账户。

BP通知书的索偿条款是：Please pay/remit proceeds by TT/MT to C for credit of our account with them。偿付程序如图6-14所示。

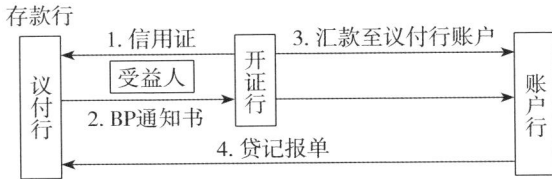

图6-14 开证行与议付行无账户关系的偿付程序

（5）开证行与议付行有共同账户行。

信用证的偿付条款是：Upon negotiation made by you please reimburse yourselves through C by telex/airmail certifying documents complied with and requesting them to debit our account and credit your account with the same amount。贵行议付后，请通过银行C进行偿付，用电传/航邮证实单证相符，要求银行C将相同金额借记我行账户、贷记贵行账户。

BP通知书的索偿条款是：We have requested C by telex/airmail to debit your account and credit our account with the same amount。偿付程序如图6-15所示。

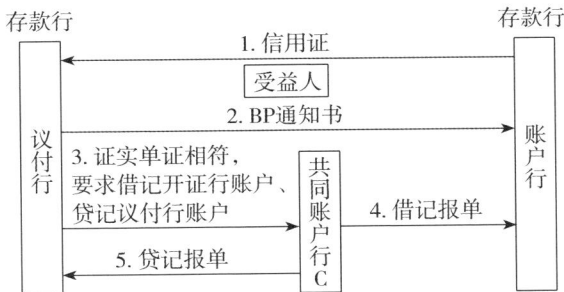

图6-15 开证行与议付行有共同账户行的偿付程序

9.开证行向申请人提示单据

开证行接受单据后，向开证申请人提示单据。

10.付款赎单

申请人按照开证申请书订立的协议，偿付单据款项给开证行，开证行放单。申请人把运输单据提交当地承运人或其代理人，提取货物。

至此，申请人拿到货物，受益人拿到货款，整个信用证业务流程完毕。由于结算工具与钱款流向相反，故而信用证也属于逆汇。

6.3 信用证的特点

信用证方式具有以下特点和性质。

6.3.1 信用证是银行信用

信用证是一种银行信用，开证行承担第一性的而且是独立的付款责任。只要规定的单据提交给被指定银行或开证行，并且构成相符交单，则开证行必须承付。根据 UCP600 第 7 条，如果信用证为以下情形之一，开证行负第一性付款责任：

（1）信用证规定由开证行即期付款、延期付款或承兑。

（2）信用证规定由被指定银行即期付款但其未付款。

（3）信用证规定由被指定银行延期付款但其未承诺延期付款，或其虽承诺延期付款，但未在到期日付款。

（4）信用证规定由被指定银行承兑，但其未承兑以其为付款人的汇票，或其虽承兑了汇票，但未在到期日付款。

（5）信用证规定由被指定银行议付但其未议付。

6.3.2 信用证是一项自足文件

信用证虽然是根据买卖合同开立的，但信用证一经开出，就成为独立于买卖合同以外的一项约定。信用证与合同是关于不同当事人的不同契约。如图 6-1 所示，信用证是开证行与受益人关于支付的契约，而合同是开证申请人与受益人关于货物买卖的契约。

UCP600 第 4 条 a 款指出："就性质而言，信用证与可能作为其依据的销售合同或其他合同，是相互独立的交易。即使信用证中提及该合同，银行亦与该合同完全无关，且不受其约束。"

a 款继续规定："因此，银行关于承付、议付或履行信用证项下其他义务的承诺，不受申请人基于其与开证行或与受益人之间的关系而产生的任何请求或抗辩的影响。受益人在任何情况下不得利用银行之间或申请人与开证行之间的合同关系。"

第 4 条 b 款规定："开证行应劝阻申请人试图将基础合同、形式发票等文件作为信用证组成部分的做法。"

6.3.3 信用证是单据买卖

信用证是一种单据买卖，各有关当事人处理的是单据，而不是货物、服务和/或其他行为。银行只负责审核单证、单单之间的表面相符。

单证相符是指单据符合信用证条款的规定。单单相符是指单据之间不发生矛盾。表面相符是指单据从表面上看符合规定或没有矛盾，对其实际上的真伪不予深究。例如，如果信用证要求某机构出具品质证书，那么只要交付的单据中有该机构出具的品质证书即可，银行并不深究这份品质证书是否确为该机构所签发，也不管实际货物是否真的品质合格。

UCP600第14条a款规定，按指定行事的指定银行、保兑行和开证行在审单时必须根据单据本身确定其是否在表面上构成相符交单。首先，这里强调了基于单据本身进行判断，而不能越过单据本身去考虑基础合同或其他交易或货物情况从而影响判断，这与UCP600第4条、第5条所体现的信用证独立性原则相一致。其次，强调是否在"表面上（on their face）"构成相符交单，而对单据代表的货物是否和基础合同的约定相符，货物是否真实存在、真实出运，单据是否伪造或单据记载内容是否真实等，不负责调查核实。这里的措辞"表面上"（与背面相对）并无单据之意，而是应该理解为单据直接呈现在审核者面前的表面内容，不涉及单据的真实性和所代表的货物等。换句话说，若开证行拒付，拒付的理由只能是单据上有不符点。

6.4 信用证的种类

6.4.1 跟单信用证VS.光票信用证

按信用证要求的单据区分，信用证可分为跟单信用证和光票信用证。

1.跟单信用证

跟单信用证（documentary credit），是指信用证要求的单据中包括商业单据的信用证。目前在国际贸易中使用的信用证大部分都是跟单信用证。

2.光票信用证

光票信用证（clean credit），是指信用证要求的单据中不包括商业单据的信用证。在采用信用证方式预付货款时，通常使用光票信用证。

6.4.2　保兑信用证VS.无保兑信用证

按是否另有银行为开证行的付款责任进行担保区分，信用证可分为保兑信用证和无保兑信用证。

保兑信用证（confirmed L/C），是指在开证行开立信用证之后，由另一家银行为开证行的付款义务进行担保。对信用证加保兑的银行，称为保兑行（confirming bank）。保兑行一旦作出保兑，就和开证行一样承担第一性的付款责任，且保兑行在承付后，对受益人或其他前手银行无追索权。对于受益人而言，保兑信用证相当于提供了一个"双保险"，开证行和保兑行同时提供银行信用，承担第一性的付款责任。可以使用保兑信用证的情况有以下几种：信用证的金额超过了开证行的支付能力；进口国政局动乱、正在进行战争或政府对进出口实行强硬的外汇管制；开证行信誉不佳，资金能力有限或者与出口银行未建立代理关系。

无保兑信用证（unconfirmed L/C），是指在开证行开立信用证后，没有另一家银行为开证行的付款义务进行担保，由开证行独自承担第一性的付款责任。

在 SWIFT 信用证中，是否加具保兑要在第 49 栏（TAG-49）"confirmation instruction"（是否加具保兑）中注明。保兑信用证与无保兑信用证的对比见表6-4。

表6-4　　　　　　　　　　保兑信用证与无保兑信用证

	有无银行为开证行担保	承担第一性付款责任的银行
保兑信用证	有	开证行、保兑行并列第一
无保兑信用证	无	开证行

6.4.3　付款信用证VS.议付信用证VS.承兑信用证

按信用证的兑付方式区分，信用证可分为付款信用证、议付信用证和承兑信用证。

1.付款信用证

付款信用证（credit （available） by payment）是指受益人采用付款的方式兑付信用证款项的信用证。这种信用证的开证行或其指定行只凭受益人按信用证规定提交的单据付款，一般不需要汇票。此时，指定行并不为开证行垫款，且兑付信用证款项后，对受益人无追索权。付款信用证的表达如下：

$\times$　by payment at sight

□　by deferred payment at：

□　by acceptance of drafts at：

□　by negotiation

2.议付信用证

议付信用证（credit （available） by negotiation）是指受益人采用议付的方式兑付信用证款项的信用证。根据 UCP600 第 2 条的规定，议付是指指定银行在相符交单情况下，在其应获偿付的银行工作日当天或之前向受益人预付或者同意预付款项，从而购买汇票（其付款人为指定银行以外的其他银行）及/或单据的行为。

在议付信用证业务中，开证行指定其他银行（一般是受益人所在地的银行）充当议付行，议付行对受益人提交的单据审核无误后，买入汇票及/或单据的。具体操作方法是，受益人开具汇票，连同单据一起向信用证允许的银行进行议付，议付行则在审单后扣除垫付资金的利息，将余款付给受益人。然后议付行将汇票与单据按信用证规定的方法交给开证行索偿。

议付行是票据的买入者和后手，议付行为相当于为开证行垫付信用证款项。在向开证行寄单索偿后若因故遭到开证行拒付，议付行对受益人有追索权，这是议付行与付款行的本质区别。

议付信用证下受益人开出的汇票有即期和远期之分。

即期汇票的情况是：受益人开立以开证行为付款人、以受益人（背书给议付行）或议付行为收款人的即期汇票，到信用证允许的银行进行交单议付；议付银行审单无误后立即付款，然后将汇票和单据寄开证行索偿。

远期汇票的情况是：受益人开立远期汇票，到信用证允许的银行交单议付；议付行审单无误后，将汇票、单据寄交开证行承兑，开证行承兑后，寄出"承兑通知书"给议付行或将汇票退给议付行在进口地的代理行保存，等汇票到期时提示开证行付款，款项收妥后汇交出口商。如果出口商要求将银行承兑汇票贴现，则议付行在进口地的代理行可将开证行的承兑汇票送交贴现公司办理贴现，出口商负担贴现利息。但是，议付行未买入单据，只是审单和递送单据，并不构成议付。

按信用证议付的范围不同，议付信用证又可分为限制议付信用证和自由议付信用证两种情况。

①限制议付信用证。

限制议付信用证是指定议付银行的信用证。在限制信用证中有具体的议付行名称，例如，Credit available with Bank of China，Shanghai：

□　by payment at sight

□　by deferred payment at：

□　by acceptance of drafts at：

×　by negotiation

against the documents detailed herein：

and Beneficiary's drafts drawn at sight on The Bank of Tokyo Ltd., Tokyo，Japan

②自由议付信用证。

自由议付信用证是不指定议付行的议付信用证。例如，Credit available with Any Bank in China：

□　by payment at sight

□　by deferred payment at：

□　by acceptance of drafts at：

×　by negotiation

against the documents detailed herein：

and Beneficiary's drafts drawn at sight on The Bank of Tokyo Ltd., Tokyo，Japan

3.承兑信用证

承兑信用证（Credit（available）by acceptance）是规定开证行对于受益人开立以开证行自己为付款人或以其他银行为付款人的远期汇票，

在审单无误后，应承担承兑汇票并于到期日付款责任的信用证。

具体做法是：受益人开出以开证行或指定银行为受票人的远期汇票，连同商业单据一起交到信用证指定银行；银行收到汇票和单据后，先验单，如单据符合信用证条款，则在汇票正面写上"承兑"字样并签章，然后将汇票交还受益人（出口商），收进单据。待信用证到期时，受益人再向银行提示汇票要求付款，此时银行才付款。银行付款后无追索权。承兑信用证的表达如下：

☐ by payment at sight

☐ by deferred payment at:

☒ by acceptance of drafts at:

☐ by negotiation

议付信用证、付款信用证和承兑信用证的区别见表6-5。

表6-5　　　　议付信用证、付款信用证和承兑信用证的区别

	议付信用证	付款信用证	承兑信用证
兑付方式	议付	付款	承兑
兑付行	议付行	开证行/指定行	开证行/指定行
兑付行是否为开证行垫款	是	否	否
兑付行对受益人有无追索权	有	无	无
单据中有无汇票	必须有汇票	不必含有汇票，即使有也只是附加单据	必须有远期汇票
汇票受票人	开证行/指定行	不限	开证行/指定行

6.4.4　即期信用证VS.远期信用证

根据付款期限区分，信用证可分为即期信用证和远期信用证。

即期信用证（sight credit），是指在受益人提交符合信用证规定的单据后，付款行（开证行、指定银行或议付行）即期付款的信用证。即期信用证包括即期付款信用证和即期议付信用证两种。

远期信用证（usance credit），是指在受益人提交符合信用证规定的单据后，付款行（开证行、指定银行或议付行）并不立即付款，而是在付款期限到期以后才付款的信用证。

远期信用证包括延期付款信用证、承兑信用证和远期议付信用证三种。承兑信用证和远期议付信用证已在上文中提及，下面介绍延期付款信用证。它的表达方式如下：

☐   by payment at sight

☒   by deferred payment at：

☐   by acceptance of drafts at：

☐   by negotiation

延期付款信用证不需要汇票，仅凭受益人交来单据，审核相符确定银行承担延期付款责任起，延长一段时间，至到期日付款的信用证。在业务处理上，延期付款信用证与承兑信用证类似，所不同的是受益人不需要出具汇票，只需将符合信用证规定的单据交到指定银行；指定银行在验单无误后收入单据，待信用证到期再行付款。

延期付款信用证由于没有汇票，也就没有银行承兑，对于受益人来说明显的不利处在于无法像承兑信用证那样去贴现银票。如果受益人急需资金而向银行贷款，银行贷款利率比贴现率高，可见不利于企业对资金的利用。

在这三种远期信用证中，延期付款信用证项下的票据不能贴现；而根据贴现利息由谁承担，承兑信用证和远期议付信用证又可分为买方远期信用证和卖方远期信用证。买方远期信用证由买方承担贴现利息，卖方远期信用证由卖方承担贴现利息。

买方远期信用证，又称为"假远期信用证"，是指卖方（受益人）开具远期汇票并交单、押汇时，兑付行向卖方即期支付足额票款，但买方（申请人）并不即期付款赎单；远期汇票付款期限到期后，买方才向开证行支付货款及远期汇票贴现利息。在假远期信用证中，贴现时利息由买方负担，卖方按即期方式获得票面金额，因此，假远期信用证实质上对买方来说是远期，而对卖方来说是即期。一般而言，当开证行不能即期垫付，买方也没有即期支付能力时，使用假远期信用证。开证行通过贴现的方式提供融资，但贴现利息由买方承担。

卖方远期信用证，又称为"真远期信用证"，兑付行只有在远期汇票付款期限到期以后才向受益人或汇票的善意持有人支付款项。如果受益人（卖方）向银行贴现远期汇票，需要由卖方自己承担贴现利息。假远期信用证、即期信用证、真远期信用证的区别见表6-6。

表6-6　　　假远期信用证、即期信用证、真远期信用证区别

项目	假远期信用证	即期信用证	真远期信用证
汇票期限	远期	即期	远期
兑付期限	远期 提前至即期	即期	远期 提前至即期
兑付金额	全额	全额	扣除贴息
贴现利息由谁承担	申请人（买方）	无贴现利息	受益人（卖方）
申请人付款赎单期限	远期	即期	远期

6.4.5　可转让信用证VS.背对背信用证

在有中间商的国际货物买卖中，中间商若需要对进口商和供货商实行信息隔离，或者需要一种不增加自身资金负担的融资方式，就会使用有第二受益人的信用证，也就是可转让信用证或背对背信用证。

1.可转让信用证

可转让信用证（transferable credit）是指开证行允许被指定的转让行在受益人的要求下，将信用证部分或全部转让给一个或多个第二受益人使用的信用证。

采用可转让信用证方式，可免去中间商的开证程序，给供货商提供付款的保证，使供货商放心生产、办理交货，为自己节省一笔开证费用及保证金。对中间商的另一好处是，可转让信用证往往加列有待开证行付款后向第二受益人付款的条件，这样可以把开证行拒付的风险转嫁给供货商。

买方开出可转让信用证，意味着其同意卖方的交货及/或交单可以由另外一方即第二受益人来执行，而第二受益人则同意承担可转让信用证项下的风险。除下列条款外，可转让信用证的条款与原证相同：

① 信用证总金额和货物单价可比原证减少。

② 信用证有效期、装运期和交单期限可比原证提早和缩短。

③ 投保的比例可比原证提高。

④ 可转让信用证的申请人可改为原证的受益人。

可转让信用证的业务流程如图6-16所示。

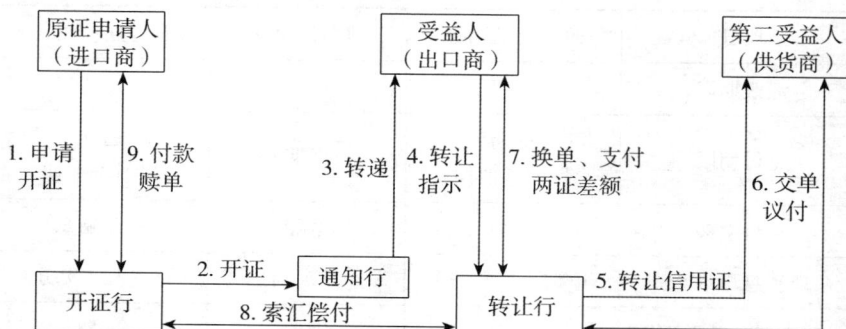

图6-16 可转让信用证业务流程

可转让信用证的特点如下：

① 只能转让一次（但可重新转让给第一受益人）。

② 第一受益人可代替原证申请人。

③ 买卖合同并没转让，只是进口人同意由出口人指定的其他人（供货商）履行交货、交单义务。

④ 转让行可以是付款行、承兑行或议付行（自由议付须特别授权）。第一受益人要求第二受益人向转让行交单，汇票、发票被替换。

⑤ 须明确注明"transferable"。

2.背对背信用证

在国际贸易中，中间商为防止买方与供货商直接订约成交，泄露商业机密，影响自己赚取差价，采取的方法之一就是开立背对背信用证。

受益人以进口商开来的信用证（母证，original credit or master credit）作为保证，要求该证的通知行或其他银行在该证的基础上开立一张以本地的或第三国的实际供货商为受益人的新证（子证或第二信用证，secondary credit），这张另开的新证就是背对背信用证（back-to-back credit）。新证开立后，原证仍有效，由新证开证行代原受益人（中间商）保管。背对背信用证的条款应该与原证相似，但下列条款可与原证不同：

① 信用证总金额和货物单价可比原证减少。

② 信用证有效期、装运期和交单期限可比原证提早和缩短。

③ 投保的比例可比原证提高。

④ 背对背信用证的申请人可改为原证的受益人。

背对背信用证的业务流程如图6-17所示。

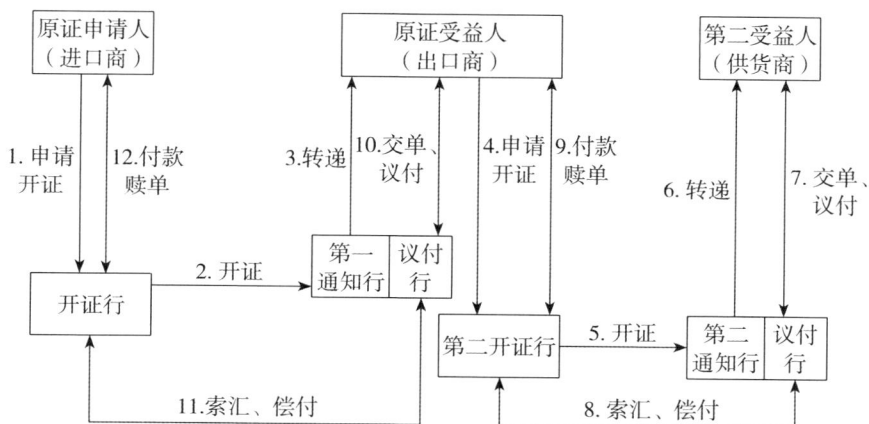

图6-17　背对背信用证业务流程

背对背信用证的特点如下：

① 背对背信用证的开立并非原始信用证申请人和开证行的意旨。

② 背对背信用证与原证是两个独立的信用证，同时并存。

③ 背对背信用证的第二受益人不能获得原证开证行的付款保证，只能得到背对背开证行的付款保证。

④ 开立背对背信用证的银行就是该证的开证行，一经开立，该行就要承担开证行责任。

可转让信用证与背对背信用证的区别见表6-7。

表6-7 可转让信用证与背对背信用证的区别

项目	可转让信用证	背对背信用证
与原证的关系	转让的信用证是原证的延展	背对背信用证与原证是两个独立的信用证
开证行	同为原证开证行	两个不同的开证行
前提	原证必须是可转让的	第二开证行接受开证
信用证条款是否受UCP600第38条约束	是	否
付款责任	转让行不必承担付款责任	第二开证行承担独立的付款责任
中间商角色	第一受益人	原证受益人，第二证申请人
进口商与第二受益人之间的信息隔离程度	部分隔离	完全隔离

6.4.6 循环信用证

循环信用证（revolving credit），是指信用证的金额在部分或全部使用后，能恢复到原金额，并能循环多次使用，直至达到信用证规定的循环次数、时间或累积金额为止。在普通信用证的基础上增加一条"循环条款"，就可以实现循环。

一般而言，在进出口买卖双方订立长期合同，分批交货，而且货物比较大宗、单一的情况下，进口方为了节省开证手续和费用，即可开立循环信用证。循环信用证可以避免信用证保证金的利息损失（跨越时间长）、减少保证金金额（累积金额较大）。循环信用证可分为两种：按时间循环与按金额循环。

1.按时间循环

按时间循环的信用证是指信用证上规定受益人每隔某一段时间，可循环使用信用证上规定的金额。信用证上的循环条款如下：

This credit is available for up to USD15 000 per month during January 2022 to May 2022. The aggregate amount under this credit is USD75 000.（2022年1月至2022年5月期间，本信用证每月兑付金额达USD15 000。本信用证总金额为USD75 000。）

2.按金额循环

按金额循环的信用证是指信用证项下的钱款付给受益人后，信用证恢复到原来的金额供受益人再度使用。按金额循环的信用证又可分为全自动循环、半自动循环和非自动循环三种。

（1）全自动循环。

信用证项下的钱款付给受益人后，不需要开证行通知，信用证自动恢复到原始金额。信用证上的循环条款如下：

The amount of credit （USD15 000） shall be renewable twice automatically after date of negotiation，thus making an aggregate amount of USD45 000.（信用证金额 USD15 000 议付之日后自动恢复两次，总金额达 USD45 000。）

（2）半自动循环。

信用证项下的钱款付给受益人后若干天内，如开证行未提出终止循环的通知，则信用证恢复到原始金额。信用证上的循环条款如下：

Should the Negotiating Bank not be advised of stopping renewal within 7 days after each negotiation，the amount of this credit shall be increased to the original amount on the 8th day after each negotiation.（若每次议付后 7 日内议付行未获通知停止循环，则每次议付后第 8 日信用证金额增至原始金额。）

（3）非自动循环。

信用证项下的钱款付给受益人后，需要得到开证行的通知，信用证才恢复到原始金额。信用证上的循环条款如下：

The amount of credit shall be renewal after each negotiation only upon receipt of issuing bank's notice stating that credit might be renewal.（每次议付后，只有收到开证行通知、表明信用证可以恢复金额，信用证金额才能恢复。）

如果按照是否能够累积循环，循环信用证又可分为累积循环信用证和非累积循环信用证。累积循环信用证是指不论是按时间还是按金额循环，凡是上次未用完的信用证余额，都可以移到下次一并使用的信用证。非累积循环信用证是指凡是上次未用完的信用证余额不能移到下次一并使用的信用证。

需要说明的是，是否累积循环与按时间循环和按金额循环是可以结合在一起的，二者并不是两种彼此独立、非此即彼的循环方式。

累积、按时间循环信用证中的循环条款如下：

This credit is revolving at USD100 000 covering shipment of _____ per calendar month cumulative operation from January 2022 to June 2022 inclusive up to a total of USD600 000. （本信用证循环金额为 USD100 000 装运_____ 按历月累积循环，自 2022 年 1 月至 2022 年 6 月（含元月和 6 月）直至总金额 USD600 000.）

非累积、按金额循环信用证中的循环条款如下：

This credit is revolving for three shipments only. Each shipment should be effected at one month interval. The amount of each shipment is not exceeding USD50 000. The total value of this revolving credit does not exceed USD150 000. The unused balance of each shipment is not cumulative to the following shipment. （本信用证金额仅供三次装运循环。各次装运时间间隔一个月。每次装运金额不超过 USD50 000。本循环信用证的总金额不超过 USD150 000。每次装运的未用余额不得累积到下次装运。）

6.5 信用证项下的融资

6.5.1 打包贷款

打包贷款（packing loan），又称打包信用证（packing letter of credit），是指信用证的受益人以信用证作为抵押，在信用证项下的货物装运之前，向银行获取贷款的行为。

贷款银行在仔细审查信用证的各项条款并完成相关借贷程序之后，将信用证金额的 80%～85% 人民币数额划入信用证受益人的账户。当该信用证项下的货款结汇以后，贷款银行先办理相关的结算手续，再从结汇款中扣除贷款本金和利息以及议付手续费等项费用。打包贷款是出口商所在地银行给予出口商的一种"装运前融资"（pre-shipment finance）。融资银行须承担融资预支款的风险。

6.5.2　出口押汇

出口押汇是指信用证的受益人在信用证项下的货物装运之后，凭全套议付单据向议付行获取人民币贷款的行为。议付行在借贷人民币时必须审单。押汇金额一般在信用证金额的 85% ~ 95% 之间。押汇比例的大小主要视议付单据是否存在不符点以及受益人、偿付行的信誉程度而定。等该信用证结汇以后，议付行先办理相关结算手续，再从结汇款中扣除贷款本金和利息以及议付手续费等项费用。

6.5.3　议付

议付，按照国际惯例，是指被授权的议付行对信用证受益人的汇票及/或单据付出对价的行为。只审单不支付对价并不构成议付。这里的议付更准确地说是"境外议付"，银行支付的是外汇，我国外汇管理机构视作"已结汇"，出口商可以据此办理出口收汇核销和出口退税。然而目前，我国银行系统的议付有一些特有的规定，迄今并未与国际通行的办法接轨，也叫"境内议付"。在国内银行办理议付时，银行只是审单、寄单、收费，并不支付对价。如果受益人要求议付行支付对价，银行则要按"出口押汇"处理。按照我国银行的惯例，押汇只算抵押贷款，不算结汇，不能据此办理出口收汇核销和退税。

6.5.4　保理

保理（forfaiting），也称包买票据，音译为"福费廷"，该业务是针对远期信用证应收账款，无追索权的买断行为。具体定义就是包买商（出口商银行）从出口商那里无追索地购买已经承兑的、通常由进口商所在地银行担保的远期汇票或本票的业务，该票据可以是信用证项下或银行保函项下的远期汇票或本票。简单来说，就是出口商把应收账款卖给银行，先拿回现金，并且不欠银行钱。

出口商放弃对所出售债权凭证的一切权益，将收取债款的权利、风险和责任转嫁给包买商，而银行作为包买商也必须放弃对出口商的追索权；出口商在背书转让债权凭证的票据时均加注"无追索权（without recourse）"字样，从而将收取债款的权利、风险和责任转嫁给包买商。保理业务主要提供中长期贸易融资，融资期限一般在 180

天以上，最长可达 10 年（实践中一般以 1~5 年居多）；融资金额较大（多在 100 万美元以上），一般采用固定利率，但也可以采用浮动利率。

利用这一融资方式的出口商应同意进口商以分期付款的方式支付货款，以便汇票、本票或其他债权凭证按固定时间间隔依次出具，以满足福费廷业务需要。保理业务是一项高风险、高收益的业务，对银行来说，可带来可观的收益，但风险也较大；对出口商来说，货物一出手，可立即拿到货款，占用资金时间很短，无风险可言。因此，银行做这种业务时，关键是必须选择资信十分好的进口地银行。

保理与出口押汇的不同点在于：出口押汇属于贷款，因此出口商仍拥有应收账款所有权，同时也负有还款给银行的义务，而保理业务中银行买断了应收账款，因此对出口商没有追索权。保理对于出口企业的意义基本与出口押汇相同，可以加速资金回笼，同时避免或降低汇率变动的风险。同时，与出口押汇相比，保理有两点优势：一是可以起到改善财务报表的作用，因为用福费廷融到的资金在财务报表上体现为应收账款减少与银行存款增加，而不同于押汇的短期借款增加；二是采用商业保理业务后，卖方可立即获得核销单，可加快办理退税。

6.5.5　进口押汇

在即期信用证项下，开证行收到进口单据后，经审查单证相符，或虽有不符点但进口商及开证行都同意接收，按进口商的需求，由开证银行先行代其付款，使客户取得短期的资金融通，银行所垫款项由进口商日后偿还。

在进口押汇业务中，释放单据的方式大致有三种：第一种是凭信托收据放单；第二种是凭进口押汇协议放单；第三种是由申请人付清银行垫款后放单。进口商办理了进口押汇后，信用证项下的货物所有权即归银行所有，进口商作为银行的受托人代银行保管有关货物，同时保证在规定期限内用销售收入归还全部银行垫款。进口押汇是短期融资，期限一般不超过 90 天。

6.5.6　提货担保

在近洋贸易中，出口国与进口国相距较近，会出现货物比提单先到的情况。为避免交纳滞港费、加速资金周转，可采取提货担保的融资方式。

由进口商向银行申请开立提货担保保函，交给承运单位先予提货，待取得正本单据后，再以正本单据换回原提货担保保函。简单来说，提货担保就是能在货物到港以后立即提货，而不是在货物到港以后还要等待出口商发出的货物单据再去提货，从而能避免压仓、减少仓储成本，防止不必要的经济损失。这样，既减少了进口商的费用，又可以尽快提货以免因货物品质发生变化遭受损失。正本单据到达后，不论单据是否有不符点，银行都不能对其拒付。

阅读资料6-2

信用证融资引千万元纠纷

2013年11月6日，珠海某有色金属有限公司因业务需求，向甲银行珠海分行申请开立约3 000万元的信用证，用于购买中铝某国际贸易有限公司铝锭，信用证有效期至2013年11月30日，付款期限为运输单据日后90日。

该有色金属有限公司以其在甲银行珠海分行开立的价值8亿元的专用监管账户及相应理财产品为上述债务提供质押担保，包括湖北武当某文化旅游有限公司等在内的7个公司以10块土地对上述信用证债务提供抵押担保，某控股有限公司及其法定代表人颜某、梁某对上述信用证债务承担连带保证责任。

此后，因该有色金属有限公司到期无法支付铝锭交易款，账号因其他纠纷被法院冻结，之前10名承担担保责任的担保人也无力偿还，造成甲银行珠海分行于2014年2月9日垫付了约3 000万元交易款。

2014年4月15日，甲银行珠海分行向香洲区法院提起诉讼，要求该有色金属有限公司赔偿垫款本金及利息共计约3 057.9万元，并承担质押担保责任；包括湖北武当某文化旅游有限公司等在内的7个公司承担抵押担保责任，某控股有限公司及其法定代表人颜某、梁某承担连带保证责任。

法官在审理该案时，发现11名被告之间存在着债务重叠的现象，其中有多个被告因债务缠身，相关房地产以及机器设备、生产线等均被法院查封，生产陷入困境，濒临破产边缘。

主审法官认为，判决结案虽然可以实现快速结案，但由于11名被告均缺乏实际清偿的能力，判决后若当事人申请法院强制执行，可能会面临无法执行等实际困难，非但不能保护原告的合法权益，还极有可能导致多名被告破产、大量工人失业、其他债权人利益受损等不良后果。

因此，法官尝试以"判"促"调"，最终各方达成由被告该有色金属有限公司分期偿还所欠原告甲银行珠海分行本金及利息共3 057.9万元的调解协议。

资料来源：王晓易. 信用证融资引千万元纠纷［N］. 南方都市报，2015-01-07. 此处有修改.

6.6 汇款、托收、信用证对比

信用证结算方式对出口商与进口商都能起到一定的安全保证与资金融通作用，对各银行而言也能获得比汇款与托收更高的手续费。

对于出口商来说，信用证是开证行开出的付款凭证，其信用程度远高于商业信用。

对于进口商来说，虽然在申请开证时一般要缴存一笔开证押金，但押金比例往往只占信用证金额的一小部分，与过去申请开立委付购买证时百分之百缴存押金相比，资金负担已大大减轻。

对开证行来说，信用证开立时银行并不垫出资金，只是出借自身的良好信用，但可取得开证手续费收入及开证押金。

对于其他参与信用证业务的银行来说，如果该银行只负责通知信用证，则并不承担垫款的风险，而只是根据通知服务收取通知费。

综上所述，信用证方式继承了托收方式中单据与货款之间的相互制约，更重要的是实现了由银行取代进口商承担付款责任的转变。汇款、跟单托收和跟单信用证这三种结算方式的区别见表6-8。

表6-8　　　　　　　　汇款、跟单托收、跟单信用证的区别

项目	汇款	跟单托收	跟单信用证
付款人的信用属性	商业信用	商业信用	银行信用
支付工具流向与款项流向	一致	相反	相反
钱货衔接	否	是	是
买方风险	预付：大 赊账：无	中	大
卖方风险	预付：无 赊账：大	中	小
卖方资金周转	预付：快 赊账：慢且把握性小	可预期但把握性较小	可预期且把握性大

阅读资料6-3

结算方式的演变

汇款是国际贸易采用票据结算取代金银结算后最早出现的结算方式，此后，票据结算方式沿下述四个路径演变：

其一，从付款与交单互不制约演变为付款与交单相互制约。

在汇款方式下，买方向卖方支付货款与卖方向买方交付单据这两个环节互不制约，汇款业务中的银行（汇出行和汇入行）也不需要处理汇款所使用的商业单据。在汇款方式中，要么是预付货款，要么是货到付款。如果是预付货款，则买方承担卖方不履行交货义务的风险。反之，如果是货到付款，则卖方承担买方不履行付款义务的风险。在金银结算中，"一手交钱、一手交货"的钱货交割方式体现了付款与交货的相互制约。把"一手交钱、一手交货"移植到票据结算中，用支付或承兑汇票与交付货运单据来相互制约，就形成跟单托收。

其二，付款人的信用基础从商业信用演变为银行信用。

在汇款的货到付款方式中，卖方要承担买方不履行付款义务的风

险。跟单托收方式虽然实现了交单与付款的相互制约，但卖方仍然要承担买方拒绝付款、拒绝收货的风险。汇款与跟单托收的共同缺陷是：付款人的信用属性都是商业信用。继承跟单托收中付款与交单的相互制约，再把付款人从贸易公司转变为信用等级更高的银行，就形成跟单信用证。

不难看出，结算方式在上述两个路径的演变中，卖方的风险逐步减小，买方的风险逐步加大。首先，在汇款中的货到付款方式下，卖方能否按时收到货款，完全取决于买方的信用，如果买方在收到货物后找各种理由拒绝付款或拖延付款，则卖方很可能发生钱货两空的损失。因此，在货到付款方式中，卖方的风险很大。对买方来说，可以先取得货物再付款，故买方风险为零。

其次，在托收方式下，卖方在没有收到货款时已经将货物装运，将所取得的货运单据和跟单汇票一起交银行委托收款，如果此时买方拒绝付款，则卖方要承担仓储、保险、将货物转运或转卖的费用和损失。由于买方必须进行付款或承兑才能从代收行取得货运单据，在买方付款前，货物并没有置于买方的控制之下，因此，托收相比于汇款，卖方的风险有所减小，而买方的风险有所增大。

最后，在信用证方式下，卖方在收到符合双方约定的信用证之后，才将货物办理装运。信用证是开证行以自身信用提供付款保证，因此，对卖方而言，只要提交的单据符合信用证的规定，就可以得到货款。而对于买方而言，由于在信用证方式下，银行只处理单据而不涉及货物，因此有可能发生卖方所提交的单据符合信用证规定而所交货物并不符合合同规定的情况，这时银行也已经对卖方付款，买方也必须对银行付款。因此，信用证相比于托收，卖方的风险进一步减小，买方的风险进一步加大。

其三，从单纯的结算方式演变为结算方式与融资方式相结合。

如果把银行是否居中垫付款项视为是否属融资方式的判别标准的话，汇款和跟单托收都不是融资方式，而信用证却是融资方式，因为开证行为申请人（买方）垫付款项给受益人（卖方）。因此，汇款和跟单托收都是单纯的结算方式，而信用证却是结算方式与融资方式的结合体。

20世纪六七十年代，全球进出口贸易额的85%以上都是采用信用证方式来结算的。但进入20世纪90年代以后，由于买方市场的形成和电子商务的迅速发展等原因，信用证支付方式的使用率迅速下降。而非信用证支付方式，如付款交单（D/P）、承兑交单（D/A）以及赊销（O/A）等以商业信用为付款保证的支付方式却大行其道，很快成为国际贸易中的主流支付方式。欧美企业的信用证使用比例已降至10%～20%，亚太国家信用证的使用比例也在逐年下降，大多数业务已采用商业信用，辅之以完善的信用风险管理。

现代商业银行可在国际结算中提供多层次中介服务。其对国际贸易结算的影响在逐步扩大，银行可以充分利用自身优势，帮助贸易双方简化手续，减少资金占用，节省非生产性费用甚至转嫁风险。西方国家纷纷利用新的政策性金融手段支持本国出口商开拓国际市场，其中最典型的是出口信贷和出口信贷担保，与其相适应的福费廷、卖方信贷、买方信贷等出口信贷新方式应运而生。这些被称为结构性贸易融资的新方式应用于国际结算，大大降低或转移了贸易、外汇、结算中的风险，使出口商从合同签订到结算收汇各个环节的利益都能得到保障。

资料来源：李昭华. 国际结算［M］. 北京：对外经济贸易大学出版社，2011.

6.7　审核单据

审单（documents examination）即银行对受益人提交的凭以议付、付款的单据的审查。UCP600第14条规定："按照指定行事的被指定银行、保兑行（如有）以及开证行必须对提示的单据进行审核，并仅以单据为基础，以决定单据在表面上看来是否构成相符提示。"这意味着，在信用证业务中，只有三家银行必须履行审单义务，即被指定银行（如已经议付单据的议付行）、保兑行和开证行。至于实务中涉及的其他银行是否需要审单，UCP600未做明确规定。

6.7.1　审单原则

审单的四项指导原则为：

① 审单与销售合同无关。

② 审单与受益人和申请人之间的关系无关。

③ 审单与货物本身无关。

④ 单证是否相符与审单以外可能获得的知识无关。

以上四项原则可以概括为：银行的工作仅仅是审单，银行作出的决定只取决于审单结果。

6.7.2 审单标准

银行审单的标准就是是否单证相符、单单相符。

UCP600中有个很重要的概念：相符交单。根据UCP600第2条的规定，**相符交单是指交单符合三个方面的要求：①信用证的条款条件；②UCP600的适用条款；③国际标准银行实务。**该定义也表达了：银行在审单的时候，信用证条款、UCP600相关条款以及《审核跟单信用证项下单据的国际标准银行实务》之间是并列关系这层意思，如图6-18所示。

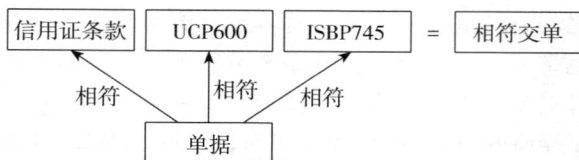

图6-18　相符交单含义

需要强调的是，UCP600第14条d款进一步规定了审单标准：单据中的数据，在与信用证、单据本身以及国际标准银行实务参照解读时，无须与该单据本身的数据、其他要求的单据或信用证中的数据等同（identical），但不得矛盾（conflict）。该款规定了单据与信用证的规定、单据与单据之间的一致程度，即所谓单证一致、单单一致的程度，上限是达到完全相同（be identical），下限是不能相互矛盾（conflict with each other）。

长期以来，银行在应用"单证相符、单单相符"原则时，演变为机械、刻板的规定，片面地强调单据之间以及单证之间达到完全符合的"镜像原则"。受益人提交的单据只要有任何不符，即使是不构成歧义的拼写错误或无关紧要的错误也一律当成拒付的理由，使得信用证成为拒付工具而不是付款工具，这与国际商会的初衷背道而驰。因此，国际商会在制定UCP600时采取了"非严格相符"的审单方法，强调只要单证内容"不矛盾"或者"不冲突"，就是相符的。这使得银行在具体业务中能够灵活地处理单证、单据，充分体现了信用证的高效和公平。

我国自2006年1月1日起施行最高人民法院法释〔2005〕13号《关于审理信用证纠纷案件若干问题的规定》。该解释第六条指出："信用证项下单据与信用证条款之间、单据与单据之间在表面上不完全一致，但并不导致相互之间产生歧义的，不应认定为不符点。"这与UCP600确定的审单标准本质上一致，极具实践指导性。

6.7.3 审单程序

1.接单

接单即银行收到受益人交来信用证项下的单据，在未正式审单时做的初步整理、验收及记录。看单据种类、份数是否齐全，有无信用证正本及修改书；注明收到的日期；按到期日的先后排列各套单据。银行接单后首先要考察BP通知书与信用证。BP通知书的考察要点包括：

（1）它是本信用证号码项下的BP通知书，上面有信用证编号；

（2）列举的单据名称和数量与实际收到的单据一致；

（3）BP通知书的金额与信用证金额一致；

（4）寄送单据的银行是被指定行，寄送给本行；

（5）付款指示清楚、易于理解；

（6）任何不符点已经记录在其上。

信用证的考察要点包括：

（1）信用证号码是正确的，它可以适用于交来的单据；

（2）它是致受益人的正本信用证通知书；

（3）信用证尚未到期；

（4）可使用的金额是充足的，以前的支款（如有）已经正确地记录下来；

（5）所有的修改（如有）已经随附信用证交来。

2.审单

银行接单后开始对单据进行有序的审核，一般情况需要横审与纵审，如图6-19所示。

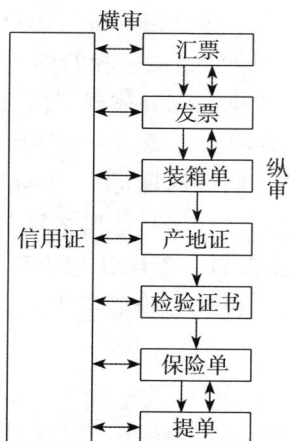

6-19 横审与纵审

横审的要点包括：

（1）信用证如有修改，首先查看受益人对于修改通知书确无书面表示拒绝接受，然后以修改条款核对有关单据，若符合修改条款，表明受益人接受修改。

（2）将信用证从头到尾地阅读一遍，每涉及一种单据，立即与那一种单据核对，以达到单证一致。

（3）阅读信用证文句并与单据核对，发现不符点立刻记录在审单记录表上。

纵审的要点包括：

（1）以发票为中心，与其他单据逐个核对，注意涉及发票的相同资料需要核对是否一致。

（2）核对提单与保险单，尤其是这两份单据的签发时间。

（3）核对汇票金额与发票金额是否一致。

（4）核对发票与装箱单关于货物的描述是否一致。

经过横审和纵审没有发现不符点，或发现不符点已经改妥，即可确定单据全部相符。

同时，银行需要在合理的审单时间内完成审单工作。UCP600第14条将UCP500中的"7个银行工作日"改为"按指定行事的指定银行，保兑行（如有的话）及开证行各有从交单次日起的至多5个银行工作日用以确定交单是否相符"。

对于"5个银行工作日"的理解，首先有关银行要合理配置各种资源，确保在不超过自收到单据次日起5个银行工作日对交单人发出是否接受单据的通知，否则将失去拒绝单据的权利。其次是不必担心审单时间是否"合理"，只要不超过5个银行工作日都是允许的。

对于发票以外的其他单据上的货物描述，可以使用概括性用语。UCP600第14条e款在"其他单据中的货物、服务或履约行为的描述"后添加了"如果有的话（if stated）"的措辞，暗含了不是所有单据上都必须显示货物描述之意，如果显示了，可以使用概括性用语。

对于信用证要求提交运输单据、保险单据和商业发票之外的单据，却未规定出单人或单据内容，UCP600第14条f款提出，所提交单据符合以下两项要求，就可以接受：

（1）提交的单据的内容看似满足所要求单据的功能。

（2）所提交单据内容与该单据本身、信用证要求的其他单据、信用证条款之间均没有矛盾之处。

如果出现了信用证未规定的单据，UCP600第14条g款规定如下：提交的非信用证要求的单据将被不予理会，并可退还交单人。该规定说明，相关银行对额外单据应不予审核，不能以额外单据中的不符之处为由拒付。

此外，单据出具日期可以早于信用证的开立日期，但不能迟于信用证规定的交单日期。如果信用证条款有对单据日期的规定，则受益人应该按照条款规定注明单据日期。

6.7.4 存在不符点的处理

保兑行或指定银行对于不符单据的处理方法如下。

受益人提交了不符合信用证要求的单据时，保兑行或指定银行按照下列方法之一处理：

（1）将所有单据退还给受益人更改，以便在信用证有效期内和最迟交单期内再交单。

（2）仅仅退还不符单据给受益人更改，同时安全保管其余单据。

（3）在受益人授权下将信用证项下不符单据以等待批准方式寄送给开证行，要求该行审查和批准接受单据或拒绝接受单据。

（4）将所有单据退还受益人，请他直接寄单给开证行。

（5）如果受益人准许，以电报、电传或电信发至开证行，要求凭不符单据授权承付或议付。在具体操作中此方法应用得较多，俗称"电提"。开证行复电同意接受不符点和授权议付时，电文中要写明"if otherwise in order（单据在其他方面相符）"，以确保开证行在收到单据时没有发现其他不符点。

指定银行也可以用 MT 750 单据不符通知报文向开证行电提不符点。收报方可用 MT 752 报文进行授权，授权支付、承兑或议付，也可用 MT796 或 MT799 答复报文对其作出拒绝的回答。

（6）对不符单据付款或承诺付款。根据 UCP600，开证行对指定银行的指示是凭相符单据付款、承担延期付款责任、承兑汇票或议付。如果指定银行已经发现单据中存在不符点，就不应对其承付或议付。假如该行仍对不符单据进行了付款或承诺付款，都不是信用证项下的授权行为，仅仅是该行对受益人的一种融资安排。

（7）寄单托收。此举意味着放弃应用 UCP600 规则，完全使用 URC522 托收统一规则，以申请人是否接受单据为主，开证行不起作用，成为代收行。

开证行对单据的处理程序如图 6-20 所示。

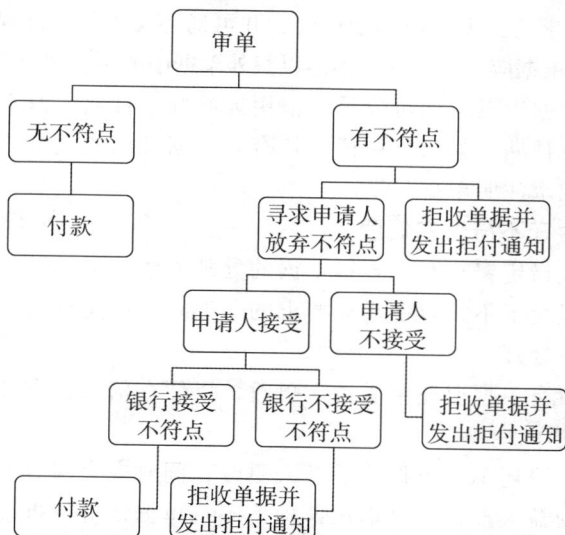

图 6-20　开证行对单据的处理程序

开证行谨慎审核单据后，确定是否有不符点，然后就要决定是接受或拒绝接受单据。

开证行如果确定单据符合信用证条款和条件，就有义务接受信用证项下的单据，予以偿付。

开证行如果确定单据不符合信用证条款和条件，则面临两种选择：自行决定寻求申请人放弃不符点，或者拒绝接受单据并且发出通知。

根据申请人作出的是否接受不符点的决定，开证行有自行决定是否拒付单据的权利。如果申请人递送不符点放弃书，开证行必须决定是否接受申请人的放弃书，事实上申请人放弃不符点不能迫使开证行也放弃不符点。如果申请人不接受不符点，或者申请人接受但开证行不接受不符点，开证行就会拒收单据并且发出拒付通知。

拒付通知的制作要求在 UCP600 第 16 条 c 款有详细规定。构成有效拒付通知的三个要素是：

（1）要有拒付的明确意思表示。

（2）一次全部列出不符点，不符点必须明确。

（3）对如何处置不符单据的说明。

如果相关银行没有按照本款的规定缮制拒付通知，则拒付无效，相关银行不得宣称交单不符。

UCP600 第 16 条 d 款规定了发出拒付通知的方式：要求拒付通知必须以电信方式，如不可能，则以其他快捷方式发出。发出拒付通知的第一选择应当是电信方式，若电信方式无法获得，才可选择其他的快捷方式。

UCP600 第 16 条 e 款是较 UCP500 新增的规定，解决了相关银行发出拒付通知后何时可以退单的问题。需要说明的是，整个流程不得超过 UCP600 第 14 条 b 款所规定的期限。

阅读资料 6-4

信用证软条款

东南亚某国银行给我国 Z 行开立过一份不可撤销自由议付信用证，在 DOCUMENTS REQUIREMENT 中关于提单的 NOTIFY PARTY 有如下条款：NOTIFY PARTY WILL BE ADVISED LATER BY MEANS OF L/C

AMENDMENT THROUGH OPENING BANK UPON INSTRUCTIONS FROM THE APPLICANT。但是无论通知行如何催促，开证行都迟迟不发信用证修改指定提单的被通知人。为避免信用证过期，受益人只好在信用证修改之前交单，并将提单的 NOTIFY PARTY 打成 APPLICANT 的全称。

开证行在收到单据后以如下理由拒付：NOTIFY PARTY ON THE BILL OF LADING SHOWN AS APPLICANT WHEREAS L/C AMENDMENT HAD NOT BEEN EFFECTED，即信用证修改尚未发出，提单便显示了被通知人。Z 行多次反驳，但开证行始终坚持不符点成立。

最后开证行来电称申请人要求降价 10% 才肯赎单，出口商迫于各方压力不得不接受要求，以损失 4 万美元为代价了结此事。

这个案例的焦点是信用证上关于通知人的"软条款"。信用证中的"软条款"是指主动权掌握在开证申请人手中，受益人无法控制的条款；或意思含糊不清、模棱两可的条款；或者这些条款是出口商根本无法办到的。进口商利用软条款，可以轻易让开证行单方面解除其保证付款的责任。进口商履行带有软条款的信用证，尽管完成了买卖合同的规定义务，开证行仍可根据软条款以种种理由拒付。

信用证中软条款的存在，会给受益人安全收汇造成相当大的困难和风险。对于软条款的处理，出口商应坚持修改，否则不要急于出货。客户之间的口头商业信用是靠不住的，只有严格按信用证的要求交单才是按时收汇、安全收汇的最佳保证。

下面列举软条款一些表现形式：

（1）某些证书须由申请人以各种方式认可，方能生效。

（2）有问题的提单条款，如信用证要求海陆联运，又要求海运提单。

（3）船舶由申请人指定。

（4）付款与实际到货相联系。

（5）信用证规定 D/A 付款。

（6）信用证付款的前提是收到申请人承兑的汇票。

（7）符合当地政府规定后才付款。

电子信用证与eUCP

思政元素：数字化

信用证早期是以纸质形式开立的，但在20世纪70年代就已经实现了电开模式。信用证的电子化程度在不断提高，但真正的电子信用证，应当实现全流程的电子化。目前国际上已建成部分第三方系统平台，如BOLERO（Bill of Lading Electronic Registry Organization）系统、ESS（Electronic Shipping Solutions）系统、TSU（Trade Services Utility）系统和TRADECARD、CCEWEB、CARGODOCS。1998年成立的英国伦敦电子商务公司（Bolero International Limited，以下简称Bolero公司），开发了Bolero系统所开立的信用证，至今已运行二十余年。Bolero采用云端信息处理技术，结合相关贸易应用程序，开发出一套传输、交换电子单据与数据的网络平台，客户可以通过权利注册申请实现货物所有权的在线转让，银行可以通过该平台进行开证、信用证通知、审单等，真正实现了信用证体系运行的电子化。

为了适应大数据时代下国际货物交付、运输、邮递等业务的相应变化，国际商会很早之前就开始尝试制定针对电子信用证交单的相关规则。《跟单信用证统一惯例UCP500关于电子交单的附则》（《eUCP Supplement to UCP500 for Electronic Presentation》，以下简称eUCP1.0）于2002年应运而生。2007年，伴随着UCP600的生效，国际商会又对eUCP1.0进行了更新，即《跟单信用证统一惯例UCP600关于电子交单的附则》（eUCP Supplement to UCP600 for Electronic Presentation，以下简称eUCP1.1）。UCP600本身在第11条也明确承认了电子信用证的法律效力，并专门规定了电讯传递的信用证及其修改规则。

eUCP1.0和eUCP1.1作为对UCP的补充规则，实际上是尝试解决原有国际惯例如何适用于电子交单的问题。然而，eUCP只是对原则性的问题作出了宏观上的概括规定，再加上其颁布时电子信用证的发展仍处于初级水平，规则制定的针对性不强，两个版本均没能对商事实践作出合理的归纳，对很多具体问题，如"单据的损坏""银行的物理地址"等都没有明确规定，种种原因使得eUCP的实际操作性不强，没能得到广泛的应用。

2019年6月eUCP2.0的发布，正式开启了电子信用证的2.0时代。此次规则修订最为重要的贡献就是，通过多项条款的修订"动摇"了当前信用证信用危机的重要根源——"被干扰的银行信用"。在第3条b款，明确了数字化时代下虚拟世界相关产品的概念，使得电子信用证下的单据审核标准更为清晰和透明；在第5条和第7条要求，信用证必须明确格式要求，且银行必须依据约定之格式审核单据，除非提交人提交之单据不符合约定的格式，否则银行不得以格式为由拒绝付款，如果信用证未约定格式，由此产生的格式歧义不得成为银行的拒付理由，这实际上是明确了银行对格式约定的法定责任；此外，在国际商会对eUCP2.0的官方解释中，电子交单规则的中立性被一再强调，基于这一原因，eUCP2.0并未对电子审单的具体平台、具体步骤和技术要求做详细规定，这其实是赋予了信用证的当事人自主选择电子商务平台进行电子审单的权利，但同时强调了相关银行对自身负责的数据处理系统有维护的责任。

资料来源：陆璐. 大数据赋能：信用证信用危机的法制应对——兼评ICC电子信用证系列规则［J］. 东南大学学报（哲学社会科学版），2019（21）：138-147.

本章小结

1.信用证是开证行根据开证申请人的要求，向受益人开立的、在一定期限内凭符合信用证条款的单据、即期或在一个可以确定的将来日期承付一定金额的书面承诺。一项约定如果具备了以下三个要素就是信用证：第一，信用证应当是开证行开出的确定承诺文件。信用证的开证机构为银行，代表着银行信用。第二，开证行承付的前提条件是相符交单。在受益人相符交单的情况下，开证行必须履行付款承诺。第三，开证行的承付承诺不可撤销。信用证自开立起，开证行就承担了不可撤销的承付责任。

2.信用证业务基本当事人有四个：开证申请人、开证行、受益人和通知行。开证申请人是指向银行提出申请开立信用证并最终承担付款义务的人，即进口商。开证行是接受申请开出信用证并对信用证承担付款责任的银行。受益人是指有权享受信用证上收款权利和使用信用证的人，即进口商。通知行是指按开证行的授权将信用证转递给受益人的银行，一般为出口人所在地的银行。在不同的情况下，还可能出现议付行、保兑行、付款行、承兑行、偿付行等。

3.申请人和受益人之间的法律关系表现为双方签订的、规定采用信用证方式支付的买卖合同。开证申请人与开证行之间受到开证申请书的约束。申请人与开证行之间的法律关系表现为以开证申请书形式建立起来的合同关系。开证行与受益人之间的法律关系表现为信用证。

4.根据信用证开立的方式，有信开与电开之分。现在开立信用证主要用SWIFT开立。不同方式下开立的信用证，其形式和格式有所不同，但都包含对信用证本身的说明、货物条款、装运和保险条款、单据条款、汇票条款、特殊条款等。

5.信用证是一种银行信用，开证行承担第一性的而且是独立的付款责任。信用证虽然是根据买卖合同开立的，但信用证一经开出，就成为独立于买卖合同以外的一项约定。信用证是一种单据买卖，各有关当事人处理的是单据，而不是货物、服务和/或其他行为。银行只负责审核单证之间、单单之间的表面相符。

6.信用证可以分为跟单信用证、光票信用证、保兑信用证、无保兑信用证、付款信用证、议付信用证、承兑信用证、即期信用证、远期信用证、可转让信用证、背对背信用证、循环信用证等。

7.信用证业务经常配合对出口商与进口商的融资。对出口商的融资有打包贷款、出口押汇、议付、保理。对进口商的融资有进口押汇、提货担保等。

8.银行在审单时，遵循一定的审单原则与审单标准。审单时分别进行横审与纵审。对于单据中不符点的处理，各银行需要遵循UCP600相关条款的指示。

综合训练

6.1 单项选择题

1.在结算方式中，按出口商承担风险从小到大的顺序排列，应该是（　　　）。

A.付款交单托收、跟单信用证、承兑交单托收

B.跟单信用证、付款交单托收、承兑交单托收

C.跟单信用证、承兑交单托收、付款交单托收

D.承兑交单托收、付款交单托收、跟单信用证

2.以下不属于信用证特点的是（　　　）。

A.信用证是由开证银行承担第一性付款责任的书面文件

B.开证银行履行付款责任是有限度和有条件的

C.信用证是一种商业信用

D.信用证是一项独立的，自足性的文件

3.信用证对出口商的作用是（　　　）。

A.不必占用资金，反而能得到开证手续费的收入

B.获得一笔数目可观的结算手续费

C.可以凭信托收据，要求开证行先交付单据，在出售货物后再交付货款

D.只要将符合信用证条款的货运单据交到出口地与它有来往的银行，即能完全地取得货款，加速资金周转

4.一般来说，保兑行对所保兑的信用证的责任是（　　　）。

A.在议付行不能付款时，承担付款责任

B.在开证行不能付款时，承担付款责任

C.承担第一性的付款责任

D.在开证申请人不能付款时，承担付款责任

5.按照国际商会UCP600的解释，所有的信用证都应该为（　　　）。

A.可撤销信用证

B.不可撤销信用证

C.既可能是可撤销信用证，也可能是不可撤销信用证

D.由开证行和受益人协商确定

6.下列关于议付信用证项下的汇票说法正确的是（　　　）。

A.既可以是即期汇票，也可以是远期汇票

B.只能是即期汇票

C.只能是远期汇票

D.不需要汇票

7.（　　　）是一类允许出口商在装货交单前可以支取全部或部分货

款的信用证。

    A.即期付款信用证　　　　　　B.预支信用证

    C.对开信用证　　　　　　　　D.保兑信用证

  8.按照UCP600的规定，开证行审核单据和决定是否提出异议的合理时间是（　　　）。

    A.收到单据后的5个工作日　B.收到单据后的7个工作日

    C.收到单据后的8个工作日　D.收到单据后的10个工作日

  9.以下当事银行中，（　　　）对信用证受益人付款之后享有追索权。

    A.议付行　　　　　　　　　　B.开证行

    C.保兑行　　　　　　　　　　D.付款行

  10.在信用证业务中，（　　　）不必向受益人承担付款的责任。

    A.开证行　　　　　　　　　　B.保兑行

    C.通知行　　　　　　　　　　D.付款行

  11.信用证的特点表明各有关银行在信用证业务中处理的是（　　　）。

    A.相关货物　　　　　　　　　B.相关合同

    C.抵押权益　　　　　　　　　D.相关单据

  12.以下当事银行中，（　　　）向信用证受益人付款之前不必审核单据。

    A.议付行　　　　　　　　　　B.开证行

    C.偿付行　　　　　　　　　　D.付款行

6.2　多项选择题

  1.信用证的基本当事人中受益人是（　　　）。

    A.卖方　　　　　　　　　　　B.出票人

    C.进口商　　　　　　　　　　D.产地证

  2.信用证对开证行来说有下列好处：（　　　）。

    A.收取开户手续费　　　　　　B.贷款是有保证金或担保的

    C.风险小　　　　　　　　　　D.不占用资金

  3.属于逆汇方式的有（　　　）。

    A.汇款　　　　　　　　　　　B.托收

    C.信用证　　　　　　　　　　D.票汇

  4.信用证的基本当事人是（　　　）。

A.开证行　　　　　　　　　　B.受益人

C.保兑行　　　　　　　　　　D.承兑行

E.开证申请人

5.用于中间商出口商品的信用证包括（　　　）。

A.循环信用证　　　　　　　　B.对开信用证

C.红信用证　　　　　　　　　D.背对背信用证

E.可转让信用证

6.信用证按通知受益人的方式分为（　　　）。

A.信开信用证书　　　　　　　B.预支信用证

C.电开信用证　　　　　　　　D.对开信用证

7.信用证的特点是（　　　）。

A.银行信用

B.开证行独立付款

C.自足文件不依附于贸易合同

D.纯粹的单据业务

E.商业信用

8.即期信用证包括（　　　）。

A.即期付款信用证　　　　　　B.议付信用证

C.自由议付信用证　　　　　　D.承兑信用证

9.下列对受益人无权追索权的信用证有（　　　）。

A.即期付款的信用证　　　　　B.议付信用证

C.电开信用证　　　　　　　　D.对开信用证

10.对于出口商而言，保理业务有利于（　　　）。

A.节省时间，提高融资效率

B.尽早核算出口成本

C.可将票据融资，不受预付定金比例的限制

D.变远期票据为即期收汇，提高了资金使用率

6.3　思考题

1.如何理解信用证的性质及作用？

2.信用证有哪些主要当事人？其权责是什么？

3.说明信用证结算的业务流程。

4.简述可转让信用证。

5.什么是背对背信用证?它与可转让信用证有何不同?

6.什么是信用证的软条款?

7.论述信用证的风险与防范。

6.4 案例分析

1.某外贸公司接到国外开来的信用证,证内规定:"数量共 6 000 箱,1 至 6 月份分 6 批装运,每月装运 1 000 箱。"该信用证受益人在 1 至 3 月份每月装运 1 000 箱,银行已分批议付了货款,对于第 4 批货物,原定于 4 月 25 日装船出运,但由于台风,该批货物延至 5 月 1 日才装船,当该公司凭 5 月 1 日的装船提单向银行议付时却遭银行拒付。该公司曾以"不可抗力"为由要求银行通融也遭银行拒绝。

试问:在上述情况下,开证行有无拒付的权利?外贸公司有无引用"不可抗力"条款的权利?为什么?

2.某出口公司收到日本一家银行开来的不可撤销信用证。信用证中规定:"Credit amount USD 50 000,according to Invoice Value:75% to be paid at sight the remaining 25% to be paid at 60 days after shipment arrival."卖方在信用证有效期内通过议付行向开证行提交了单据,单证相符。开证行即付 75% 的货款,但货到 60 天后,开证行以开证人声称货物品质欠佳为由,拒付其余的 25% 货款。请分析开证行行为。

3.中方某公司收到国外开来的不可撤销信用证,由设在我国境内的某外资银行通知并加以保兑,中方在货物装运后,正拟将有关单据交银行议付时,接到该外资银行通知,由于开证行已宣布破产,该行不承担对该信用证的议付或付款责任,但可接受我出口公司委托向买方直接收取货款的业务。

对此,你认为中方应该如何处理为好?

参考文献

［1］王月溪，贺锏璇．国际结算［M］．4版．大连：东北财经大学出版社，2021．

［2］姜学军．国际结算［M］．5版．大连：东北财经大学出版社，2020．

［3］张晓明，刘文广，王基昱，等．国际结算［M］．2版．北京：清华大学出版社，2019．

［4］侯迎春，张文娟．国际结算［M］．2版．北京：中国金融出版社，2019．

［5］缪东玲．国际贸易单证操作与解析［M］．2版．北京：电子工业出版社，2016．

［6］徐薇．国际贸易单证实务与操作［M］．2版．北京：人民邮电出版社，2016．

［7］张东祥．国际结算［M］．4版．北京：首都经济贸易大学出版社，2015．

［8］李昭华，冯莉．国际结算［M］．北京：对外经济贸易大学出版社，2011．

［9］全国国际商务单证专业培训考试办公室．国际商务单证理论与实务［M］．北京：中国商务出版社，2011．

［10］周岳梅，孙海洋．国际贸易融资结算操作技能实训［M］．上海：上海交通大学出版社，2011．

［11］王学惠，王可畏．国际结算［M］．北京：清华大学出版社，

北京交通大学出版社，2009.

　　［12］苏宗祥，徐捷．国际结算［M］．北京：中国金融出版社，2008.

　　［13］国际商会中国国家委员会．跟单信用证统一惯例——国际商会第600号出版物［M］．北京：中国民主法制出版社，2007.

　　［14］庞红，尹继红，沈瑞年．国际结算［M］．北京：中国人民大学出版社，2007.

　　［15］田运银．国际贸易实务精讲［M］．北京：中国海关出版社，2007.

　　［16］庄乐梅，韩英．贸易融资与外汇理财实务［M］．北京：中国纺织出版社，2007.

　　［17］贺瑛．国际结算［M］．上海：复旦大学出版社，2006.

　　［18］陆璐．大数据赋能：信用证信用危机的法制应对———兼评ICC电子信用证系列规则［J］．东南大学学报（哲学社会科学版），2019（21）.

　　［19］陈治东．国际托收业务中银行责任之法律分析［J］．武大国际法评论，2004（2）.

中华人民共和国票据法

（1995 年 5 月 10 日第八届全国人民代表大会常务委员会第十三次会议通过；根据 2004 年 8 月 28 日第十届全国人民代表大会常务委员会第十一次会议《关于修改〈中华人民共和国票据法〉的决定》修正）

第一章　总则

第一条　为了规范票据行为，保障票据活动中当事人的合法权益，维护社会经济秩序，促进社会主义市场经济的发展，制定本法。

第二条　在中华人民共和国境内的票据活动，适用本法。

本法所称票据，是指汇票、本票和支票。

第三条　票据活动应当遵守法律、行政法规，不得损害社会公共利益。

第四条　票据出票人制作票据，应当按照法定条件在票据上签章，并按照所记载的事项承担票据责任。

持票人行使票据权利，应当按照法定程序在票据上签章，并出示票据。

其他票据债务人在票据上签章的，按照票据所记载的事项承担票据责任。

本法所称票据权利，是指持票人向票据债务人请求支付票据金额的权利，包括付款请求权和追索权。

本法所称票据责任，是指票据债务人向持票人支付票据金额的义务。

第五条　票据当事人可以委托其代理人在票据上签章，并应当在票据上表明其代理关系。

没有代理权而以代理人名义在票据上签章的，应当由签章人承担票据责任；代理人超越代理权限的，应当就其超越权限的部分承担票据责任。

第六条　无民事行为能力人或者限制民事行为能力人在票据上签章的，其签章无效，但是不影响其他签章的效力。

第七条　票据上的签章，为签名、盖章或者签名加盖章。

法人和其他使用票据的单位在票据上的签章，为该法人或者该单位的盖章加其法定代表人或者其授权的代理人的签章。

在票据上的签名，应当为该当事人的本名。

第八条　票据金额以中文大写和数码同时记载，二者必须一致，二者不一致的，票据无效。

第九条　票据上的记载事项必须符合本法的规定。

票据金额、日期、收款人名称不得更改，更改的票据无效。

对票据上的其他记载事项，原记载人可以更改，更改时应当由原记载人签章证明。

第十条　票据的签发、取得和转让，应当遵循诚实信用的原则，具有真实的交易关系和债权债务关系。

票据的取得，必须给付对价，即应当给付票据双方当事人认可的相对应的代价。

第十一条　因税收、继承、赠与可以依法无偿取得票据的，不受给付对价的限制。但是，所享有的票据权利不得优于其前手的权利。

前手是指在票据签章人或者持票人之前签章的其他票据债务人。

第十二条　以欺诈、偷盗或者胁迫等手段取得票据的，或者明知有前列情形，出于恶意取得票据的，不得享有票据权利。

持票人因重大过失取得不符合本法规定的票据的，也不得享有票据权利。

第十三条　票据债务人不得以自己与出票人或者与持票人的前手之间的抗辩事由，对抗持票人。但是，持票人明知存在抗辩事由而取得票据的除外。

票据债务人可以对不履行约定义务的与自己有直接债权债务关系的持票人，进行抗辩。

本法所称抗辩，是指票据债务人根据本法规定对票据债权人拒绝履行义务的行为。

第十四条　票据上的记载事项应当真实，不得伪造、变造。伪造、变造票据上的签章和其他记载事项的，应当承担法律责任。

票据上有伪造、变造的签章的，不影响票据上其他真实签章的效力。

票据上其他记载事项被变造的，在变造之前签章的人，对原记载事项负责；在变造之后签章的人，对变造之后的记载事项负责；不能辨别是在票据被变造之前或者之后签章的，视同在变造之前签章。

第十五条　票据丧失，失票人可以及时通知票据的付款人挂失止付，但是，未记载付款人或者无法确定付款人及其代理付款人的票据除外。

收到挂失止付通知的付款人，应当暂停支付。

失票人应当在通知挂失止付后三日内，也可以在票据丧失后，依法向人民法院申请公示催告，或者向人民法院提起诉讼。

第十六条　持票人对票据债务人行使票据权利，或者保全票据权利，应当在票据当事人的营业场所和营业时间内进行，票据当事人无营业场所的，应当在其住所进行。

第十七条　票据权利在下列期限内不行使而消灭：

（一）持票人对票据的出票人和承兑人的权利，自票据到期日起二年。见票即付的汇票、本票，自出票日起二年；

（二）持票人对支票出票人的权利，自出票日起六个月；

（三）持票人对前手的追索权，自被拒绝承兑或者被拒绝付款之日起六个月；

（四）持票人对前手的再追索权，自清偿日或者被提起诉讼之日起三个月。

票据的出票日、到期日由票据当事人依法确定。

第十八条　持票人因超过票据权利时效或者因票据记载事项欠缺而丧失票据权利的，仍享有民事权利，可以请求出票人或者承兑人返还其与未支付的票据金额相当的利益。

第二章　汇票

第一节　出票

第十九条　汇票是出票人签发的，委托付款人在见票时或者在指定日期无条件支付确定的金额给收款人或者持票人的票据。

汇票分为银行汇票和商业汇票。

第二十条　出票是指出票人签发票据并将其交付给收款人的票据行为。

第二十一条　汇票的出票人必须与付款人具有真实的委托付款关系，并且具有支付汇票金额的可靠资金来源。

不得签发无对价的汇票用以骗取银行或者其他票据当事人的资金。

第二十二条　汇票必须记载下列事项：

（一）表明"汇票"的字样；

（二）无条件支付的委托；

（三）确定的金额；

（四）付款人名称；

（五）收款人名称；

（六）出票日期；

（七）出票人签章。

汇票上未记载前款规定事项之一的，汇票无效。

第二十三条　汇票上记载付款日期、付款地、出票地等事项的，应当清楚、明确。

汇票上未记载付款日期的，为见票即付。

汇票上未记载付款地的，付款人的营业场所、住所或者经常居住地为付款地。

汇票上未记载出票地的，出票人的营业场所、住所或者经常居住地为出票地。

第二十四条　汇票上可以记载本法规定事项以外的其他出票事项，但是该记载事项不具有汇票上的效力。

第二十五条　付款日期可以按照下列形式之一记载：

（一）见票即付；

（二）定日付款；

（三）出票后定期付款；

（四）见票后定期付款。

前款规定的付款日期为汇票到期日。

第二十六条　出票人签发汇票后，即承担保证该汇票承兑和付款的责任。出票人在汇票得不到承兑或者付款时，应当向持票人清偿本法第七十条、第七十一条规定的金额和费用。

第二节　背书

第二十七条　持票人可以将汇票权利转让给他人或者将一定的汇票权利授予他人行使。

出票人在汇票上记载"不得转让"字样的，汇票不得转让。

持票人行使第一款规定的权利时，应当背书并交付汇票。

背书是指在票据背面或者粘单上记载有关事项并签章的票据行为。

第二十八条　票据凭证不能满足背书人记载事项的需要，可以加附粘单，粘附于票据凭证上。

粘单上的第一记载人，应当在汇票和粘单的粘接处签章。

第二十九条　背书由背书人签章并记载背书日期。

背书未记载日期的，视为在汇票到期日前背书。

第三十条　汇票以背书转让或者以背书将一定的汇票权利授予他人行使时，必须记载被背书人名称。

第三十一条　以背书转让的汇票，背书应当连续。持票人以背书的连续，证明其汇票权利；非经背书转让，而以其他合法方式取得汇票的，依法举证，证明其汇票权利。

前款所称背书连续，是指在票据转让中，转让汇票的背书人与受让汇票的被背书人在汇票上的签章依次前后衔接。

第三十二条　以背书转让的汇票，后手应当对其直接前手背书的真实性负责。

后手是指在票据签章人之后签章的其他票据债务人。

第三十三条　背书不得附有条件。背书时附有条件的，所附条件不具有汇票上的效力。

将汇票金额的一部分转让的背书或者将汇票金额分别转让给二人以上的背书无效。

第三十四条　背书人在汇票上记载"不得转让"字样，其后手再背书转让的，原背书人对后手的被背书人不承担保证责任。

第三十五条　背书记载"委托收款"字样的，被背书人有权代背书人行使被委托的汇票权利。但是，被背书人不得再以背书转让汇票权利。

汇票可以设定质押；质押时应当以背书记载"质押"字样。被背书人依法实现其质权时，可以行使汇票权利。

第三十六条　汇票被拒绝承兑、被拒绝付款或者超过付款提示期限的，不得背书转让；背书转让的，背书人应当承担汇票责任。

第三十七条　背书人以背书转让汇票后，即承担保证其后手所持汇票承兑和付款的责任。背书人在汇票得不到承兑或者付款时，应当向持票人清偿本法第七十条、第七十一条规定的金额和费用。

第三节　承兑

第三十八条　承兑是指汇票付款人承诺在汇票到期日支付汇票金额的票据行为。

第三十九条　定日付款或者出票后定期付款的汇票，持票人应当在汇票到期日前向付款人提示承兑。

提示承兑是指持票人向付款人出示汇票，并要求付款人承诺付款的行为。

第四十条　见票后定期付款的汇票，持票人应当自出票日起一个月内向付款人提示承兑。

汇票未按照规定期限提示承兑的，持票人丧失对其前手的追索权。

见票即付的汇票无需提示承兑。

第四十一条　付款人对向其提示承兑的汇票，应当自收到提示承兑的汇票之日起三日内承兑或者拒绝承兑。

付款人收到持票人提示承兑的汇票时，应当向持票人签发收到汇票的回单。回单上应当记明汇票提示承兑日期并签章。

第四十二条　付款人承兑汇票的，应当在汇票正面记载"承兑"字样和承兑日期并签章；见票后定期付款的汇票，应当在承兑时记载付款日期。

汇票上未记载承兑日期的，以前条第一款规定期限的最后一日为承兑日期。

第四十三条　付款人承兑汇票，不得附有条件；承兑附有条件的，视为拒绝承兑。

第四十四条　付款人承兑汇票后，应当承担到期付款的责任。

第四节　保证

第四十五条　汇票的债务可以由保证人承担保证责任。

保证人由汇票债务人以外的他人担当。

第四十六条　保证人必须在汇票或者粘单上记载下列事项：

（一）表明"保证"的字样；

（二）保证人名称和住所；

（三）被保证人的名称；

（四）保证日期；

（五）保证人签章。

第四十七条　保证人在汇票或者粘单上未记载前条第（三）项的，已承兑的汇票，承兑人为被保证人；未承兑的汇票，出票人为被保证人。

保证人在汇票或者粘单上未记载前条第（四）项的，出票日期为保证日期。

第四十八条　保证不得附有条件；附有条件的，不影响对汇票的保证责任。

第四十九条　保证人对合法取得汇票的持票人所享有的汇票权利，承担保证责任。但是，被保证人的债务因汇票记载事项欠缺而无效的除外。

第五十条　被保证的汇票，保证人应当与被保证人对持票人承担连带责任。汇票到期后得不到付款的，持票人有权向保证人请求付款，保证人应当足额付款。

第五十一条　保证人为二人以上的，保证人之间承担连带责任。

第五十二条　保证人清偿汇票债务后，可以行使持票人对被保证人及其前手的追索权。

第五节　付款

第五十三条　持票人应当按照下列期限提示付款：

（一）见票即付的汇票，自出票日起一个月内向付款人提示付款；

（二）定日付款、出票后定期付款或者见票后定期付款的汇票，自到期日起十日内向承兑人提示付款。

持票人未按照前款规定期限提示付款的，在作出说明后，承兑人或者付款人仍应当继续对持票人承担付款责任。

通过委托收款银行或者通过票据交换系统向付款人提示付款的，视同持票人提示付款。

第五十四条　持票人依照前条规定提示付款的，付款人必须在当日足额付款。

第五十五条　持票人获得付款的，应当在汇票上签收，并将汇票交给付款人。持票人委托银行收款的，受委托的银行将代收的汇票金额转账收入持票人账户，视同签收。

第五十六条　持票人委托的收款银行的责任，限于按照汇票上记载事项将汇票金额转入持票人账户。

付款人委托的付款银行的责任，限于按照汇票上记载事项从付款人账户支付汇票金额。

第五十七条　付款人及其代理付款人付款时，应当审查汇票背书的连续，并审查提示付款人的合法身份证明或者有效证件。

付款人及其代理付款人以恶意或者有重大过失付款的，应当自行承担责任。

第五十八条　对定日付款、出票后定期付款或者见票后定期付款的汇票，付款人在到期日前付款的，由付款人自行承担所产生的责任。

第五十九条　汇票金额为外币的，按照付款日的市场汇价，以人民币支付。

汇票当事人对汇票支付的货币种类另有约定的，从其约定。

第六十条　付款人依法足额付款后，全体汇票债务人的责任解除。

第六节　追索权

第六十一条　汇票到期被拒绝付款的，持票人可以对背书人、出票人以及汇票的其他债务人行使追索权。

汇票到期日前，有下列情形之一的，持票人也可以行使追索权：

（一）汇票被拒绝承兑的；

（二）承兑人或者付款人死亡、逃匿的；

（三）承兑人或者付款人被依法宣告破产的或者因违法被责令终止业务活动的。

第六十二条　持票人行使追索权时，应当提供被拒绝承兑或者被拒绝付款的有关证明。

持票人提示承兑或者提示付款被拒绝的，承兑人或者付款人必须出具拒绝证明，或者出具退票理由书。未出具拒绝证明或者退票理由书的，应当承担由此产生的民事责任。

第六十三条　持票人因承兑人或者付款人死亡、逃匿或者其他原因，不能取得拒绝证明的，可以依法取得其他有关证明。

第六十四条　承兑人或者付款人被人民法院依法宣告破产的，人民法院的有关司法文书具有拒绝证明的效力。

承兑人或者付款人因违法被责令终止业务活动的，有关行政主管部门的处罚决定具有拒绝证明的效力。

第六十五条　持票人不能出示拒绝证明、退票理由书或者未按照规定期限提供其他合法证明的，丧失对其前手的追索权。但是，承兑人或者付款人仍应当对持票人承担责任。

第六十六条　持票人应当自收到被拒绝承兑或者被拒绝付款的有关证明之日起三日内，将被拒绝事由书面通知其前手；其前手应当自收到通知之日起三日内书面通知其再前手。持票人也可以同时向各汇票债务人发出书面通知。

未按照前款规定期限通知的，持票人仍可以行使追索权。因延期通知给其前手或者出票人造成损失的，由没有按照规定期限通知的汇票当事人，承担对该损失的赔偿责任，但是所赔偿的金额以汇票金额为限。

在规定期限内将通知按照法定地址或者约定的地址邮寄的，视为已经发出通知。

第六十七条　依照前条第一款所做的书面通知，应当记明汇票的主要记载事项，并说明该汇票已被退票。

第六十八条　汇票的出票人、背书人、承兑人和保证人对持票人承担连带责任。

持票人可以不按照汇票债务人的先后顺序，对其中任何一人、数人或者全体行使追索权。

持票人对汇票债务人中的一人或者数人已经进行追索的，对其他汇票债务人仍可以行使追索权。被追索人清偿债务后，与持票人享有同一权利。

第六十九条　持票人为出票人的，对其前手无追索权。持票人为背书人的，对其后手无追索权。

第七十条　持票人行使追索权，可以请求被追索人支付下列金额和费用：

（一）被拒绝付款的汇票金额；

（二）汇票金额自到期日或者提示付款日起至清偿日止，按照中国人民银行规定的利率计算的利息；

（三）取得有关拒绝证明和发出通知书的费用。

被追索人清偿债务时，持票人应当交出汇票和有关拒绝证明，并出具所收到利息和费用的收据。

第七十一条　被追索人依照前条规定清偿后，可以向其他汇票债务人行使再追索权，请求其他汇票债务人支付下列金额和费用：

（一）已清偿的全部金额；

（二）前项金额自清偿日起至再追索清偿日止，按照中国人民银行规定的利率计算的利息；

（三）发出通知书的费用。

行使再追索权的被追索人获得清偿时，应当交出汇票和有关拒绝证明，并出具所收到利息和费用的收据。

第七十二条　被追索人依照前二条规定清偿债务后，其责任解除。

第三章　本票

第七十三条　本票是出票人签发的，承诺自己在见票时无条件支付确定的金额给收款人或者持票人的票据。

本法所称本票，是指银行本票。

第七十四条 本票的出票人必须具有支付本票金额的可靠资金来源，并保证支付。

第七十五条 本票必须记载下列事项：

（一）表明"本票"的字样；

（二）无条件支付的承诺；

（三）确定的金额；

（四）收款人名称；

（五）出票日期；

（六）出票人签章。

本票上未记载前款规定事项之一的，本票无效。

第七十六条 本票上记载付款地、出票地等事项的，应当清楚、明确。

本票上未记载付款地的，出票人的营业场所为付款地。

本票上未记载出票地的，出票人的营业场所为出票地。

第七十七条 本票的出票人在持票人提示见票时，必须承担付款的责任。

第七十八条 本票自出票日起，付款期限最长不得超过二个月。

第七十九条 本票的持票人未按照规定期限提示见票的，丧失对出票人以外的前手的追索权。

第八十条 本票的背书、保证、付款行为和追索权的行使，除本章规定外，适用本法第二章有关汇票的规定。

本票的出票行为，除本章规定外，适用本法第二十四条关于汇票的规定。

第四章 支票

第八十一条 支票是出票人签发的，委托办理支票存款业务的银行或者其他金融机构在见票时无条件支付确定的金额给收款人或者持票人的票据。

第八十二条 开立支票存款账户，申请人必须使用其本名，并提交证明其身份的合法证件。

开立支票存款账户和领用支票，应当有可靠的资信，并存入一定的资金。

开立支票存款账户，申请人应当预留其本名的签名式样和印鉴。

第八十三条　支票可以支取现金，也可以转账，用于转账时，应当在支票正面注明。

支票中专门用于支取现金的，可以另行制作现金支票，现金支票只能用于支取现金。

支票中专门用于转账的，可以另行制作转账支票，转账支票只能用于转账，不得支取现金。

第八十四条　支票必须记载下列事项：

（一）表明"支票"的字样；

（二）无条件支付的委托；

（三）确定的金额；

（四）付款人名称；

（五）出票日期；

（六）出票人签章。

支票上未记载前款规定事项之一的，支票无效。

第八十五条　支票上的金额可以由出票人授权补记，未补记前的支票，不得使用。

第八十六条　支票上未记载收款人名称的，经出票人授权，可以补记。

支票上未记载付款地的，付款人的营业场所为付款地。

支票上未记载出票地的，出票人的营业场所、住所或者经常居住地为出票地。

出票人可以在支票上记载自己为收款人。

第八十七条　支票的出票人所签发的支票金额不得超过其付款时在付款人处实有的存款金额。

出票人签发的支票金额超过其付款时在付款人处实有的存款金额的，为空头支票。禁止签发空头支票。

第八十八条　支票的出票人不得签发与其预留本名的签名式样或者印鉴不符的支票。

第八十九条　出票人必须按照签发的支票金额承担保证向该持票人

付款的责任。

出票人在付款人处的存款足以支付支票金额时，付款人应当在当日足额付款。

第九十条　支票限于见票即付，不得另行记载付款日期。另行记载付款日期的，该记载无效。

第九十一条　支票的持票人应当自出票日起十日内提示付款；异地使用的支票，其提示付款的期限由中国人民银行另行规定。

超过提示付款期限的，付款人可以不予付款；付款人不予付款的，出票人仍应当对持票人承担票据责任。

第九十二条　付款人依法支付支票金额的，对出票人不再承担受委托付款的责任，对持票人不再承担付款的责任。但是，付款人以恶意或者有重大过失付款的除外。

第九十三条　支票的背书、付款行为和追索权的行使，除本章规定外，适用本法第二章有关汇票的规定。

支票的出票行为，除本章规定外，适用本法第二十四条、第二十六条关于汇票的规定。

第五章　涉外票据的法律适用

第九十四条　涉外票据的法律适用，依照本章的规定确定。

前款所称涉外票据，是指出票、背书、承兑、保证、付款等行为中，既有发生在中华人民共和国境内又有发生在中华人民共和国境外的票据。

第九十五条　中华人民共和国缔结或者参加的国际条约同本法有不同规定的，适用国际条约的规定。但是，中华人民共和国声明保留的条款除外。

本法和中华人民共和国缔结或者参加的国际条约没有规定的，可以适用国际惯例。

第九十六条　票据债务人的民事行为能力，适用其本国法律。

票据债务人的民事行为能力，依照其本国法律为无民事行为能力或者为限制民事行为能力而依照行为地法律为完全民事行为能力的，适用行为地法律。

第九十七条　汇票、本票出票时的记载事项，适用出票地法律。

支票出票时的记载事项，适用出票地法律，经当事人协议，也可以适用付款地法律。

第九十八条　票据的背书、承兑、付款和保证行为，适用行为地法律。

第九十九条　票据追索权的行使期限，适用出票地法律。

第一百条　票据的提示期限、有关拒绝证明的方式、出具拒绝证明的期限，适用付款地法律。

第一百零一条　票据丧失时，失票人请求保全票据权利的程序，适用付款地法律。

第六章　法律责任

第一百零二条　有下列票据欺诈行为之一的，依法追究刑事责任：

（一）伪造、变造票据的；

（二）故意使用伪造、变造的票据的；

（三）签发空头支票或者故意签发与其预留的本名签名式样或者印鉴不符的支票，骗取财物的；

（四）签发无可靠资金来源的汇票、本票，骗取资金的；

（五）汇票、本票的出票人在出票时作虚假记载，骗取财物的；

（六）冒用他人的票据，或者故意使用过期或者作废的票据，骗取财物的；

（七）付款人同出票人、持票人恶意串通，实施前六项所列行为之一的。

第一百零三条　有前条所列行为之一，情节轻微，不构成犯罪的，依照国家有关规定给予行政处罚。

第一百零四条　金融机构工作人员在票据业务中玩忽职守，对违反本法规定的票据予以承兑、付款或者保证的，给予处分；造成重大损失，构成犯罪的，依法追究刑事责任。

由于金融机构工作人员因前款行为给当事人造成损失的，由该金融机构和直接责任人员依法承担赔偿责任。

第一百零五条　票据的付款人对见票即付或者到期的票据，故意压票，拖延支付的，由金融行政管理部门处以罚款，对直接责任人员给予处分。

票据的付款人故意压票，拖延支付，给持票人造成损失的，依法承担赔偿责任。

第一百零六条　依照本法规定承担赔偿责任以外的其他违反本法规定的行为，给他人造成损失的，应当依法承担民事责任。

第七章　附则

第一百零七条　本法规定的各项期限的计算，适用民法通则关于计算期间的规定。

按月计算期限的，按到期月的对日计算；无对日的，月末日为到期日。

第一百零八条　汇票、本票、支票的格式应当统一。

票据凭证的格式和印制管理办法，由中国人民银行规定。

第一百零九条　票据管理的具体实施办法，由中国人民银行依照本法制定，报国务院批准后施行。

第一百一十条　本法自1996年1月1日起施行。

跟单信用证统一惯例（UCP600）

第一条　统一惯例的适用范围

跟单信用证统一惯例，2007年修订本，国际商会第600号出版物，适用于所有在正文中标明按本惯例办理的跟单信用证（包括本惯例适用范围内的备用信用证）。除非信用证中另有规定，本惯例对一切有关当事人均具有约束力。

第二条　定义

就本惯例而言：

通知行意指应开证行要求通知信用证的银行。

申请人意指发出开立信用证申请的一方。

银行日意指银行在其营业地正常营业，按照本惯例行事的行为得以在银行履行的日子。

受益人意指信用证中受益的一方。

相符提示意指与信用证中的条款及条件、本惯例中所适用的规定及国际标准银行实务相一致的提示。

保兑意指保兑行在开证行之外对于相符提示作出兑付或议付的确定承诺。

保兑行意指应开证行的授权或请求对信用证加具保兑的银行。

信用证意指一项约定，无论其如何命名或描述，该约定不可撤销并因此构成开证行对于相符提示予以兑付的确定承诺。

兑付意指：

a. 对于即期付款信用证即期付款。

b. 对于延期付款信用证发出延期付款承诺并到期付款。

c. 对于承兑信用证承兑由受益人出具的汇票并到期付款。

开证行意指应申请人要求或代表其自身开立信用证的银行。

议付意指被指定银行在其应获得偿付的银行日或在此之前，通过向受益人预付或者同意向受益人预付款项的方式购买相符提示项下的汇票（汇票付款人为被指定银行以外的银行）及/或单据。

被指定银行意指有权使用信用证的银行，对于可供任何银行使用的信用证而言，任何银行均为被指定银行。

提示意指信用证项下单据被提交至开证行或被指定银行，抑或按此方式提交的单据。

提示人意指作出提示的受益人、银行或其他一方。

第三条　释义

就本惯例而言：

在适用的条款中，词汇的单复数同义。

信用证是不可撤销的，即使信用证中对此未作指示也是如此。

单据可以通过手签、签样印制、穿孔签字、盖章、符号表示的方式签署，也可以通过其他任何机械或电子证实的方法签署。

当信用证含有要求使单据合法、签证、证实或对单据有类似要求的条件时，这些条件可由在单据上签字、标注、盖章或标签来满足，只要单据表面已满足上述条件即可。

一家银行在不同国家设立的分支机构均视为另一家银行。

诸如"第一流""著名""合格""独立""正式""有资格""当地"等用语用于描述单据出单人的身份时，单据的出单人可以是除受益人以外的任何人。

除非确需在单据中使用，银行对诸如"迅速""立即""尽快"之类词语将不予置理。

"于或约于"或类似措辞将被理解为一项约定，按此约定，某项事件将在所述日期前后各五天内发生，起讫日均包括在内。

词语"×月×日止"（to）、"至×月×日"（until）、"直至×月×日"（till）、"从×月×日"（from）及"在×月×日至×月×日之间"（between）用于确定装运期限时，包括所述日期。词语"×月×日之前"（before）及"×月×日之后"（after）不包括所述日期。

词语"从×月×日"（from）以及"×月×日之后"（after）用于确定到期日时不包括所述日期。

术语"上半月"和"下半月"应分别理解为自每月"1日至15日"和"16日至月末最后一天"，包括起讫日期。

术语"月初""月中"和"月末"应分别理解为每月1日至10日、11日至20日和21日至月末最后一天，包括起讫日期。

第四条　信用证与合同

a.就性质而言，信用证与可能作为其依据的销售合同或其他合同，是相互独立的交易。即使信用证中提及该合同，银行亦与该合同完全无关，且不受其约束。因此，一家银行作出兑付、议付或履行信用证项下其他义务的承诺，并不受申请人与开证行之间或与受益人之间在已有关系下产生的索偿或抗辩的制约。

受益人在任何情况下，不得利用银行之间或申请人与开证行之间的契约关系。

b.开证行应劝阻申请人将基础合同、形式发票或其他类似文件的副本作为信用证整体组成部分的做法。

第五条　单据与货物／服务／行为

银行处理的是单据，而不是单据所涉及的货物、服务或其他行为。

第六条　有效性、有效期限及提示地点

a.信用证必须规定可以有效使用信用证的银行，或者信用证是否对任何银行均为有效。对于被指定银行有效的信用证同样也对开证行有效。

b.信用证必须规定它是否适用于即期付款、延期付款、承兑抑或议付。

c.不得开立包含有以申请人为汇票付款人条款的信用证。

d.i.信用证必须规定提示单据的有效期限。规定的用于兑付或者议付的有效期限将被认为是提示单据的有效期限。

ii.可以有效使用信用证的银行所在的地点是提示单据的地点。对任何银行均有效的信用证项下单据提示的地点是任何银行所在的地点。不同于开证行地点的提示单据的地点是开证行地点之外提交单据的地点。

e.除非如二十九（a）中规定，由受益人或代表受益人提示的单据必须在到期日当日或在此之前提交。

第七条　开证行的承诺

a.倘若规定的单据被提交至被指定银行或开证行并构成相符提示，开证行必须按下述信用证所适用的情形予以兑付：

i.由开证行即期付款、延期付款或者承兑；

ii.由被指定银行即期付款而该被指定银行未予付款；

iii.由被指定银行延期付款而该被指定银行未承担其延期付款承诺，或者虽已承担延期付款承诺但到期未予付款；

iv.由被指定银行承兑而该被指定银行未予承兑以其为付款人的汇票，或者虽已承兑以其为付款人的汇票但到期未予付款；

v.由被指定银行议付而该被指定银行未予议付。

b.自信用证开立之时起，开证行即不可撤销地受到兑付责任的约束。

c.开证行保证向对于相符提示已经予以兑付或者议付并将单据寄往开证行的被指定银行进行偿付。无论被指定银行是否于到期日前已经对相符提示予以预付或者购买，对于承兑或延期付款信用证项下相符提示的金额的偿付于到期日进行。开证行偿付被指定银行的承诺独立于开证行对于受益人的承诺。

第八条　保兑行的承诺

a.倘若规定的单据被提交至保兑行或者任何其他被指定银行并构成相符提示，保兑行必须：

i.兑付，如果信用证适用于：

a）由保兑行即期付款、延期付款或者承兑；

b）由另一家被指定银行即期付款而该被指定银行未予付款；

c）由另一家被指定银行延期付款而该被指定银行未承担其延期付款承诺，或者虽已承担延期付款承诺但到期未予付款；

d）由另一家被指定银行承兑而该被指定银行未予承兑以其为付款人的汇票，或者虽已承兑以其为付款人的汇票但到期未予付款；

e）由另一家被指定银行议付而该被指定银行未予议付。

ii.若信用证由保兑行议付，无追索权地议付。

b.自为信用证加具保兑之时起，保兑行即不可撤销地受到兑付或者议付责任的约束。

c.保兑行保证向对于相符提示已经予以兑付或者议付并将单据寄往开证行的另一家被指定银行进行偿付。无论另一家被指定银行是否于到期日前已经对相符提示予以预付或者购买，对于承兑或延期付款信用证项下相符提示的金额的偿付于到期日进行。保兑行偿付另一家被指定银行的承诺独立于保兑行对于受益人的承诺。

d.如开证行授权或要求另一家银行对信用证加具保兑，而该银行不准备照办时，它必须不延误地告知开证行并仍可通知此份未经加具保兑的信用证。

第九条　信用证及修改的通知

a.信用证及其修改可以通过通知行通知受益人。除非已对信用证加具保兑，通知行通知信用证不构成兑付或议付的承诺。

b.通过通知信用证或修改，通知行即表明其认为信用证或修改的表面真实性得到满足，且通知准确地反映了所收到的信用证或修改的条款及条件。

c.通知行可以利用另一家银行的服务（"第二通知行"）向受益人通知信用证及其修改。通过通知信用证或修改，第二通知行即表明其认为所收到的通知的表面真实性得到满足，且通知准确地反映了所收到的信用证或修改的条款及条件。

d.如一家银行利用另一家通知或第二通知行的服务将信用证通知给受益人，它也必须利用同一家银行的服务通知信用证的任何修改。

e.如果一家银行被要求通知信用证或修改但决定不予通知，它必须不延误通知向其发送信用证、修改或通知的银行。

f.如果一家银行被要求通知信用证或修改，但不能确定信用证、修改或通知的表面真实性，就必须不延误地告知向其发出该指示的银行。

如果通知行或第二通知行仍决定通知信用证或修改，则必须告知受益人或第二通知行其未能核实信用证、修改或通知的表面真实性。

第十条 修改

a. 除本惯例第38条另有规定外，凡未经开证行、保兑行（如有）以及受益人同意，信用证既不能修改也不能撤销。

b. 自发出信用证修改书之时起，开证行就不可撤销地受其发出修改的约束。保兑行可将其保兑承诺扩展至修改内容，且自其通知该修改之时起，即不可撤销地受到该修改的约束。然而，保兑行可选择仅将修改通知受益人而不对其加具保兑，但必须不延误地将此情况通知开证行和受益人。

c. 在受益人向通知修改的银行表示接受该修改内容之前，原信用证（或包含先前已被接受修改的信用证）的条款和条件对受益人仍然有效。受益人应发出接受或拒绝接受修改的通知。如受益人未提供上述通知，当其提交至被指定银行或开证行的单据与信用证以及尚未表示接受的修改的要求一致时，则该事实即视为受益人已作出接受修改的通知，并从此时起，该信用证已被修改。

d. 通知修改的银行应当通知向其发出修改书的银行任何有关接受或拒绝接受修改的通知。

e. 不允许部分接受修改，部分接受修改将被视为拒绝接受修改的通知。

f. 修改书中作出的除非受益人在某一时间内拒绝接受修改，否则修改将开始生效的条款将被不予置理。

第十一条 电信传递与预先通知的信用证和修改

a. 经证实的信用证或修改的电信文件将被视为有效的信用证或修改，任何随后的邮寄证实书将被不予置理。

若该电信文件声明"详情后告"（或类似词语）或声明随后寄出的邮寄证实书将是有效的信用证或修改，则该电信文件将被视为无效的信用证或修改。开证行必须随即不延误地开出有效的信用证或修改，且条款不能与电信文件相矛盾。

b. 只有准备开立有效信用证或修改的开证行，才可以发出开立信用证或修改预先通知书。发出预先通知的开证行应不可撤销地承诺将不延误地开出有效的信用证或修改，且条款不能与预先通知书相矛盾。

第十二条　指定

a.除非一家被指定银行是保兑行，对被指定银行进行兑付或议付的授权并不构成其必须兑付或议付的义务，被指定银行明确同意并照此通知受益人的情形除外。

b.通过指定一家银行承兑汇票或承担延期付款承诺，开证行即授权该被指定银行预付或购买经其承兑的汇票或由其承担延期付款的承诺。

c.非保兑行身份的被指定银行接受、审核并寄送单据的行为既不使得该被指定银行具有兑付或议付的义务，也不构成兑付或议付。

第十三条　银行间偿付约定

a.如果信用证规定被指定银行（"索偿行"）须通过向另一方银行（"偿付行"）索偿获得偿付，则信用证中必须声明是否按照信用证开立日正在生效的国际商会《银行间偿付规则》办理。

b.如果信用证中未声明是否按照国际商会《银行间偿付规则》办理，则适用于下列条款：

i.开证行必须向偿付行提供偿付授权书，该授权书须与信用证中声明的有效性一致。偿付授权书不应规定有效日期。

ii.不应要求索偿行向偿付行提供证实单据与信用证条款及条件相符的证明。

iii.如果偿付行未能按照信用证的条款及条件在首次索偿时即行偿付，则开证行应对索偿行的利息损失以及产生的费用负责。

iv.偿付行的费用应由开证行承担。然而，如果费用系由受益人承担，则开证行有责任在信用证和偿付授权书中予以注明。如偿付行的费用系由受益人承担，则该费用应在偿付时从支付索偿行的金额中扣除。如果未发生偿付，开证行仍有义务承担偿付行的费用。

c.如果偿付行未能于首次索偿时即行偿付，则开证行不能解除其自身的偿付责任。

第十四条　审核单据的标准

a.按照指定行事的被指定银行、保兑行（如有）以及开证行必须对提示的单据进行审核，并仅以单据为基础，以决定单据在表面上看来是否构成相符提示。

b. 按照指定行事的被指定银行、保兑行（如有）以及开证行，自其收到提示单据的翌日起算，应各自拥有最多不超过五个银行工作日的时间以决定提示是否相符。该期限不因单据提示日适逢信用证有效期或最迟提示期或在其之后而被缩减或受到其他影响。

c. 提示若包含一份或多份按照本惯例第十九条、二十条、二十一条、二十二条、二十三条、二十四条或二十五条出具的正本运输单据，则必须由受益人或其代表按照相关条款在不迟于装运日后的二十一个公历日内提交，但无论如何不得迟于信用证的到期日。

d. 单据中内容的描述不必与信用证、信用证对该项单据的描述以及国际标准银行实务完全一致，但不得与该项单据中的内容、其他规定的单据或信用证相冲突。

e. 除商业发票外，其他单据中的货物、服务或行为描述若须规定，可使用统称，但不得与信用证规定的描述相矛盾。

f. 如果信用证要求提示运输单据、保险单据和商业发票以外的单据，但未规定该单据由何人出具或单据的内容。如信用证对此未做规定，只要所提交单据的内容表面上看来满足其功能需要且其他方面与十四条（d）款相符，银行将对提示的单据予以接受。

g. 提示信用证中未要求提交的单据，银行将不予置理。如果收到此类单据，可以退还提示人。

h. 如果信用证中包含某项条件而未规定需提交与之相符的单据，银行将认为未列明此条件，并对此不予置理。

i. 单据的出单日期可以早于信用证开立日期，但不得迟于信用证规定的提示日期。

j. 当受益人和申请人的地址显示在任何规定的单据上时，不必与信用证或其他规定单据中显示的地址相同，但必须与信用证中述及的各自地址处于同一国家内。用于联系的资料（电传、电话、电子邮箱及类似方式）如作为受益人和申请人地址的组成部分将被不予置理。然而，当申请人的地址及联系信息作为按照第十九条、二十条、二十一条、二十二条、二十三条、二十四条或二十五条出具的运输单据中收货人或通知方详址的组成部分时，则必须按照信用证规定予以显示。

k. 显示在任何单据中的货物的托运人或发货人不必是信用证的受

益人。

假如运输单据能够满足本惯例第十九条、二十条、二十一条、二十二条、二十三条或二十四条的要求，则运输单据可以由承运人、船东、船长或租船人以外的任何一方出具。

第十五条　相符提示

a.当开证行确定提示相符时，就必须予以兑付。

b.当保兑行确定提示相符时，就必须予以兑付或议付并将单据寄往开证行。

c.当被指定银行确定提示相符并予以兑付或议付时，必须将单据寄往保兑行或开证行。

第十六条　不符单据及不符点的放弃与通知

a.当按照指定行事的被指定银行、保兑行（如有）或开证行确定提示不符时，可以拒绝兑付或议付。

b.当开证行确定提示不符时，可以依据其独立的判断联系申请人放弃有关不符点。然而，这并不因此延长十四条（b）款中述及的期限。

c.当按照指定行事的被指定银行、保兑行（如有）或开证行决定拒绝兑付或议付时，必须一次性通知提示人。

通知必须声明：

i.银行拒绝兑付或议付；及

ii.银行凭以拒绝兑付或议付的各个不符点；及

iii.a）银行持有单据等候提示人进一步指示；或

b）开证行持有单据直至收到申请人通知弃权并同意接受该弃权，或在同意接受弃权前从提示人处收到进一步指示；或

c）银行退回单据；或

d）银行按照先前从提示人处收到的指示行事。

d.第十六条（c）款中要求的通知必须以电信方式发出，或者，如果不可能以电信方式通知时，则以其他快捷方式通知，但不得迟于提示单据日期翌日起第五个银行工作日终了。

e.按照指定行事的被指定银行、保兑行（如有）或开证行可以在提供第十六条（c）款（iii）、（a）款或（b）款要求提供的通知后，于任何时间将单据退还提示人。

f. 如果开证行或保兑行未能按照本条款的规定行事，将无权宣称单据未能构成相符提示。

g. 当开证行拒绝兑付或保兑行拒绝兑付或议付，并已经按照本条款发出通知时，该银行将有权就已经履行的偿付索取退款及其利息。

第十七条　正本单据和副本单据

a. 信用证中规定的各种单据必须至少提供一份正本。

b. 除非单据本身表明其不是正本，银行将视任何单据表面上具有单据出具人正本签字、标志、图章或标签的单据为正本单据。

c. 除非单据另有显示，银行将接受单据作为正本单据如果该单据：

i. 表面看来由单据出具人手工书写、打字、穿孔签字或盖章；或

ii. 表面看来使用单据出具人的正本信笺；或

iii. 声明单据为正本，除非该项声明表面看来与所提示的单据不符。

d. 如果信用证要求提交副本单据，则提交正本单据或副本单据均可。

e. 如果信用证使用诸如"一式两份""两张""两份"等术语要求提交多份单据，则可以提交至少一份正本，其余份数以副本来满足。但单据本身另有相反指示者除外。

第十八条　商业发票

a. 商业发票：

i. 必须在表面上看来系由受益人出具（第三十八条另有规定者除外）；

ii. 必须做成以申请人的名称为抬头（第三十八条（g）款另有规定者除外）

iii. 必须将发票币别做成与信用证相同币种。

iv. 无须签字。

b. 按照指定行事的被指定银行、保兑行（如有）或开证行可以接受金额超过信用证所允许金额的商业发票，倘若有关银行已兑付或已议付的金额没有超过信用证所允许的金额，则该银行的决定对各有关方均具有约束力。

c. 商业发票中货物、服务或行为的描述必须与信用证中显示的内容相符。

第十九条　至少包括两种不同运输方式的运输单据

a. 至少包括两种不同运输方式的运输单据（即多式运输单据或联合运输单据），不论其称谓如何，必须在表面上看来：

i. 显示承运人名称并由下列人员签署：

承运人或承运人的具名代理或代表，或船长或船长的具名代理或代表。

承运人、船长或代理的任何签字必须分别表明承运人、船长或代理的身份。

代理的签字必须显示其是否作为承运人或船长的代理或代表签署提单。

ii. 通过下述方式表明货物已在信用证规定的地点发运、接受监管或装载

预先印就的措词，或

注明货物已发运、接受监管或装载日期的图章或批注。

运输单据的出具日期将被视为发运、接受监管或装载以及装运日期。然而，如果运输单据以盖章或批注方式标明发运、接受监管或装载日期，则此日期将被视为装运日期。

iii. 显示信用证中规定的发运、接受监管或装载地点以及最终目的地的地点，即使：

a）运输单据另外显示了不同的发运、接受监管或装载地点或最终目的地的地点，或

b）运输单据包含"预期"或类似限定有关船只、装货港或卸货港的指示。

iv. 系仅有的一份正本运输单据，或者，如果出具了多份正本运输单据，应是运输单据中显示的全套正本份数。

v. 包含承运条件须参阅包含承运条件条款及条件的某一出处（简式或背面空白的运输单据）者，银行对此类承运条件的条款及条件内容不予审核。

vi. 未注明运输单据受租船合约约束。

b. 就本条款而言，转运意指货物在信用证中规定的发运、接受监管或装载地点到最终目的地的运输过程中，从一个运输工具卸下并重新装

载到另一个运输工具上（无论是否为不同运输方式）的运输。

c. i. 只要同一运输单据包括运输全程，则运输单据可以注明货物将被转运或可被转运。

ii. 即使信用证禁止转运，银行也将接受注明转运将发生或可能发生的运输单据。

第二十条　提单

a. 无论其称谓如何，提单必须表面上看来：

i. 显示承运人名称并由下列人员签署：

承运人或承运人的具名代理或代表，或船长或船长的具名代理或代表。

承运人、船长或代理的任何签字必须分别表明其承运人、船长或代理的身份。

代理的签字必须显示其是否作为承运人或船长的代理或代表签署提单。

ii. 通过下述方式表明货物已在信用证规定的装运港装载上具名船只：

预先印就的措词，或

注明货物已装船日期的装船批注。

提单的出具日期将被视为装运日期，除非提单包含注明装运日期的装船批注，在此情况下，装船批注中显示的日期将被视为装运日期。

如果提单包含"预期船"字样或类似有关限定船只的词语时，装上具名船只必须由注明装运日期以及实际装运船只名称的装船批注来证实。

iii. 注明装运从信用证中规定的装货港至卸货港。

如果提单未注明以信用证中规定的装货港作为装货港，或包含"预期"或类似有关限定装货港的标注者，则需要提供注明信用证中规定的装货港、装运日期以及船名的装船批注。即使提单上已注明印就的"已装船"或"已装具名船只"措词，本规定仍然适用。

iv. 系仅有的一份正本提单，或者，如果出具了多份正本，应是提单中显示的全套正本份数。

v. 包含承运条件须参阅包含承运条件条款及条件的某一出处（简式

或背面空白的提单）者，银行对此类承运条件的条款及条件内容不予审核。

vi. 未注明运输单据受租船合约约束。

b. 就本条款而言，转运意指在信用证规定的装货港到卸货港之间的海运过程中，将货物由一艘船卸下再装上另一艘船的运输。

c. i. 只要同一提单包括运输全程，则提单可以注明货物将被转运或可被转运。

ii. 银行可以接受注明将要发生或可能发生转运的提单。即使信用证禁止转运，只要提单上证实有关货物已由集装箱、拖车或子母船运输，银行仍可接受注明将要发生或可能发生转运的提单。

d. 对于提单中包含的声明承运人保留转运权利的条款，银行将不予置理。

第二十一条　非转让海运单

a. 无论其称谓如何，非转让海运单必须表面上看来：

i. 显示承运人名称并由下列人员签署：

承运人或承运人的具名代理或代表，或船长或船长的具名代理或代表。

承运人、船长或代理的任何签字必须分别表明其承运人、船长或代理的身份。

代理的签字必须显示其是否作为承运人或船长的代理或代表签署提单。

ii. 通过下述方式表明货物已在信用证规定的装运港装载上具名船只：

预先印就的措词，或

注明货物已装船日期的装船批注。

非转让海运单的出具日期将被视为装运日期，除非非转让海运单包含注明装运日期的装船批注，在此情况下，装船批注中显示的日期将被视为装运日期。

如果非转让海运单包含"预期船"字样或类似有关限定船只的词语时，装上具名船只必须由注明装运日期以及实际装运船只名称的装船批注来证实。

iii. 注明装运从信用证中规定的装货港至卸货港。

如果非转让海运单未注明以信用证中规定的装货港作为装货港，或包含"预期"或类似有关限定装货港的标注者，则需要提供注明信用证中规定的装货港、装运日期以及船名的装船批注。即使非转让海运单上已注明印就的"已装船"或"已装具名船只"措词，本规定仍然适用。

iv. 系仅有的一份正本非转让海运单，或者，如果出具了多份正本，应是非转让海运单中显示的全套正本份数。

v. 包含承运条件须参阅包含承运条件条款及条件的某一出处（简式或背面空白的提单）者，银行对此类承运条件的条款及条件内容不予审核。

vi. 未注明运输单据受租船合约约束。

b. 就本条款而言，转运意指在信用证规定的装货港到卸货港之间的海运过程中，将货物由一艘船卸下再装上另一艘船的运输。

c. i. 只要同一非转让海运单包括运输全程，则非转让海运单可以注明货物将被转运或可被转运。

ii. 银行可以接受注明将要发生或可能发生转运的非转让海运单。即使信用证禁止转运，只要非转让海运单上证实有关货物已由集装箱、拖车或子母船运输，银行仍可接受注明将要发生或可能发生转运的非转让海运单。

d. 对于非转让海运单中包含的声明承运人保留转运权利的条款，银行将不予置理。

第二十二条　租船合约提单

a. 无论其称谓如何，倘若提单包含有提单受租船合约约束的指示（即租船合约提单），则必须在表面上看来：

i. 由下列当事方签署：

船长或船长的具名代理或代表，或

船东或船东的具名代理或代表，或

租船主或租船主的具名代理或代表。

船长、船东、租船主或代理的任何签字必须分别表明其船长、船东、租船主或代理的身份。

代理的签字必须显示其是否作为船长、船东或租船主的代理或代表签署提单。

代理人代理或代表船东或租船主签署提单时必须注明船东或租船主的名称。

ii. 通过下述方式表明货物已在信用证规定的装运港装载上具名船只：

预先印就的措词，或

注明货物已装船日期的装船批注。

租船合约提单的出具日期将被视为装运日期，除非租船合约提单包含注明装运日期的装船批注，在此情况下，装船批注中显示的日期将被视为装运日期。

iii. 注明货物由信用证中规定的装货港运输至卸货港。卸货港可以按信用证中的规定显示为一组港口或某个地理区域。

iv. 系仅有的一份正本租船合约提单，或者，如果出具了多份正本，应是租船合约提单中显示的全套正本份数。

b. 即使信用证中的条款要求提交租船合约，银行也将对该租船合约不予审核。

第二十三条　空运单据

a. 无论其称谓如何，空运单据必须在表面上看来：

i. 注明承运人名称并由下列当事方签署：

承运人，或

承运人的具名代理或代表。

承运人或代理的任何签字必须分别表明其承运人或代理的身份。

代理的签字必须显示其是否作为承运人的代理或代表签署空运单据。

ii. 注明货物已收妥待运。

iii. 注明出具日期。这一日期将被视为装运日期，除非空运单据包含注有实际装运日期的专项批注，在此种情况下，批注中显示的日期将被视为装运日期。

空运单据显示的其他任何与航班号和起飞日期有关的信息不能被视为装运日期。

iv. 表明信用证规定的起飞机场和目的地机场。

v. 为开给发货人或拖运人的正本，即使信用证规定提交全套正本。

vi. 载有承运条款和条件，或提示条款和条件参见别处。银行将不审核承运条款和条件的内容。

b. 就本条而言，转运是指在信用证规定的起飞机场到目的地机场的运输过程中，将货物从一飞机卸下再装上另一飞机的行为。

c.i. 空运单据可以注明货物将要或可能转运，只要全程运输由同一空运单据涵盖。

ii. 即使信用证禁止转运，注明将要或可能发生转运的空运单据仍可接受。

第二十四条　公路、铁路或内陆水运单据

a. 公路、铁路或内陆水运单据，无论名称如何，必须看似：

i. 表明承运人名称，并且

由承运人或其具名代理人签署，或者

由承运人或其具名代理人以签字、印戳或批注表明货物收讫。

承运人或其具名代理人的售货签字、印戳或批注必须标明其承运人或代理人的身份。

代理人的收货签字、印戳或批注必须标明代理人系代表承运人签字或行事。

如果铁路运输单据没有指明承运人，可以接受铁路运输公司的任何签字或印戳作为承运人签署单据的证据。

ii. 表明货物在信用证规定地点的发运日期，或者收讫代运或代发送的日期。运输单据的出具日期将被视为发运日期，除非运输单据上盖有带日期的收货印戳，或注明了收货日期或发运日期。

iii. 表明信用证规定的发运地及目的地。

b.i. 公路运输单据必须看似为开给发货人或托运人的正本，或没有认可标记表明单据开给何人。

ii. 注明"第二联"的铁路运输单据将被作为正本接受。

iii. 无论是否注明正本字样，铁路或内陆水运单据都被作为正本接受。

c. 如运输单据上未注明出具的正本数量，提交的分数即视为全套正本。

d.就本条而言，转运是指在信用证规定的发运、发送或运送的地点到目的地之间的运输过程中，在同一运输方式中从一运输工具卸下再装上另一运输工具的行为。

e.i.只要全程运输由同一运输单据涵盖，公路、铁路或内陆水运单据可以注明货物将要或可能被转运。

ii.即使信用证禁止转运，注明将要或可能发生转运的公路、铁路或内陆水运单据仍可接受。

第二十五条　快递收据、邮政收据或投邮证明

a.证明货物收讫待运的快递收据，无论名称如何，必须看似：

i.表明快递机构的名称，并在信用证规定的货物发运地点由该具名快递机构盖章或签字；并且

ii.表明取件或收件的日期或类似词语。该日期将被视为发运日期。

b.如果要求显示快递费用付讫或预付，快递机构出具的表明快递费由收货人以外的一方支付的运输单据可以满足该项要求。

c.证明货物收讫待运的邮政收据或投邮证明，无论名称如何，必须看似在信用证规定的货物发运地点盖章或签署并注明日期。该日期将被视为发运日期。

第二十六条　"货装舱面""托运人装载和计数""内容据托运人报称"及运费之外的费用

a.运输单据不得表明货物装于或者将装于舱面。声明货物可能被装于舱面的运输单据条款可以接受。

b.载有诸如"托运人装载和计数"或"内容据托运人报称"条款的运输单据可以接受。

c.运输单据上可以以印戳或其他方式提及运费之外的费用。

第二十七条　清洁运输单据

银行只接受清洁运输单据。清洁运输单据指未载有明确宣称货物或包装有缺陷的条款或批注的运输单据。"清洁"一词并不需要在运输单据上出现，即使信用证要求运输单据为"清洁已装船"的。

第二十八条　保险单据及保险范围

a.保险单据，例如保险单或预约保险项下的保险证明书或者声明书，必须看似由保险公司或承保人或其代理人或代表出具并签署。

代理人或代表的签字必须标明其系代表保险公司或承保人签字。

b.如果保险单据表明其以多份正本出具，所有正本均须提交。

c.暂保单将不被接受。

d.可以接受保险单代替预约保险项下的保险证明书或声明书。

e.保险单据日期不得晚于发运日期，除非保险单据表明保险责任不迟于发运日生效。

f.i.保险单据必须表明投保金额并以与信用证相同的货币表示。

ii. 信用证对于投保金额为货物价值、发票金额或类似金额的某一比例的要求，将被视为对最低保额的要求。

如果信用证对投保金额未作规定，投保金额须至少为货物的CIF或CIP价格的110%。

如果从单据中不能确定CIF或者CIP价格，投保金额必须基于要求承付或议付的金额，或者基于发票上显示的货物总值来计算，两者之中取金额较高者。

iii.保险单据须标明承包的风险区间至少涵盖从信用证规定的货物监管地或发运地开始到卸货地或最终目的地为止。

g.信用证应规定所需投保的险别及附加险（如有的话）。如果信用证使用诸如"通常风险"或"惯常风险"等含义不确切的用语，则无论是否有漏保之风险，保险单据将被照样接受。

h.当信用证规定投保"一切险"时，如保险单据载有任何"一切险"批注或条款，无论是否有"一切险"标题，均将被接受，即使其声明任何风险除外。

i.保险单据可以援引任何除外责任条款。

j.保险单据可以注明受免赔率或免赔额（减除额）约束。

第二十九条　截止日或最迟交单日的顺延

a.如果信用证的截至日或最迟交单日适逢接受交单的银行非因第三十六条所述原因而歇业，则截止日或最迟交单日，视何者适用，将顺延至其重新开业的第一个银行工作日。

b.如果在顺延后的第一个银行工作日交单，指定银行必须在其致开证行或保兑行的面涵中声明交单是在根据第二十九条a款顺延的期限内提交的。

c.最迟发运日不因第二十九条 a 款规定的原因而顺延。

第三十条　信用证金额、数量与单价的增减幅度

a."约"或"大约"用于信用证金额或信用证规定的数量或单价时，应解释为允许有关金额或数量或单价有不超过 10% 的增减幅度。

b.在信用证未以包装单位件数或货物自身件数的方式规定货物数量时，货物数量允许有 5% 的增减幅度，只要总支取金额不超过信用证金额。

c.如果信用证规定了货物数量，而该数量已全部发运，及如果信用证规定了单价，而该单价又未降低，或当第三十条 b 款不适用时，则即使不允许部分装运，也允许支取的金额有 5% 的减幅。若信用证规定有特定的增减幅度或使用第三十条 a 款提到的用语限定数量，则该减幅不适用。

第三十一条　分批支款或分批装运

a.允许分批支款或分批装运。

b.表明使用同一运输工具并经由同次航程运输的数套运输单据在同一次提交时，只要显示相同目的地，将不视为部分发运，即使运输单据上标明的发运日期不同或装卸港、接管地或发送地点不同。如果交单由数套运输单据构成，其中最晚的一个发运日将被视为发运日。

含有一套或数套运输单据的交单，如果表明在同一种运输方式下经由数件运输工具运输，即使运输工具在同一天出发运往同一目的地，仍将被视为部分发运。

c.含有一份以上快递收据、邮政收据或投邮证明的交单，如果单据看似由同一块地或邮政机构在同一地点和日期加盖印戳或签字并且表明同一目的地，将不视为部分发运。

第三十二条　分期支款或分期装运

如信用证规定在指定的时间段内分期支款或分期发运，任何一期未按信用证规定期限支取或发运时，信用证对该期及以后各期均告失效。

第三十三条　交单时间

银行在其营业时间外无接受交单的义务。

第三十四条　关于单据有效性的免责

银行对任何单据的形式、充分性、准确性、内容真实性、虚假性或

法律效力，或对单据中规定或添加的一般或特殊条件，概不负责；银行对任何单据所代表的货物、服务或其他履约行为的描述、数量、重量、品质、状况、包装、交付、价值或其存在与否，或对发货人、承运人、货运代理人、收货人、货物的保险人或其他任何人的诚信与否，作为或不作为、清偿能力、履约或资信状况，也概不负责。

第三十五条　关于信息传递和翻译的免责

当报文、信件或单据按照信用证的要求传输或发送时，或当信用证未作指示，银行自行选择传送服务时，银行对报文传输或信件或单据的递送过程中发生的延误、中途遗失、残缺或其他错误产生的后果，概不负责。

如果指定银行确定交单相符并将单据发往开证行或保兑行。无论指定的银行是否已经承付或议付，开证行或保兑行必须承付或议付，或偿付指定银行，即使单据在指定银行送往开证行或保兑行的途中，或保兑行送往开证行的途中丢失。

银行对技术术语的翻译或解释上的错误，不负责任，并可不加翻译地传送信用证条款。

第三十六条　不可抗力

银行对由于天灾、暴动、骚乱、叛乱、战争、恐怖主义行为或任何罢工、停工或其无法控制的任何其他原因导致的营业中断的后果，概不负责。

银行恢复营业时，对于在营业中断期间已逾期的信用证，不再进行承付或议付。

第三十七条　关于被指示方行为的免责

a.为了执行申请人的指示，银行利用其他银行的服务，其费用和风险由申请人承担。

b.即使银行自行选择了其他银行，如果发出指示未被执行，开证行或通知行对此亦不负责。

c.指示另一银行提供服务的银行有责任负担因执行指示而发生的任何佣金、手续费、成本或开支（"费用"）。

如果信用证规定费用由受益人负担，而该费用未能收取或从信用证款项中扣除，开证行依然承担支付此费用的责任。

信用证或其修改不应规定向受益人的通知以通知行或第二通知行收到其费用为条件。

d.外国法律和惯例加诸银行的一切义务和责任，申请人应受其约束，并就此对银行负补偿之责。

第三十八条　可转让信用证

a.银行无办理转让信用证的义务，除非该银行明确同意其转让范围和转让方式。

b.就本条款而言：

转让信用证意指明确表明其"可以转让"的信用证。根据受益人（"第一受益人"）的请求，转让信用证可以被全部或部分地转让给其他受益人（"第二受益人"）。转让银行意指办理信用证转让的被指定银行，或者，在适用于任何银行的信用证中，转让银行是由开证行特别授权并办理转让信用证的银行。开证行也可担任转让银行。

转让信用证意指经转让银行办理转让后可供第二受益人使用的信用证。

c.除非转让时另有约定，所有因办理转让而产生的费用（诸如佣金、手续费、成本或开支）必须由第一受益人支付。

d.倘若信用证允许分批支款或分批装运，信用证可以被部分地转让给一个以上的第二受益人。

第二受益人不得要求将信用证转让给任何次序位居其后的其他受益人。第一受益人不属于此类其他受益人之列。

e.任何有关转让的申请必须指明是否以及在何种条件下可以将修改通知第二受益人。转让信用证必须明确指明这些条件。

f.如果信用证被转让给一个以上的第二受益人，其中一个或多个第二受益人拒绝接受某个信用证修改并不影响其他第二受益人接受修改。对于接受修改的第二受益人而言，信用证已做相应的修改；对于拒绝接受修改的第二受益人而言，该转让信用证仍未被修改。

g.转让信用证必须准确转载原证的条款及条件，包括保兑（如有），但下列项目除外：

信用证金额，

信用证规定的任何单价，

到期日，

单据提示期限，

最迟装运日期或规定的装运期间。

以上任何一项或全部均可减少或缩短。

必须投保的保险金额的投保比例可以增加，以满足原信用证或本惯例规定的投保金额。

可以用第一受益人的名称替换原信用证中申请人的名称。

如果原信用证特别要求开证申请人名称应在除发票以外的任何单据中出现时，则转让信用证必须反映出该项要求。

h. 第一受益人有权以自己的发票和汇票（如有），替换第二受益人的发票和汇票（如有），其金额不得超过原信用证的金额。在如此办理单据替换时，第一受益人可在原信用证项下支取自己发票与第二受益人发票之间产生的差额（如有）。

i. 如果第一受益人应当提交其自己的发票和汇票（如有），但却未能在收到第一次要求时照办；或第一受益人提交的发票导致了第二受益人提示的单据中本不存在的不符点，而其未能在收到第一次要求时予以修正，则转让银行有权将其从第二受益人处收到的单据向开证行提示，并不再对第一受益人负责。

j. 第一受益人可以在其提出转让申请时，表明可在信用证被转让的地点，在原信用证的到期日之前（包括到期日）向第二受益人予以兑付或议付。本条款并不损害第一受益人在第三十八条（h）款下的权利。

k. 由第二受益人或代表第二受益人提交的单据必须向转让银行提示。

第三十九条　款项让渡

信用证未表明可转让，并不影响受益人根据所适用的法律规定，将其在该信用证项下有权获得的款项让渡与他人的权利。本条款所涉及的仅是款项的让渡，而不是信用证项下执行权力的让渡。